2022
中国房地产市场
回顾与展望

China Real Estate Market
Review and Outlook 2022

中国科学院大学中国产业研究中心
中国科学院预测科学研究中心

科 学 出 版 社
北 京

内 容 简 介

　　本书根据国家统计局、Wind 数据库、中国经济信息网等多个权威数据库公布的最新统计数据，从房地产开发投资、房地产供需和房地产价格等多个方面回顾 2021 年我国房地产市场的运行情况，解析 2021 年各级政府颁布的房地产调控政策，着重对北京、上海等一线城市以及部分新一线、二线城市房地产市场运行情况进行分析总结，综述 2021 年房地产金融形势变化，并从房地产市场的供给、需求、价格、政策等方面对 2022 年我国房地产价格的发展趋势作出预测。最后针对当前我国房地产业发展的一些重要问题提出了相应的政策建议。

　　本书可供政府相关部门在制定和调整政策时参考，也可为房地产企业开发投资决策、居民购房决策提供参考。同时，对房地产相关研究机构和学者开展学术研究有一定的参考价值。

图书在版编目（CIP）数据

2022 中国房地产市场回顾与展望 / 中国科学院大学中国产业研究中心，中国科学院预测科学研究中心编. —北京：科学出版社，2022.10
ISBN 978-7-03-073098-5

Ⅰ. ①2… Ⅱ. ①中… ②中… Ⅲ. ①房地产市场-研究报告-中国-2022 ②房地产市场-市场预测-研究报告-中国-2022 Ⅳ. ①F299.233.5

中国版本图书馆 CIP 数据核字（2022）第 163912 号

责任编辑：王丹妮　陶　璇 / 责任校对：王晓茜
责任印制：张　伟 / 封面设计：无极书装

科 学 出 版 社 出版
北京东黄城根北街 16 号
邮政编码：100717
http://www.sciencep.com

北京虎彩文化传播有限公司 印刷
科学出版社发行　各地新华书店经销

*

2022 年 10 月第 一 版　开本：787×1092　1/16
2022 年 10 月第一次印刷　印张：13 3/4
字数：324 000

定价：98.00 元
（如有印装质量问题，我社负责调换）

编者名单

董纪昌　中国科学院大学经济与管理学院教授
刘　颖　中国科学院大学经济与管理学院副教授
李秀婷　中国科学院大学经济与管理学院副教授
贺　舟　中国科学院大学经济与管理学院副教授
董　志　中国科学院大学经济与管理学院副教授
郭思佳　中国科学院大学经济与管理学院博士后
刘倚溪　中国科学院大学经济与管理学院博士研究生
高　歌　中国科学院大学经济与管理学院博士研究生
井一涵　中国科学院大学中丹学院博士研究生
魏照昊　中国科学院大学经济与管理学院博士研究生
张力康　中国科学院大学经济与管理学院博士研究生
马点点　中国科学院大学经济与管理学院博士研究生
陈立轩　中国科学院大学经济与管理学院博士研究生
杨　晓　中国科学院大学经济与管理学院博士研究生
雷颜溪　中国科学院大学经济与管理学院博士研究生
左　传　中国科学院大学经济与管理学院博士研究生
张楚晗　中国科学院大学经济与管理学院硕士研究生
刘启航　中国科学院大学中丹学院硕士研究生
骆　娜　中国科学院大学经济与管理学院硕士研究生
宋　琪　中国科学院大学经济与管理学院硕士研究生
李阳光　中国科学院大学经济与管理学院硕士研究生
付　慧　中国科学院大学中丹学院硕士研究生
张明威　中国科学院大学经济与管理学院硕士研究生
许潇月　中国科学院大学中丹学院硕士研究生
庚　辰　中国科学院大学经济与管理学院硕士研究生
米安然　中国科学院大学经济与管理学院硕士研究生
李晓荷　中国科学院大学经济与管理学院硕士研究生

序

房地产业的健康发展关系社会经济、金融安全，牵系民生福利，因此，研究房地产业、房地产市场的发展具有重要意义。

中国科学院预测科学研究中心和中国科学院大学中国产业研究中心一直致力于宏观经济及房地产业等重要行业分析、预测等方面的研究工作，运用科学的理论和方法对宏观经济运行的关键指标进行预测，找出宏观经济发展的潜在风险，并据此构建预警体系，提出针对性的政策建议，从而为政府制定宏观经济政策提供依据。《2022 中国房地产市场回顾与展望》是在中国科学院预测科学研究中心的支持下，由中国科学院大学中国产业研究中心对我国房地产行业、房地产市场进行考察研究后形成的一个阶段性成果。

《2022 中国房地产市场回顾与展望》根据多个权威数据库公布的最新统计数据，从宏观、中观、微观角度，借助指数构建、定性总结、定量预测等多元化方法，较全面地整理评述了 2021 年的房地产市场政策，以及房地产市场开发投资、供需和价格波动等多维度的市场运行情况。同时，该书结合当年的宏观金融形势变化情况，选取对房地产市场运行具有重要影响的关键城市，如北京、上海等一线城市和部分新一线、二线城市，对我国城市层面的房地产市场运行进行了细致研究。最后，从房地产市场的供给、需求、价格、政策等方面对 2022 年我国房地产价格的发展趋势给出系统预测，并针对政府、企业、居民在当前时期较为关注的重点问题提出了相应的政策建议和市场发展情况展望。

《2022 中国房地产市场回顾与展望》可供政府相关部门在制定和调整政策时参考，也可为房地产企业开发投资决策、居民购房决策提供参考。同时，对房地产相关研究机构和学者开展学术研究有一定的参考价值。

希望中国科学院预测科学研究中心和中国科学院大学中国产业研究中心能继续坚持这项研究工作，为推动我国房地产行业健康持续发展作出贡献。

汪寿阳

中国科学院预测科学研究中心

2021 年 12 月

前　言

　　随着我国疫情防控取得重大战略成果，房地产市场也得到了迅速的恢复，甚至在2021年上半年出现了局部过热的问题。在坚持"房住不炒"的背景与在房地产调控"三稳"的目标下，前三季度出台了系列调控政策，从供需两端收紧房地产市场发展。总体而言，2021年房地产市场呈现调控政策前紧后松、房地产贷款增速持续放缓、商品房销售面积和销售额累计增速逐月收窄、地区间销售分化程度加剧等特征。当前我国房地产仍是国民经济发展的重要产业，在坚持房地产市场短期调控方向的同时，如何建立房地产平稳健康发展长效机制，成为各界共同关注的问题。

　　本书根据国家统计局、Wind数据库、中国经济信息网等多个权威数据库公布的最新统计数据，从房地产开发投资、房地产供需和房地产价格等多个方面回顾了2021年我国房地产市场的运行情况，解析了2021年各级政府颁布的房地产调控政策，着重对北京、上海等一线城市以及部分新一线、二线城市房地产市场运行情况进行了分析总结，综述了2021年房地产金融形势变化，预测了2022年房地产市场供给、需求、价格等重要指标的变化，并对相关热点问题进行了深入分析。

　　本书由董纪昌、刘颖、李秀婷、贺舟、董志、郭思佳、刘倚溪、高歌、井一涵、魏照昊、张力康、马点点、陈立轩、杨晓、雷颜溪、左传、张楚晗、刘启航、骆娜、宋琪、李阳光、付慧、张明威、许潇月、庚辰、米安然、李晓荷撰写，是国家自然科学基金项目（71850014、71974180、72004214）的阶段性成果。

　　本书得到了中国科学院大学中国产业研究中心、中国科学院预测科学研究中心的支持，特别是中国科学院预测科学研究中心主任汪寿阳教授的悉心指导和帮助。科学出版社的马跃编辑等也为本书的出版付出了辛勤的劳动。在此，我们向所有为本书提供过帮助与支持的单位、领导及同事表示最诚挚的感谢！

　　由于学识、水平和能力所限，书中可能存在一些有待商榷和值得探讨的地方，欢迎各界朋友与我们交流、探讨，提出批评与指正。

董纪昌　李秀婷

中国科学院大学经济与管理学院

2021年12月

目　录

第一章 2021年房地产市场运行情况

2021年1~12月，全国房地产市场延续调整态势，整体呈现稳中有降的特征。具体而言，受房地产调控政策及融资环境的变化等综合因素的影响，房地产开发资金来源增速逐月回落，房地产开发投资增速持续下滑；受土地供应"两集中"政策影响，土地购置面积同比增速持续下行，出现负增长；随着新冠肺炎疫情在国内逐步得到控制，2021年房地产竣工面积增速平稳回升；房地产贷款增速持续放缓，个人住房贷款增速小幅回落；商品房销售面积和销售额的累计增速逐月收窄，地区间销售分化加剧，商品房销售均价增速稳步回落；百城住宅价格指数整体呈下降趋势，2021年1~12月一线、二线城市的百城住宅价格指数同比增速均出现先增长后下降的情况，三线城市的同比增速波动较大。

第一节 房地产开发投资

一、房地产开发投资额

2021年1~12月房地产开发投资波动幅度较大，房地产累计开发投资额同比增速在1~2月有所提升，3~12月一直呈下滑趋势。2021年1~12月全国房地产累计开发投资额达到147 602.08亿元，同比增长4.4%，增速下降2.6个百分点，其中住宅累计开发投资额为111 173.00亿元，同比增长6.4%，增速下降1.2个百分点。

如图1.1所示，2021年房地产累计开发投资额和住宅累计开发投资额同比增速在1~2月上升较快，3~12月下降趋势明显。2021年1~2月，随着疫情好转，房地产市场不断回暖，但在持续收紧的政策环境下，受房地产企业拿地受限、销售承压、融资受阻等多重压力叠加的影响，房地产累计开发投资额和住宅累计开发投资额同比增速均有所回落。

2021年1~12月，东部地区房地产开发投资额80 596.45亿元，中部地区房地产开发投资额33 638.27亿元，西部地区房地产开发投资额33 367.36亿元。表1.1反映了2014~2021年各地区的房地产开发投资情况。2021年房地产开发投资额占比在中部地区有所提升，西部地区和东部地区小幅下降。2020~2021年，受疫情影响，全国范围内房地产市场区域调整增多，且更多集中于东部地区，中西部地区各线城市房地产开发投资

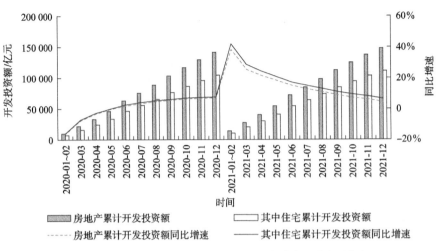

图 1.1 2020~2021 年房地产累计开发投资额及同比增速

资料来源：Wind 数据库

滞后效应明显，但由于城市群发展和国家层面推动的区域发展规划等措施对中西部地区房地产市场的多重拉动效应，该地区房地产开发投资额仍保持较高的增速。

表 1.1 2014~2021 年各地区房地产开发投资情况

年份	房地产开发投资额/亿元			房地产开发投资额占比		
	东部	中部	西部	东部	中部	西部
2014	58 241.86	23 016.51	21 432.78	56.72%	22.41%	20.87%
2015	56 789.93	22 954.51	21 709.43	55.98%	22.63%	21.40%
2016	58 328.28	25 167.61	23 061.17	54.74%	23.62%	21.64%
2017	60 312.22	25 609.74	23 876.57	54.93%	23.32%	21.75%
2018	66 954.27	27 300.29	26 009.00	55.67%	22.70%	21.63%
2019	72 146.95	29 861.53	30 186.00	54.58%	22.59%	22.83%
2020	80 206.86	32 357.83	33 321.01	54.98%	22.18%	22.84%
2021	80 596.45	33 638.27	33 367.36	54.60%	22.79%	22.61%

注：东部地区包括北京、天津、河北、辽宁、上海、江苏、浙江、福建、山东、广东和海南 11 个省（市）；中部地区包括山西、吉林、黑龙江、安徽、江西、河南、湖北、湖南 8 个省；西部地区包括内蒙古、广西、重庆、四川、贵州、云南、西藏、陕西、甘肃、青海、宁夏、新疆 12 个省（区、市）

资料来源：Wind 数据库

如表 1.2 所示，2021 年 1~12 月商品房开发用于住宅的投资额同比增速整体呈现下降趋势。2021 年 1~2 月住宅开发投资额同比增速为 41.90%，2021 年 12 月住宅开发投资额同比增速仅为 6.40%。办公楼和商业营业用房的开发投资额同比增速大幅波动。总体来看，我国房地产开发仍然以住宅开发为主，2021 年 1~12 月全国住宅房地产开发投资额达到 111 173.00 亿元，其他投资次之，投资额达到 18 010.42 亿元，商业营业用房投资额为 12 444.76 亿元，办公楼开发投资额仅为 5 973.90 亿元。2021 年住宅市场投资情况保持相对稳定，但相较于住宅的开发投资，商业营业用房和办公楼的开发投资情况波动较大，2021 年办公楼和商业营业用房开发投资额同比增速均有所下降，并在 9~12 月落至负值。受国家土地政策和经济形势影响，我国商业营业用房开发投资额同比增速下降趋势明显，商业用地市场仍存在较大问题。

表 1.2 2021 年 1~12 月各类型商品房开发投资情况

时间	开发投资额/亿元				开发投资额同比增速			
	住宅	办公楼	商业营业用房	其他	住宅	办公楼	商业营业用房	其他
2021-01~02	10 387.26	675.28	1 251.24	1 672.08	41.90%	22.80%	27.80%	31.80%
2021-03	20 623.70	1 190.31	2 396.96	3 364.85	28.80%	14.90%	13.80%	19.90%
2021-04	30 161.69	1 694.26	3 443.21	4 940.59	24.40%	10.80%	9.50%	17.90%
2021-05	40 750.21	2 207.98	4 590.59	6 769.30	20.70%	6.20%	6.10%	17.80%
2021-06	54 244.22	2 909.57	6 054.19	8 971.09	17.00%	6.70%	3.50%	14.30%
2021-07	63 980.28	3 383.40	7 133.30	10 398.43	14.90%	3.70%	2.00%	10.70%
2021-08	73 971.13	3 890.47	8 225.83	11 972.64	13.00%	1.80%	0.20%	9.10%
2021-09	84 905.56	4 446.29	9 422.83	13 793.39	10.90%	−0.50%	−1.30%	6.90%
2021-10	94 326.63	4 907.76	10 492.09	15 207.14	9.30%	−4.90%	−1.80%	5.50%
2021-11	103 587.48	5 437.72	11 520.17	16 768.60	8.10%	−6.10%	−3.10%	4.90%
2021-12	111 173.00	5 973.90	12 444.76	18 010.42	6.40%	−8.00%	−4.80%	3.30%

资料来源：Wind 数据库

二、房地产开发商资金结构

由于房地产企业融资"三道红线"标准的提出和房地产贷款集中度管理制度的发布，我国房地产企业融资环境持续收紧，房地产企业融资难度加大，2021 年房地产开发资金来源同比增速逐月下滑。2021 年 1~12 月，房地产开发企业资金来源为 201 132.21 亿元，其中国内贷款 23 295.79 亿元，占总资金的 11.58%，同比下降 12.70%；利用外资 107.36 亿元，占总资金的 0.05%，同比下降 44.10%；自筹资金 65 427.69 亿元，占总资金的 32.53%，同比增长 3.20%；包括单位自有资金、定金及预收款等在内的其他资金 112 301.37 亿元，占总资金的 55.83%，同比增长 9.17%。房地产开发企业不同来源的资金占比具体情况如图 1.2 所示。与 2020 年同期资金来源相比较，在占比方面，其他资金有所上升；在同比增速方面，利用外资增速下降幅度较大，其他资金增速明显放缓。

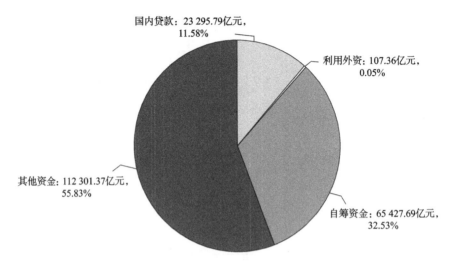

国内贷款：23 295.79亿元，11.58%
利用外资：107.36亿元，0.05%
其他资金：112 301.37亿元，55.83%
自筹资金：65 427.69亿元，32.53%

图 1.2　2021年房地产开发企业资金来源
资料来源：Wind 数据库

如表 1.3 和表 1.4 所示，从 2021 年 1~12 月房地产开发投资的各项资金来源看，总投资增速和各项资金增速大幅波动且均呈下降趋势，其中，利用外资累计同比增速降幅最为明显，1~12 月均为负值。2021 年 1~12 月我国房地产市场在"坚持房住不炒，促进房地产市场平稳健康发展"的总基调上，房地产企业融资环境延续了 2020 年第四季度的收紧态势，在 2020 年 8 月 20 日中国人民银行、住房和城乡建设部在北京召开的重点房地产企业座谈会上提出了房地产企业融资的"三道红线"标准后，将房地产融资调控转向需求端，融资环境持续收紧。2021 年 3 月，商业银行对涉房贷款进行严格排查，多地下达相关通知，要求辖区内银行配合上层监管部门核查已发放的贷款流向，审核涉房贷款的申请及资金用途。同月，中国银行保险监督管理委员会出台多项文件，要求加强借款人资质排查，加强信贷需求审核等措施督促银行业金融机构进一步强化审慎合规经营，严防经营用途贷款违规流入房地产领域，房地产金融监管力度不断加强。2021 年 5 月，中国证券投资基金业协会叫停基金子公司对房地产的非标融资项目，我国房地产企业融资环境继续保持收紧态势，房地产企业单月融资能力同比持续减弱。另外，2021 年 8 月，中国人民银行等六部门联合印发《关于推动公司信用类债券市场改革开放高质量发展的指导意见》，限制了高杠杆企业过度发债，进一步加强了针对房地产企业的融资监管。综上所述，由于房地产市场政策及融资环境的变化等综合原因，2021 年 1~12 月不同来源的房地产开发投资资金同比增速均处于下降趋势。

表 1.3　2021年各月房地产开发企业资金主要来源情况　　　　单位：亿元

时间	总投资	国内贷款	利用外资	自筹资金	其他资金
2021-01~02	30 559.75	5 201.07	10.24	8 268.19	17 080.25
2021-03	47 464.73	7 221.66	11.31	13 014.92	27 216.84
2021-04	63 542.47	9 042.95	16.60	17 166.52	37 316.40
2021-05	81 380.26	10 872.84	25.15	22 686.45	47 795.82

续表

时间	总投资	国内贷款	利用外资	自筹资金	其他资金
2021-06	102 898.01	13 464.96	41.85	30 153.11	59 238.09
2021-07	118 970.46	15 401.83	44.29	35 532.66	67 991.68
2021-08	134 363.70	16 917.90	53.00	40 773.17	76 619.63
2021-09	151 485.93	18 769.81	59.12	47 211.79	85 445.21
2021-10	166 596.59	20 147.99	71.92	52 617.43	93 759.25
2021-11	183 361.72	21 640.29	89.60	59 377.73	102 254.10
2021-12	201 132.21	23 295.79	107.36	65 427.69	112 301.37

资料来源：Wind 数据库

表 1.4　2021 年各月房地产企业开发资金主要来源累计同比增速

时间	总投资	国内贷款	利用外资	自筹资金	其他资金
2021-01~02	51.20%	14.40%	−14.00%	34.20%	79.98%
2021-03	41.40%	7.50%	−41.00%	21.00%	69.31%
2021-04	35.20%	3.60%	−28.30%	15.40%	59.64%
2021-05	29.90%	1.60%	−26.50%	12.80%	50.25%
2021-06	23.50%	−2.40%	−9.10%	11.90%	39.18%
2021-07	18.20%	−4.50%	−44.40%	10.90%	29.82%
2021-08	14.80%	−6.10%	−47.50%	9.30%	24.27%
2021-09	11.10%	−8.40%	−36.90%	6.10%	19.82%
2021-10	8.80%	−10.00%	−35.40%	5.10%	16.42%
2021-11	7.20%	−10.80%	−41.70%	4.80%	13.59%
2021-12	4.20%	−12.70%	−44.10%	3.20%	9.17%

资料来源：Wind 数据库

第二节　房地产供需情况

一、土地市场供给情况

2021 年 1~12 月，全国房地产业累计土地购置面积为 21 589.86 万平方米，同比增速下降 15.5%。如图 1.3 所示，2021 年全国累计土地购置面积同比增速自 4 月之后由正值转负值，由于 2021 年供地"两集中"政策的出台，我国 22 个重点城市陆续迎来了"集中供地"新政，土地成交热度从上半年的高热转为下半年的持续低温。从全年整体来看，全国房地产业累计土地购置面积明显缩减，2021 年全年累计土地购置面积较 2020 年明显下降。从不同城市能级划分来看，一线城市第三季度土地成交量同比大幅度下降；二线、三线、四线城市第三季度土地成交量较第二季度明显缩减。由于第一季度、第二季度我国总体土地成交热度高涨，三、四季度我国累计土地成交均价同比增速仍呈上涨趋势。

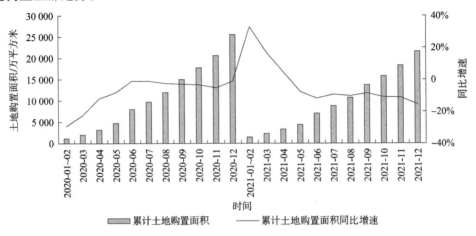

图 1.3　2020~2021 年累计土地购置面积及同比增速

资料来源：Wind 数据库

二、房地产开发建设情况

随着新冠肺炎疫情在国内逐步得到控制，如图 1.4 所示，2021 年 1~2 月我国商品房累计新开工面积规模显著高于 2020 年同期，同比增速高达 64.3%。之后，房地产行业融资环境趋紧，下半年商品房累计新开工面积同比增速开始负增长。2021 年 1~12 月，商品房累计新开工面积为 198 895.05 万平方米，同比增速下降 11.4%。其中，住宅累计新开工面积为 146 378.56 万平方米，同比增速下降 10.9%。

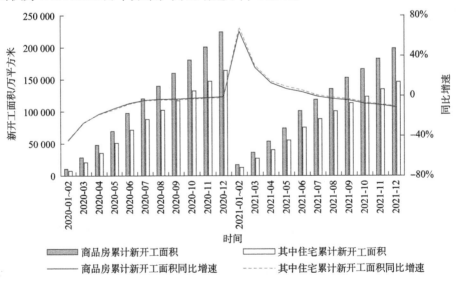

图 1.4　2020~2021 年商品房累计新开工面积及同比增速

资料来源：Wind 数据库

由于新冠肺炎疫情在我国得到有效防控，2021年房地产竣工面积增速持续回升。如图1.5所示，2021年我国商品房累计竣工面积同比增速回正。2021年1~2月我国商品房累计竣工面积为13 524.97万平方米，同比增速大幅上升至40.4%，较2020年同期上升63.3个百分点。截至2021年12月，我国商品房累计竣工面积为101 411.94万平方米，同比增速为11.2%，增速较1~11月降低5.0个百分点，较2020年同期上升16.1个百分点。商品房累计竣工面积在经历了2020年的负增长后，2021年第四季度商品房累计竣工面积同比增速有望持续回升。

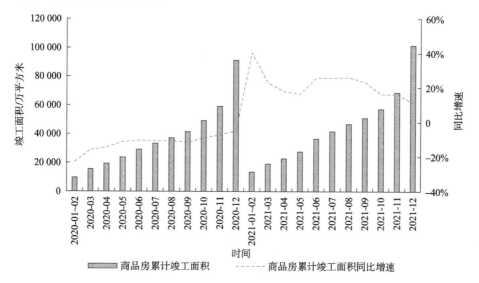

图1.5　2020~2021年商品房累计竣工面积及同比增速

资料来源：Wind数据库

三、房地产贷款情况

如图1.6、图1.7所示，2021年第四季度末，房地产开发贷款余额12.01万亿元，同比增长0.9%，增速较前三季度上升0.88个百分点。其中，住房开发贷款余额在第四季度末为9.10万亿元，同比增长0.5%，增速较上个季度提高0.4个百分点。2021年第四季度末，个人住房贷款余额为38.30万亿元，同比增长11.3%，增速与上个季度末相同。

四、商品房库存情况

截至2021年12月，我国商品房累计待售面积和住宅累计待售面积分别为51 023万平方米和22 761万平方米，同比增速分别为2.40%和1.70%，如图1.8所示。随着2021年下半年商品房累计竣工面积的大幅增加，商品房累计待售面积同比增速在7月首次出现正增长，且同比增速呈逐步上升的趋势，住宅累计待售面积同比增速降幅持续收窄，在9月同比增速转为正值，且在第四季度不断扩大。

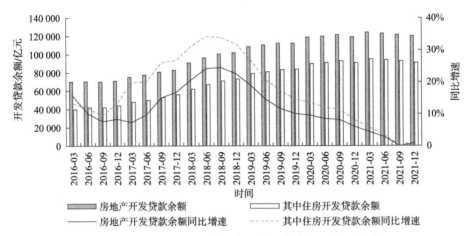

图 1.6　2016～2021 年房地产开发贷款余额及同比增速

资料来源：Wind 数据库

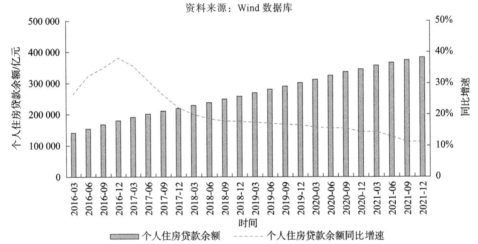

图 1.7　2016~2021 年个人住房贷款余额及同比增速

资料来源：Wind 数据库

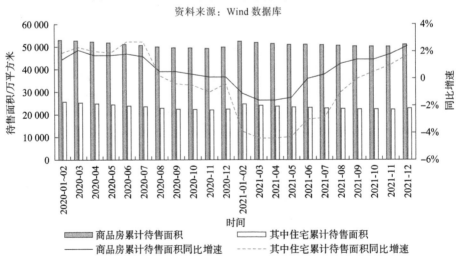

图 1.8　2020～2021 年商品房累计待售面积及同比增速

资料来源：Wind 数据库

五、商品房销售情况

如图 1.9 所示，2021 年 1~12 月，我国商品房累计销售面积为 179 433.41 万平方米，同比增速为 1.9%，较 2020 年 1~12 月下降 0.7 个百分点。其中，住宅累计销售面积为 156 532.17 万平方米，同比增速为 1.1%，较 2020 年 1~12 月下降 2.1 个百分点。如图 1.10 所示，2021 年 1~12 月，我国商品房累计销售额为 181 929.95 亿元，同比增速为 4.8%，较 2020 年 1~12 月下降 3.9 个百分点。其中，住宅累计销售额为 162 729.9 亿元，同比增速为 5.3%，较 2020 年 1~12 月下降 5.5 个百分点。由于新冠肺炎疫情的有效防控和市场的积极调解，2021 年全年我国房地产市场保持较高活力，其中 6 月商品房累计销售面积和累计销售额分别为 88 653.35 万平方米和 92 931.31 亿元，达到近年来年中销售规模的高位，且累计销售面积和销售额的同比增速持续为正值，但随着政府指导价的出台及整体信贷环境的持续收缩，累计销售面积和销售额同比增速持续收窄。

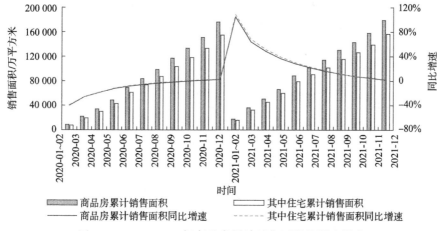

图 1.9 2020~2021 年商品房累计销售面积及同比增速

资料来源：Wind 数据库

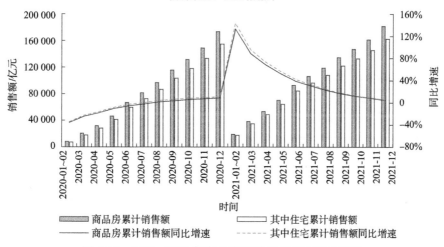

图 1.10 2020~2021 年商品房累计销售额及同比增速

资料来源：Wind 数据库

分区域来看，截至 2021 年 12 月，我国东部、中部、西部和东北部地区商品房累计销售面积分别为 73 248.02 万平方米、51 748.27 万平方米、47 818.84 万平方米、6 618.27万平方米，同比增速分别为 2.7%、5.4%、−1.7%和−6.4%，如表 1.5 和表 1.6 所示。

表 1.5 2021 年 1~12 月全国各区域商品房销售面积情况

时间	商品房累计销售面积/万平方米				商品房累计销售面积同比增速			
	东部	中部	西部	东北部	东部	中部	西部	东北部
2021-01~02	7 564.85	4 369.14	5 003.88	425.27	113.9%	104.3%	95.1%	82.0%
2021-03	15 347.32	9 639.11	10 039.16	981.45	74.3%	68.9%	47.1%	52.1%
2021-04	21 523.87	13 690.70	13 582.49	1 507.94	56.4%	52.4%	34.7%	31.8%
2021-05	28 385.32	18 002.83	17 889.64	2 105.53	42.5%	41.3%	24.9%	22.2%
2021-06	37 432.84	24 609.17	23 621.12	2 972.22	31.3%	33.4%	18.6%	17.3%
2021-07	42 840.79	28 358.62	26 965.28	3 483.48	24.1%	27.1%	14.3%	8.8%
2021-08	47 949.60	31 697.67	30 457.62	4 087.92	18.1%	20.4%	10.7%	1.8%
2021-09	54 492.98	36 379.63	34 702.92	4 756.24	13.4%	15.6%	6.2%	−2.0%
2021-10	59 426.33	40 202.35	38 159.52	5 252.52	9.0%	11.5%	2.7%	−5.4%
2021-11	65 044.04	44 727.31	42 515.17	5 844.21	5.8%	9.0%	1.2%	−7.5%
2021-12	73 248.02	51 748.27	47 818.84	6 618.27	2.7%	5.4%	−1.7%	−6.4%

资料来源：Wind 数据库

表 1.6 2021 年 1~12 月全国各区域商品房销售额情况

时间	商品房累计销售额/亿元				商品房累计销售额同比增速			
	东部	中部	西部	东北部	东部	中部	西部	东北部
2021-01~02	11 891.03	3 279.92	3 620.30	359.50	148.1%	130.2%	103.6%	72.7%
2021-03	22 807.38	7 277.49	7 461.87	831.05	101.8%	93.1%	57.2%	51.1%
2021-04	31 740.65	10 468.10	10 133.33	1 267.07	80.1%	71.2%	41.6%	31.3%
2021-05	41 510.50	13 759.85	13 497.15	1 766.19	61.8%	55.3%	31.0%	22.3%
2021-06	54 168.55	18 581.96	17 683.92	2 496.88	45.9%	41.3%	22.1%	16.5%
2021-07	61 943.16	21 422.29	20 155.99	2 908.99	36.7%	33.4%	16.3%	6.9%
2021-08	69 051.99	23 856.55	22 763.18	3 375.14	27.7%	25.1%	11.5%	−0.2%
2021-09	77 907.28	27 273.79	25 756.00	3 857.86	20.9%	19.1%	6.1%	−4.7%
2021-10	84 622.46	30 041.98	28 279.93	4 249.29	15.7%	14.1%	2.6%	−7.8%
2021-11	92 313.32	33 218.30	31 475.46	4 659.62	11.8%	11.1%	0.7%	−11.0%
2021-12	103 316.79	38 156.71	35 241.00	5 215.45	8.0%	6.4%	−2.8%	−10.3%

资料来源：Wind 数据库

整体来看，2021 年我国商品房累计销售面积和销售额的同比增速逐月收窄，且地区间的销售表现分化加剧，东部地区的商品房销售面积和销售额远高于其他地区，截至 2021 年 12 月，东部地区商品房累计销售面积和销售额分别为 73 248.02 万平方米和 103 316.79 亿元，占全国同期比重的 40.8%和 56.8%。在商品房销售面积方面，受国家政策调控的影响，全国各地区的商品房累计销售面积同比增速逐月收窄，相比之下，我国东部地区和中部地区的增速始终快于西部地区和东北部地区，而东北部地区较差的销售表现持续拉低全国增速水平，且东北地区的累计销售面积同比增速从 2021 年 9 月开始转为负增长。商品房销售额方面，全国各地区的商品房累计销售额同比增速逐月收窄，东部地区和中部地区的增速始终快于西部地区和东北部地区，东北部地区累计销售额同比增速从 2021 年 8 月转为负增长。

第三节　房地产价格波动

一、商品房销售价格增速呈下降趋势

如图 1.11 所示，2021 年 1~12 月全国商品房销售均价 10 139.13 元/米^2，较 2020 年同期增长 2.84%，增速下降 3.06 个百分点。2021 年全国商品房销售均价总体呈现下降的趋势。2021 年 1~2 月，全国商品房销售均价略高于 11 000 元/米^2；3~12 月，价格逐渐走低，全国商品房销售均价未超过 10 700 元/米^2。

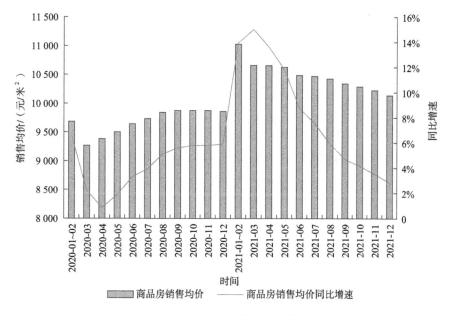

图 1.11　2020~2021 年全国商品房销售均价及同比增速

资料来源：国家统计局

二、百城住宅价格指数整体呈下降趋势

从百城住宅价格指数①来看，2021 年 12 月全国 100 个城市（样本）住宅平均价格 16 180 元/米², 同比上涨 2.44%，环比下降 0.02%。如图 1.12 所示，2021 年 1~5 月百城住宅价格指数同比整体平稳，呈现出小幅度的上升趋势，但自 6 月开始一直处于下降的状态；2021 年百城住宅价格指数环比处于波动状态，1~2 月逐渐下降，3~6 月迎来短暂的上升后，再次出现下降趋势，7 月后开始大幅下降，11 月、12 月出现负增长的情况。

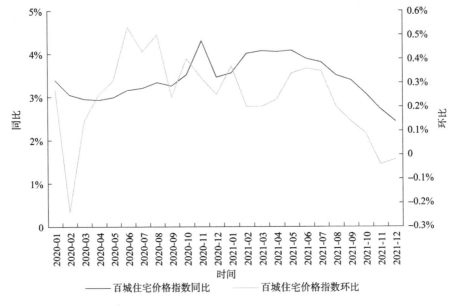

图 1.12　2020~2021 年百城住宅价格指数同比与环比

资料来源：Wind 数据库

从各级城市来看，如表 1.7 所示，2021 年 12 月一线城市住宅平均价格 43 577.75 元/米²、二线城市住宅平均价格 14 943.64 元/米²、三线城市住宅平均价格 10 097.72 元/米²。2021 年 1~9 月一线城市住宅平均价格呈现平稳上升趋势，10 月开始出现小幅下降；2021 年 1~12 月二线城市住宅平均价格呈现平稳上升趋势；三线城市住宅平均价格整体平稳，存在小幅波动。如图 1.13 所示，2021 年 1~12 月一线、二线城市的百城住宅价格指数同比增速均出现先增长后下降的情况，三线城市的同比增速波动较大。具体来看，一线城市 2021 年 12 月百城住宅价格指数较 2020 年同期上涨 1.96%，二线城市 2021 年 12 月百城住宅价格指数较 2020 年同期上涨 2.29%，三线城市 2021 年 12 月百城住宅价格指数较 2020 年同期上涨 1.81%。

① 反映全国 100 个重点城市在不同时点在售新房价格水平及其不同时点的变化情况，其中价格水平以 100 个城市在售新房样本楼盘报价均值表示。

表 1.7　2021 年各月百城住宅平均价格（一线、二线、三线城市）　单位：元/米²

时间	一线城市	二线城市	三线城市
2021-01	42 854.75	14 651.27	9 937.85
2021-02	42 996.00	14 681.82	9 952.97
2021-03	43 099.00	14 706.18	9 968.88
2021-04	43 169.00	14 743.45	9 992.14
2021-05	43 285.75	14 781.41	10 020.81
2021-06	43 459.00	14 823.68	10 169.16
2021-07	43 574.00	14 867.05	10 067.03
2021-08	43 622.00	14 905.95	10 083.45
2021-09	43 635.00	14 927.32	10 093.36
2021-10	43 614.50	14 939.50	10 106.16
2021-11	43 573.00	14 939.55	10 103.82
2021-12	43 577.75	14 943.64	10 097.72

资料来源：Wind 数据库

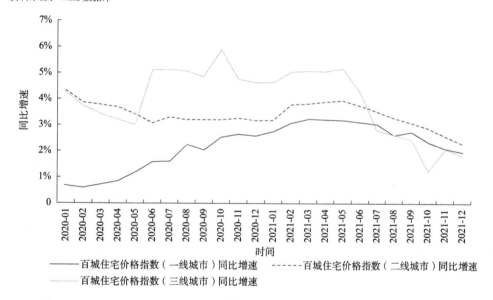

图 1.13　2020~2021 年百城住宅价格指数同比增速（一线、二线、三线城市）

资料来源：Wind 数据库

第二章　房地产市场相关政策与评述

　　2021 年不仅是"十四五"的开局之年，也是全面建设社会主义现代化国家新征程的起步之年。当前，"百年未有之大变局"和"百年未有之大疫情"交织叠加，全球经济可持续均衡复苏之路艰难曲折。在习近平新时代中国特色社会主义经济思想的引领下，我国有力应对复杂严峻国际环境和疫情、洪涝灾害等多重挑战，中国经济巨轮乘风破浪、奋楫扬帆。在下行压力犹存的背景下，尽管中国经济高质量发展勇毅前行，但整体宏观环境仍较为复杂，不稳定性和不确定性仍然存在。2021 年房地产政策仍坚持"房住不炒"的总基调，以稳地价、稳房价、稳预期为目标，坚持"租购并举，因城施策"，针对房地产市场的调控政策正在逐步收紧。自"7.22 会议"定调下半年房地产调控方向以来，中央和地方调控均愈发频繁，除了对以往政策进行"打补丁"外，调控内容更加细化，调控机制不断完善。我国保持宏观政策连续性、稳定性、可持续性，避免政策出现"急转弯"；强调"房住不炒"定位不变，实现"三稳"，解决好大城市住房突出问题；金融监管持续从严，市场调控趋于常态化，"去杠杆"贯穿全年；贷款市场报价利率改革潜力持续释放，促进企业综合融资成本稳中有降；重点城市完善"两集中"供地土拍规则，热度明显下调，利润回归理性；完善住房保障措施和统筹区域发展规划，支持非居住存量房屋改建，促进房地产市场平稳健康发展。

第一节　2020 年 11 月~2021 年 12 月主要房地产政策一览

　　2020 年以来，国内经济恢复面临内部和外部的诸多挑战，国内经济恢复仍然不稳固、不均衡。2021 年，中央多次强调实施好宏观政策的跨周期调节，稳健的货币政策要灵活精准、合理适度，保持流动性合理充裕，增强信贷总量增长的稳定性，同时强调要加强与财政、产业、监管政策之间的协调。房地产调控政策方面，在"房住不炒"的总基调下，楼市调控"稳"字当头，地方政府灵活因城施策、精准调控，房地产长效机制继续加速建立，房地产金融审慎管理制度不断完善。2021 年 7~12 月，伴随着楼市调整态势的深化，房地产调控政策触底，中央释放维稳信号，地方积极落实因城施策，力促房地产市场平稳健康运行。未来调控政策环境或有改善，各地持续加码的可能性明显降低，政策微调、预调的空间已打开，部分城市按揭贷款额度和放款时间、房贷利率、限签等政策均有微调的可能。2020 年 11 月至 2021 年 12 月各项政策具体可以总结如下。

　　在宏观经济和财政金融政策方面：2021 年以来，我国经济增长保持韧性，经济长期向好，呈现稳中加固、稳中向好的发展态势，面对新冠肺炎疫情整体冲击可控。中央坚持"房住不炒"的主基调，保持宏观政策连续性、稳定性、可持续性，对房地产金融风险审慎管理，坚持稳健的货币政策，防控系统性风险，确保经济运行在合理区间。

在房地产市场政策方面：在2020年8月、12月提出房企的"三道红线"和银行端的"两道红线"引领下，中央从供需两端实现房地产行业金融风险调控，中央防控体系不断完善。具体而言，主要集中在以下几方面：第一，在房地产市场调控方面，中央始终坚持"房住不炒"和"三稳"调控目标不变，并要求进一步落实城市政府主体责任，针对上半年房地产市场出现的新情况、新问题，加大调控和监管力度；第二，在土地制度改革方面，重点城市"两集中"供地土拍规则进一步完善，核心城市调整方向涉及"限定土地溢价上限""到达上限后通过摇号、一次性报价或竞高标方案的方式决定土地归属"等；第三，在推进保障性住房政策方面，加快建立以公租房、保障性租赁住房和共有产权住房为主体的住房保障体系，增加保障性住房的供给，努力实现全体人民住有所居；第四，在金融与财政政策方面，中央严格房地产企业"三线四档"融资管理和金融机构房地产贷款集中度管理，央行加强防控违规资金流入房地产市场，持续完善房地产金融管理长效机制，中国银行保险监督管理委员会强调，防止银行保险资金绕道违规流入房地产市场；第五，在完善税收制度方面，国家推动构建新发展格局，促进高质量发展，加快建立现代财税体制。具体政策汇总及评述如下。

一、房地产调控政策

（1）2020年12月11日，习近平总书记主持召开中共中央政治局会议，会议要求，强化反垄断和防止资本无序扩张，促进房地产市场平稳健康发展。

解读：监管层一直在释放加强反垄断的信号，将强化反垄断和防止资本无序扩张作为2021年经济工作中的八项重点任务之一，旨在预防和制止平台经济领域垄断行为，促进平台经济规范有序创新健康发展。

（2）2020年12月18日，中央经济工作会议在北京举行。习近平总书记出席会议并发表重要讲话，总结2020年经济工作，分析当前经济形势，部署2021年经济工作。会议强调，要坚持"房子是用来住的、不是用来炒的"定位，因地制宜、多策并举；要高度重视保障性租赁住房建设，加快完善长租房政策。

解读：此次会议反映了2021年的政策导向：加快建立多主体供应、多渠道保障、租购并举的住房制度，完善促进房地产市场平稳健康发展的长效机制，保持房地产市场调控政策连续性和稳定性，分清中央和地方事权，实行差别化调控。

（3）2021年1月15日，国务院新闻办公室举行新闻发布会，中国人民银行金融市场司司长表示，在房地产金融调控方面，重点开展以下几方面工作：一是加强房地产金融调控，牵头各部门加强对各类资金流入房地产的情况监测，引导商业银行房地产贷款合理增长，推动金融资源更多流向制造业、小微企业等重点领域和薄弱环节；二是实施房地产金融审慎管理制度，形成重点房地产企业资金监测和管理规则等；三是完善住房租赁金融政策，近期将就相关政策公开征求社会意见。

解读：央行的工作安排认真贯彻落实十九届五中全会、中央经济工作会议部署，坚持"房住不炒"定位，租购并举，因城施策，保持房地产金融政策连续性、一致性、稳定性，稳妥实施好房地产金融审慎管理制度，加大住房租赁市场发展的金融支持，旨在促进房地产市场平稳健康发展。

（4）2021年4月15日，住房和城乡建设部、国家发展和改革委员会、公安部、国家市场监督管理总局、国家互联网信息办公室、中国银行保险监督管理委员会联合发布《关于加强轻资产住房租赁企业监管的意见》，主要包括：加强从业管理；规范住房租赁经营行为；开展住房租赁资金监管；禁止套取使用住房租赁消费贷款；合理调控住房租金水平；妥善化解住房租赁矛盾纠纷；落实城市政府主体责任。

解读：自2020年以来，一些轻资产住房租赁企业资金链断裂，严重影响住房租赁当事人合法权益，此次住房和城乡建设部门会同金融监管部门联合印发该意见，旨在建立住房租赁资金监管制度，强化日常监督管理，引导住房租赁企业回归住房租赁服务本源，防范化解金融风险，促进住房租赁市场健康发展。

（5）2021年7月13日，住房和城乡建设部、国家发展和改革委员会、公安部、自然资源部、国家税务总局、国家市场监督管理总局、中国银行保险监督管理委员会、国家互联网信息办公室等8个部门联合发布《关于持续整治规范房地产市场秩序的通知》。主要针对房地产开发、房屋买卖、住房租赁、物业服务等过程或领域中的违法违规行为进行整治，力争用3年左右时间，实现房地产市场秩序明显好转。

解读：本次八部门联合发文，传递了重要的市场信号，对于上半年以来部分城市出现频率较高的扰乱市场稳定的行为进行了总结和关注。首先，本次通知调动了房地产开发企业、中介机构、租赁企业、物业服务企业、金融机构及网络媒体等各大社会主体，全方位全主体地进行市场监管，全面贯彻"房住不炒"，落实"三稳"的目标；其次，本次通知还提出了建立制度化常态化整治机制，强化监督评价考核，要求省级住房和城乡建设部门每季度向住房和城乡建设部报送工作进展情况、典型案例和经验做法。此外，住房和城乡建设部每半年将对各地工作进展情况进行通报；并对房地产市场秩序问题突出，未履行监管责任及时妥善处置的城市，进行约谈问责。

（6）2021年7月30日，中共中央总书记习近平主持召开中共中央政治局会议，强调要坚持"房子是用来住的、不是用来炒的"定位，稳地价、稳房价、稳预期，促进房地产市场平稳健康发展。加快发展租赁住房，落实用地、税收等支持政策。

解读：本次会议延续了4月中央政治局会议中"房住不炒"的提法，而调控重点从聚焦学区房问题的需求端，转向"加快发展租赁住房"的供给端。一方面，再提"房住不炒"，说明下半年楼市调控的方向不会变。上半年在调控政策之下，热点城市的投资需求被抑制，市场的非理性预期减弱。近期在降准实施以后，有部分市场机构预计调控政策或有松动的可能性，高层发声意在督促市场巩固调控效果的长期性和稳定性。另一方面，此次中央政治局会议中再次强调，为"加快发展租赁住房"要"落实用地、税收等支持政策"。这表明租赁住房市场将迎来政策红利期，预计后期在土地供应、税收等方面将有进一步的扶持政策出台，利好租赁企业的发展。此外，当前传统房企面临融资难、资金压力大等困难，租赁市场的支持政策有利于吸引传统房企布局租赁市场、加快业务转型，进一步降低房企的资金风险。

（7）2021 年 8 月 31 日，国务院新闻办公室举行"努力实现全体人民住有所居"新闻发布会，提出始终坚持"房子是用来住的、不是用来炒的"定位，这是做好房地产市场调控的根本遵循；落实城市主体责任；建立人、房、地、钱四位一体的联动新机制，因城施策，因地制宜，坚持从实际出发，不搞"一刀切"；加快完善住房保障体系。

解读：当前，"共同富裕"接力"全面小康"，成为社会民生领域的政策主旋律，作为居民生活中最重要的大宗商品，住房领域的定位和政策导向，对于"共同富裕"目标的实现可谓举足轻重。该会议中"完善住房保障体系"这一提法，与过去一直强调的完善"两个体系"（市场体系和保障体系）有明显的不同。但二者并没有矛盾，住房行业要健康发展，必须要完善两个体系，市场和保障两个体系要均衡。租赁市场将成为共同富裕大框架下的一个新的住房制度改革方向。同时，结合三胎政策，后续相关居住和住房问题也会得到进一步的解决，以落地"住有所居"，夯实共同富裕的基础。

（8）2021 年 9 月 22 日，《经济日报》刊文《楼市调控应注意满足刚需》，表示楼市调控应注意满足刚需，相关部门需在调控范围内对购房人群作出区分，并探索在持有环节做文章，尽可能防止"误伤"刚需群体。

解读：虽然"房住不炒"是当前不变的目标，但未来房地产行业仍然重要，是中国经济实现转型的基础。要保持行业的健康发展、良性循环，绝不能让地产行业断崖式坠落。眼下，政府出台"限跌令"，支持银行向房企"开闸放水"，不仅是在支援房企，也是在保护地产上下游产业，以及背后的地产员工和股民。2021 年 11 月 24 日，《人民日报》刊登刘鹤署名文章《必须实现高质量发展》文章中"顺应居民高品质住房需求，更好解决居民住房问题，促进房地产行业平稳健康发展和良性循环"的表述，意味着房地产仍有很大的升级空间。在高品质居住层面，标准是不断进步的，"更好解决居民住房问题"是未来中国房地产的首要任务、重要机会。

（9）2021 年 11 月 24 日，国务院副总理刘鹤在人民日报发布名为"必须实现高质量发展（学习贯彻党的十九届六中全会精神）"的文章，强调坚持"房子是用来住的、不是用来炒的"定位，因城施策、分类指导，着力稳地价、稳房价、稳预期，落实好房地产市场长效机制，顺应居民高品质住房需求，更好解决居民住房问题，促进房地产行业平稳健康发展和良性循环。

解读：近期中央和各部委多次强调坚持"房住不炒"基调，11 月 19 日央行在《中国货币政策执行报告（2021 年第三季度）》中提到，"牢牢坚持房子是用来住的、不是用来炒的定位，坚持不将房地产作为短期刺激经济的手段"，有利于平稳市场预期，避免受近期"两个维护"落地影响市场出现较大波动，短期房地产政策存在改善预期，但"房住不炒"总基调不变，房地产政策微调仍需在总基调指导下进行，保障房地产市场平稳健康发展。同时，年内重点城市供地"两集中"政策出台，多数城市后两批集中供地陆续引入"竞品质或定品质"要求，引导房企持续打磨产品，提高住房品质。未来房企的产品力将成为其在激烈竞争中脱颖而出的核心竞争力之一，高品质住房的建设将是未来的主要方向。

（10）2021 年 12 月 6 日，中共中央政治局会议强调，要推进保障性住房建设，支持商品房市场更好满足购房者的合理住房需求，促进房地产业健康发展和良性循环。

解读：在限贷政策下，低总价刚需群体受到的影响最大，需要更长的时间才能获得贷款，贷款成本也在上升，低总价二手房交易量下降更加明显。同时，由于各地实行严格的认房认贷政策，卖一买一的置换需求被视为购买多套，贷款成本和贷款难度增加，也抑制了改善型换房需求的释放。如果这些需求长期被压制，会导致市场快速萎缩，后续可能会出现集中释放，不利于市场平稳发展。此次政治局会议提出"支持商品房市场更好满足购房者的合理住房需求"，结合央行降准释放流动性，将对房地产市场带来实际利好。展望未来，全国房地产市场在巩固11月的底部复苏局面的同时，会在第四季度以及2022年第一季度迎来持续利好。

（11）2021年12月17日，《最高人民法院关于人民法院司法拍卖房产竞买人资格若干问题的规定》发布。该规定要求，人民法院组织的司法拍卖房产活动，受房产所在地限购政策约束的竞买人申请参与竞拍的，人民法院不予准许。人民法院组织司法拍卖房产活动时，发布的拍卖公告载明竞买人必须具备购房资格及其相应法律后果等内容，竞买人申请参与竞拍的，应当承诺具备购房资格及自愿承担法律后果。

解读：为坚持"房住不炒"的调控方向，全国多地实施房屋限购政策。但至今仍有很多城市的限购政策仅针对普通商品房，不具备购房资格却通过法拍房购入当地房产的现象凸显。2021年初，杭州曾拍出过一套"天价法拍房"，成交价高达862万元，折合单价约每平方米9.58万元，高出周边最高的二手房售价约40%，引发行业内外对法拍房的关注。针对上述不利于房地产市场平稳发展的情况，最高人民法院出台的该规定正式补上这一"漏洞"。除了正式将法拍房纳入限购政策的范围，该规定中还对法拍房竞买人的购房资格做了更明晰的界定。

（12）2021年12月26日，在新华社对住房和城乡建设部部长的采访中，王蒙徽表示，房地产长效机制实施以来，在各方面共同努力下，我国房地产市场运行总体平稳，坚持"房子是用来住的、不是用来炒的"定位已成为社会共识。2022年，将坚持稳字当头、稳中求进，立足新发展阶段，完整、准确、全面贯彻新发展理念，加快构建新发展格局，着力在"增信心、防风险、稳增长、促改革、强作风"上下功夫，努力推动住房和城乡建设事业高质量发展。

解读：住房和城乡建设是最大的国内消费市场，是稳增长扩内需、建设强大国内市场的重要领域。此次王蒙徽部长也就"将如何引领城市建设转型升级，推动住房和城乡建设事业高质量发展"进行了深入解读：其一，保持调控政策连续性稳定性。继续稳妥实施房地产长效机制，落实城市主体责任，强化省级政府监督指导责任，保障刚性住房需求，满足合理的改善性住房需求，努力做到稳地价、稳房价、稳预期。其二，增强调控政策协调性精准性。加强金融、土地、市场监管等调控政策的协同。加强部省市县调控联动，加强对城市调控工作"一对一"的指导监督。其三，坚决有力处置个别头部房地产企业房地产项目逾期交付风险。以"保交楼、保民生、保稳定"为首要目标，按照省市统筹的工作要求，以法治化市场化为原则，确保社会稳定、国家和群众利益不受损失。其四，持续整顿规范房地产市场秩序。完善市场监管机制，切实维护群众合法权益。

二、土地政策

（1）2020 年 11 月 2 日，习近平对推进农村土地制度改革、做好农村承包地管理工作作出重要指示，强调要坚持农村土地农民集体所有制不动摇，坚持家庭承包经营基础性地位不动摇。要运用农村承包地确权登记颁证成果，扎实推进第二轮土地承包到期后再延长 30 年工作，保持农村土地承包关系稳定并长久不变。

解读：习近平总书记的重要指示，确定了对土地承包经营权的物权保护，让农民吃上长效"定心丸"，巩固和完善了农村基本经营制度。新时代推进农村土地制度改革，不仅要根据实践发展要求，促进农村土地资源优化配置，培育壮大新型农业经营主体，加快农业生产方式转变，还要切实维护好亿万农民的合法权益，为促进农业农村现代化和乡村全面振兴提供有力支撑。

（2）2020 年 11 月 5 日，自然资源部发布《土地征收成片开发标准（试行）》。该标准指出，土地征收成片开发方案应当充分征求成片开发范围内农村集体经济组织和农民的意见，并经集体经济组织成员的村民会议三分之二以上成员或者三分之二以上村民代表同意。未经集体经济组织的村民会议三分之二以上成员或者三分之二以上村民代表同意，不得申请土地征收成片开发。

解读：成片开发是落实国土空间规划和相关专项规划的重要手段，应根据城市功能配套和发展需求，合理确定片区范围，实现"建一片、成一片"的目标。作为自然资源主管部门，该标准的发布，一是向地方政府和基层群众宣传成片开发政策，提高社会各界对该政策的理解和支持；二是敦促地方政府依法依规按照成片开发范围实施征地工作，正确面对困难和问题，实现自然资源保护和群众权益保护的"双赢"。

（3）2020 年 9 月 9 日，自然资源部、住房和城乡建设部、民政部、国家保密局、最高人民法院、农业农村部、国家税务总局等 7 部门明确宅基地继承问题：农民的宅基地使用权可以依法由城镇户籍的子女继承并办理不动产登记。

解读：近年来，中国城镇化发展迅速，大量农村人口持续向城镇转移。在此过程中，老家的住宅和宅基地归属问题成为不少人关注的一大焦点。宅基地是农民的基本居住保障，此次自然资源部等 7 部门的答复非常及时、重要，进一步明晰了宅基地的产权特质，解决了长期存在于现实中的宅基地继承问题，为有意进城落户的农民解除了宅基地使用权可能被收回的后顾之忧，让落户城镇的农民及其子女既进得了城也回得了农村老家，保护了农民合法权益。此外，这也有助于解决目前部分农村宅基地荒废闲置的问题。

（4）2021 年 2 月 18 日，自然资源部发布住宅用地分类调控文件，文件要求 22 个重点城市住宅用地实现"两集中"：一是集中发布出让公告，且 2021 年发布住宅用地公告不能超过 3 次；二是集中组织出让活动。

解读：随着国土空间规划的编制，城乡规划粗放式发展方式不复返，在保证 18 亿亩（1 亩 ≈ 666.67 平方米）耕地红线的前提下，城市的土地资源变得越来越稀缺。"两集中"政策的目的在于政府监管调控地价，使土地溢价率下降，地价最终都会反映到房价上，所以最终目的还是平稳房价。具体到对房企的要求有：一方面，"两集中"政策要求各地将土地出让活动限制在每年三次，意味着房企只能在特定的时间段参与土地竞拍。房企在集中拿地的过程中所需缴纳的高额保证金、土地出让金，会在短时间内占用房企大量的货币资金，这对企业的融资能力和现金流管理能力提出更高的要求。另一方面，由于"两集中"政策极大缩短了房企拿地的投资决策周期，房企必须在短时间内完成大量的投资决策。时间短、任务重，必然会导致投资误判的概率上升，而"三道红线"强压之下，房企的投资容错率却大大降低。同时，供地活动集中度大大提高，意味着房企对城市的选择和地块的选择需要同步进行，这也对投资判断提出了更高的挑战。

（5）2021年9月1日，自然资源部办公厅发布《关于进一步规范存量住宅用地信息公开工作的函》，要求要严格按照部制定的存量住宅用地信息公开样式表格公开信息，准确完整地列出每个住宅用地项目的具体位置、土地面积、开发企业等信息，不得缺项漏项，不得使用名称简称。鼓励在此基础上进一步丰富公开内容。每季度初10日内要完成存量住宅用地信息更新，并作醒目提示。有条件的地区要实现公开信息的月度更新。

解读：近一两年来，房地产行业融资环境不断收紧，房企资金压力增大，很多企业提升了土地开发和产品区划速度，加快资金回流，"囤地"现象得到了有效缓解。如果这次地方政府将辖区内的存量土地信息全面公开，这些常年闲置的地块和竞得房企自然会浮出水面，届时公众的曝光和监督或将推动问题的解决。根据此次政策，相关数据查询将更加方便，也有助于大家更好地把握所在城市存量土地市场。对于此类土地信息的把握，将真正促进存量用地政策的细化，进而也促进存量用地的更好利用。

三、保障性住房政策

（1）2021年1月6日，住房和城乡建设部部长王蒙徽接受媒体采访，就"如何解决好大城市住房突出问题"进行回答：首先，要加快构建以保障性租赁住房和共有产权住房为主体的住房保障体系。其次，在人口净流入的大城市重点发展政策性租赁住房。再次，在规范发展住房租赁市场方面，要推动出台《住房租赁条例》，加快完善长租房政策。最后，要支持人口净流入的大城市发展共有产权住房，供应范围以面向户籍人口为主，逐步扩大到常住人口。

解读：2021年各地将加快构建以保障性租赁住房和共有产权住房为主体的住房保障体系，其中公租房主要面向城镇户籍住房和收入"双困"家庭，政策性租赁住房主要面向无房新市民，而人口净流入的大城市，将发展共有产权住房，供应范围以面向户籍人口为主逐步扩大到常住人口。王蒙徽部长的回复明确了当下政策目标就是要建设宜居、绿色、韧性、智慧和人文城市；要加强结果导向，特别是要全面开展城市体检、评估这样一个工作，来统筹城市规划建设管理，解决大城市的城市病问题。

（2）2021年3月13日，《中华人民共和国国民经济和社会发展第十四个五年规划和2035年远景目标纲要》正式公布。该纲要明确指出，加快培育和发展住房租赁市场，有效盘活存量住房资源，有力有序扩大城市租赁住房供给，完善长租房政策，逐步使租购住房在享受公共服务上具有同等权利。有效增加保障性住房供给，完善住房保障基础性制度和支持政策。以人口流入多、房价高的城市为重点，扩大保障性租赁住房供给，着力解决困难群体和新市民住房问题。

解读：此前的建议稿已经提出"推动金融、房地产同实体经济均衡发展"，纲要草案则提出要"实施房地产市场平稳健康发展长效机制，促进房地产与实体经济均衡发展"。房地产长效机制建设自 2013 年以来一直是政策重点，并在政治局会议、中央经济工作会议等高层会议中频繁出现。但在"十四五"规划、2020 年底的中央经济工作和 2021 年政府工作报告中均未再提及"房地产长效机制"表述，这表明房地产长效机制在 2020年应该已经基本确立。

（3）2021 年 4 月 3 日，国家发展和改革委员会、住房和城乡建设部下达保障性安居工程第二批中央预算，其中：下达保障性安居工程 2021 年第二批中央预算内投资计划 422.33 亿元，用于支持城镇老旧小区改造和棚户区改造配套基础设施建设。

解读：但如此大规模的"旧改"工作势必给房地产市场带来动荡。首先，"大基建版块"将迎来利好。5 年旧改规模就会涉及 1 亿居民，而且要完成 2000 年之前建成的老旧小区改造任务，对于大基建的启动当然是重要利好，社会财富再次面临重新分配的格局：从房地产商流向建筑商。其次，城镇居民住房购买力下降，"抢人"大战将更加激烈。用旧改替代棚改，意味着原来的城市居民在房地产市场中的购买力将大大下降。因此，大城市必须加大力度完成"增量"，户籍松绑的幅度可能会进一步加大。最后，旧城区的人口增长已经全面停止，新区崛起的时代重新到来，从而推动中国城市内部格局的演变。因此，在接下来的四年中，城市发展格局将呈现如下情景：一方面，旧城区在大力"翻新"；另一方面，新城在如火如荼地建设更好的配套措施，新增的人口等都将逐渐向新城聚集。

（4）2021 年 4 月 13 日，住房和城乡建设部召开 6 个城市座谈会（北京、上海、广州、深圳、福州、南宁），副部长倪虹指出，要求大力发展保障性租赁住房，城市人民政府要把发展保障性租赁住房，解决新市民、青年人住房问题列入重要议事日程；人口流入多、房价较高的城市，要科学确定"十四五"保障性租赁住房建设目标和政策措施，落实年度建设计划，由政府给予土地、财税、金融等政策支持，引导多主体投资、多渠道供给。

解读：人口净流入的热点城市，都将成为大力推进保障性租赁住房建设的城市。保障性租赁住房建设对于稳房价、解决住房问题，甚至降低租金等都具有积极作用。对于人口流入多、住房供应短缺、房价过高的城市，尤其是特大和超大城市，未来要解决外来人口住房问题，则应建立"租购并举、以租为主"的住房体系。租赁住房有两种，一种是市场化的长租公寓；还有一种是公共租赁住房，包括保障性住房。此外，探索利用集体建设用地建设租赁住房，降低租赁住房税费负担，也可尽最大可能帮助新市民、青年人缓解住房困难。

（5）2021 年 3 月 30 日，国家发展和改革委员会印发《国家基本公共服务标准（2021年版）》。2021 年 4 月 21 日，国务院新闻办公室就《国家基本公共服务标准（2021 年版）》有关情况举行发布会，住房和城乡建设部住房保障司负责人潘伟表示，下一步，将做好公租房保障，会同相关部门继续对大城市新筹集公租房给予中央补助，指导各地实行实物保障和货币补贴并举,不断加大对城镇住房、收入困难家庭的保障力度,对城镇低保、低收入住房困难家庭应保尽保。稳步推进棚户区改造,指导各地坚持因地制宜、量力而行,严格把好棚户区改造范围和标准,科学确定城镇棚户区改造计划任务,让困难群众早日搬进新居。并继续实施农村危房改造和地震高烈度设防地区农房抗震改造。

解读:在保障基本住房需求方面,《国家基本公共服务标准(2021年版)》明确了住房和城乡建设部牵头负责公租房保障、城镇棚户区住房改造和农村危房改造3项基本公共服务项目,为保障困难群众基本住房需求提供了有力保证。为保持政策的延续性,对农村低保边缘家庭和未享受过农村住房保障政策支持且依靠自身力量无法解决住房安全问题的其他脱贫户给予支持,将逐步建立农村低收入群体住房安全保障长效机制,为巩固拓展脱贫攻坚成果,接续推进乡村全面振兴奠定坚实基础。

(6)2021年5月12日、14日,住房和城乡建设部分别在沈阳、广州召开发展保障性租赁住房工作座谈会,北京、上海、广州、深圳等40个城市人民政府负责同志分两批参加,40个城市将大力发展保障性租赁住房,促进解决新市民、青年人住房困难问题列入重要议事日程。

解读:这是国家层面首次明确住房保障体系的顶层设计,并重点提及了保障性租赁住房基础制度和支持政策,保障性租赁住房成为不可或缺的组成部分。加快发展保障性租赁住房是坚持"房子是用来住的、不是用来炒的"定位,从供给端发力促进房地产市场平稳健康发展。这一举措将进一步强化顶层设计、规划引领、规范治理、精细管理,有效扩大保障性租赁住房供给,健全完善符合超大城市发展规律和特点的住房保障体系,不断增强人民群众获得感、幸福感、安全感。

(7)2021年5月19日,国务院国有资产监督管理委员会发布《关于进一步促进中央企业所属融资租赁公司健康发展和加强风险防范的通知》。该通知提出,准确把握融资租赁公司功能定位强调;严格规范融资租赁公司业务开展;着力推动融资租赁公司优化整合;持续加强融资租赁公司管理管控;不断加强融资租赁公司风险防范;加大融资租赁公司风险处置力度;建立健全融资租赁公司问责机制。

解读:经过多年的发展,特别是党的十八大以来,我国住房保障能力持续增强,累计建设各类保障性住房和棚改安置住房8 000多万套,帮助2亿多困难群众改善了住房条件,人民群众的获得感、幸福感、安全感不断增强。同时,随着城镇化进程的加速和流动人口规模的扩大,进城务工人员、新就业大学生等新市民、青年人的住房困难问题日益凸显,需加快完善以公租房、保障性租赁住房和共有产权住房为主体的住房保障体系。该办法出台的目的,是通过明确加快发展保障性租赁住房的支持政策,推动人口净流入的大城市等主要利用存量土地和房屋建设小户型、低租金保障性租赁住房,尽最大努力帮助新市民、青年人等缓解住房困难。

(8)2021年6月24日,国务院办公厅发布《关于加快发展保障性租赁住房的意见》,强调就加快发展保障性租赁住房,促进解决好大城市住房突出问题,提出加快保障性租赁住房的意见;坚持房子是用来住的、不是用来炒的定位,突出住房的民生属性,扩大保障性租赁住房供给,缓解住房租赁市场结构性供给不足,推动建立多主体供给、多渠道保障、租购并举的住房制度。

解读：《关于加快发展保障性租赁住房的意见》第一次明确了国家层面的住房保障体系的顶层设计，解决了非居住存量住房改建保障性租赁住房面临土地、规划、审批等方面的困难。具体而言，明确了非居住存量房屋改建为保障性租赁住房的审批程序；有利于降低保障性租赁住房的建设成本；提出商改租、工改租这些改建的保障性租赁住房，在用作保障性租赁住房期间不变更土地使用性质，不补缴土地价款；对商改租、工改租非居住存量房屋改建的保障性租赁住房，明确了可以落实税收优惠政策和民用水电气价格等问题。

（9）2021年7月20日，国务院办公厅发布《关于印发全国深化"放管服"改革着力培育和激发市场主体活力电视电话会议重点任务分工方案的通知》，指出增加保障性租赁住房和共有产权住房供给，规范发展长租房市场，降低租赁住房税费负担，尽最大努力帮助新市民、青年人等缓解住房困难。

解读：该分工方案从5个方面（直面市场主体需求，创新实施宏观政策和深化"放管服"改革；着力打造市场化营商环境；着力打造法治化营商环境；着力打造国际化营商环境；进一步增强责任感，攻坚克难，推动改革举措落地见效等）、25项任务的具体措施，明确了牵头部门和分工负责的部门、地区。要求各地区高度重视，将优化营商环境作为转变政府职能的一项重要任务，明确统筹推进"放管服"改革和优化营商环境工作的牵头部门，强化队伍建设，抓好各项改革任务落地。各部门要根据职责分工，抓实抓细相关改革，加强对地方的指导支持，形成改革合力。国务院办公厅要牵头推进"放管服"改革和优化营商环境工作，加强督促协调和业务指导，及时将行之有效的经验做法上升为制度规范，推动改革取得更大实效。

（10）2021年10月21日，住房和城乡建设部在福州市召开发展保障性租赁住房工作现场会，总结交流福州、上海、杭州、广州、厦门、西安等城市的经验做法，研究部署进一步做好发展保障性租赁住房工作。

解读：注重把握好保障性租赁住房工作的政策导向，始终坚持"房住不炒"，构建"公租房兜底、保障性租赁住房主导、共有产权住房补充"的住房保障体系。

（11）2021年10月21~22日，住房和城乡建设部召开发展保障性租赁住房工作现场会。会议指出，按照国家层面住房保障体系顶层设计，北京、上海、深圳等城市对本地区住房保障体系进行了完善，加快完善以公租房、保障性租赁住房和共有产权住房为主体的住房保障体系。

解读：加快发展保障性租赁住房是新发展阶段住房保障工作的重中之重。对于取得成效的推进保障性租赁住房工作可在不同城市间进行复制和推广。

（12）2021年11月4日，住房和城乡建设部办公厅发布《关于开展第一批城市更新试点工作的通知》。该通知提出，针对我国城市发展进入城市更新重要时期所面临的突出问题和短板，严格落实城市更新底线要求，转变城市开发建设方式，结合各地实际，因地制宜探索城市更新的工作机制、实施模式、支持政策、技术方法和管理制度，推动城市结构优化、功能完善和品质提升，形成可复制、可推广的经验做法，引导各地互学互鉴，科学有序实施城市更新行动。

解读：在维稳的基调上，因城施策，将改革和调控、短期和长期、内部均衡和外部均衡结合起来。

（13）2021年11月24日，住房和城乡建设部发布《城镇老旧小区改造可复制政策机制清单（第四批）》。该清单聚焦国务院大督查、审计发现及群众反映比较集中的六点问题，从难点问题、表现及原因、解决问题的举措三方面进行了详述。

解读：进一步明确了城镇老旧小区改造的工作要求、目标任务，细化工作措施，落实各方责任，体现了国家着力解决居民最关心最直接最现实的利益问题的决心，体现了老旧小区改造作为国家重大的民生工程和发展工程的重要性，同时也为下一步工作指明了方向。

（14）2021年12月8~10日，中央经济工作会议在北京举行，会议称加快发展长租房市场，推进保障性住房建设，支持商品房市场更好满足购房者的合理住房需求。

解读：进一步推进住房租赁市场的建设工作，支持商品房市场更好满足购房者合理住房需求，促进房地产业良性循环和健康发展，更好满足人民群众生活需要。

四、金融与财政政策

（1）2020年11月12日，为规范保险资金直接投资未上市企业股权行为，加大保险资金对各类企业的股权融资支持力度，中国银行保险监督管理委员会发布《关于保险资金财务性股权投资有关事项的通知》。该通知指出，保险资金所投资的标的企业，不得直接从事房地产开发建设，包括开发或者销售商业住宅。

解读：新规中关于保险资金投资房地产的规定，符合房地产市场金融风险监管的总体监管目标，比较重要的影响在于，给保险资金可能存在以"明股实债"的方式进入房地产开发建设领域划下明确的红线。

（2）2020年12月28日，中国人民银行、中国银行保险监督管理委员会发布《关于建立银行业金融机构房地产贷款集中度管理制度的通知》。该通知明确了房地产贷款集中度管理制度的机构覆盖范围、管理要求及调整机制；综合考虑银行业金融机构的资产规模、机构类型等因素，分档设置房地产贷款余额占比和个人住房贷款余额占比两个上限，对超过上限的机构设置过渡期，并建立区域差别化调节机制。

解读：建立房地产贷款集中度管理制度，是健全我国宏观审慎管理制度和完善房地产金融管理长效机制的重要举措，有助于提高金融体系韧性和稳健性，有助于银行业金融机构优化信贷结构，有助于房地产市场的平稳健康发展，有助于推动金融、房地产同实体经济均衡发展。

（3）2021年1月22日，在国务院新闻办公室举行的新闻发布会上，中国银行保险监督管理委员会首席风险官肖远企指出，在房地产领域，中国银行保险监督管理委员会建立房地产融资全方位、全口径的统计体系。如果银行房地产风险暴露金额超过了净资本一定的比例，必须采取有关措施。中国银行保险监督管理委员会也密切关注观察不同地区、不同城市房价变化的情况，因城施策，与其他部门和地方政府一起采取相应的措施。

解读：近期部分区域房市集体升温，引发外界对于政府的贴息经营贷款违规操作流入房地产市场的众多猜测。此次发布会明确表示，贷款一定要按照申请贷款时的用途真实使用资金，不能挪用，如果是通过房产抵押申请的贷款，包括经营和按揭贷款都必须要真实遵循申请时的资金用途。有关部门要求银行一定要监控资金流向，确保资金运用在申请贷款时的标的上，对于违规把贷款流入房地产市场的行为要坚决予以纠正。

（4）2021年3月26日，中国银行保险监督管理委员会、住房和城乡建设部、中国人民银行发布《关于防止经营用途贷款违规流入房地产领域的通知》。该通知从加强借款人资质核查、加强信贷需求审核、加强贷款期限管理、加强贷款抵押物管理、加强贷中贷后管理、加强银行内部管理等方面，督促银行业金融机构进一步强化审慎合规经营，严防经营用途贷款违规流入房地产领域。同时要求进一步加强中介机构管理，建立违规行为"黑名单"，加大处罚问责力度并定期披露。

解读：该通知的发布和实施，是牢牢坚持"房子是用来住的、不是用来炒的"定位，促进房地产市场平稳健康发展，提升金融服务实体经济质效的重要举措。下一步各部门密切沟通协作，贯彻落实工作，将有力打击经营用途贷款违规流入房地产领域的违法违规行为。

（5）2021年5月11日，《2021年第一季度中国货币政策执行报告》公布，在房地产方面：牢牢坚持"房住不炒"的定位，保持房地产金融政策的连续性、一致性、稳定性，实施好房地产金融审慎管理制度，加大住房租赁金融支持力度。

解读：2020年末房地产贷款集中度管理制度出台后，中国人民银行会同中国银行保险监督管理委员会指导省级分支机构合理确定地方法人银行房地产贷款集中度管理要求，督促集中度超出上限的商业银行制订过渡期调整方案。目前，信贷结构优化有序推进，房地产贷款集中度管理制度进入常态化政策执行和实施阶段。坚持不将房地产作为短期刺激经济的手段，坚持稳地价、稳房价、稳预期，保持房地产金融政策的连续性、一致性、稳定性，实施好房地产金融审慎管理制度，加大住房租赁金融支持力度。

（6）2021年5月22日，2021清华五道口全球金融论坛在京开幕，中国人民银行副行长李波在会上表示，在宏观审慎政策方面，充分发挥宏观审慎政策结构性靶向调控的作用，针对房地产金融、跨境资本流动、债券市场等特定领域的潜在风险，及时采取宏观审慎措施，防范系统性风险。

解读：房地产的问题在于金融化、泡沫化倾向还比较强，但是2020年房地产贷款增速八年来首次低于各项贷款增速，这个成绩来之不易。现在已采取了一系列措施，各城市"一城一策"推出房地产综合调控举措，目的是稳地价、稳房价、稳预期，逐步把房地产问题解决好。

（7）2021年6月30日，据财联社消息，央行已将"三道红线"试点房企商票数据纳入其监控范围，要求相关房企将商票数据每月上报。消息称，房企商票数据目前暂未纳入"三道红线"计算指标，未来极有可能被纳入。倘若商票数据被纳入"三道红线"中有息负债指标计算，未来房企降负债压力将进一步加大。

解读：此次商票的监管具有积极意义，充分说明"三道红线"的监管范围在扩大，预计后续会有几方面改革：第一，商票的规模和运行情况会有较大的监管，成为房企融资端需要关注的内容；第二，部分房企后续发行商票的成本会增大，包括发行利率、贴现率等，进而影响商票使用的成本；第三，房企需要积极梳理内部的融资工具，对于有潜在风险的融资工具应该叫停。

（8）2021年7月22日，据央视新闻报道，央行表示经过加快建立健全房地产金融管理长效机制，"三线四档"规则试点房地产企业核心经营财务指标明显改善，银行业金融机构房地产贷款、个人住房贷款集中度稳步降低。下一步，将继续围绕稳地价、稳房价、稳预期目标，持续完善房地产金融管理长效机制。

解读："房住不炒"的主基调仍然是坚定的，房地产行业稳定是必须实现的目标，政策会不断精细化，查漏补缺；政策的制定与执行之间需要保持同步，只是制定政策，而执行不到位，政策调控可能也难以充分发挥作用，未来对于政策执行的监管也会加大力度；对于政策的细则仍待完善，定义精准，如房价上涨过快，怎么定义；防风险是房地产调控的核心，房地产行业与企业去杠杆、稳杠杆必定是长期持续的进程；管控行业杠杆的"三道红线"、房地产贷款集中度管理等政策也会处于不断收紧，不断完善的状态，如出台政策将商票纳入监管，资金违规进入房地产一定会处于政策严格禁止范围内。

（9）2021年7月27日，中国银行保险监督管理委员会召开全系统2021年年中工作座谈会暨纪检监察工作（电视电话）座谈会，会议强调，要毫不松懈地防范化解金融风险，按照"一行一策""一地一策"原则，加快高风险机构处置；严格执行"三线四档"和房地产贷款集中度要求，防止银行保险资金绕道违规流入房地产市场。

解读：当前，国内外经济金融形势正发生深刻变化，也存在诸多不确定性因素。金融机构要充分发挥好资源配置作用，将资源用在刀刃上，强企业生产，助经济复苏；同时，必须守住自身资产质量的红线，夯实自身能力。需要强调的是，要时刻绷紧防范金融风险之弦。从中国银行保险监督管理委员会此次年中工作会透露出的信息可以看出，下一阶段银行业保险业防风险涉及多方面内容，也对金融监管提出了一系列挑战——既要实事求是地根据现实状况有序"排雷"、防止监管套利；又要与时俱进，对于花样翻新的违规手段予以警惕；同时包容创新发展，避免胶柱鼓瑟。

（10）2021年9月7日，中国银行保险监督管理委员会新闻发言人答记者问：防范房地产贷款过度集中，推动保险资金支持长租市场发展。具体要求有：管好房地产信贷闸门；遏制"经营贷"违规流入房地产领域；严惩违法违规；落实差别化房地产信贷政策；金融支持住房租赁市场。

解读：对于房地产企业而言，个贷额度的紧张，直接导致回款变慢，叠加融资成本的高企，进一步影响了企业拿地。中国的开发企业可能会为卖房而继续提供折扣，以损失利润为代价推动销售。这是由于融资的收紧和上限的设置，以及更严格的市场准入原则，一些开发企业需要足够的现金来支撑流动性。总体而言，2021年房地产金融调控和监管工作的成效已经显现，房地产贷款增速持续下降，房地产信托和投向房地产的理财产品规模也在不断下降。

（11）2021年9月29日，中国人民银行、中国银行保险监督管理委员会联合召开房地产金融工作座谈会，会议强调，金融部门要认真贯彻落实党中央、国务院决策部署，围绕"稳地价、稳房价、稳预期"目标，准确把握和执行好房地产金融审慎管理制度，坚持"房子是用来住的、不是用来炒的"定位，坚持不将房地产作为短期刺激经济的手段，持续落实好房地产长效机制，加快完善住房租赁金融政策体系。

解读：中国房地产调控已经从之前的住房和城乡建设部常规维稳，升级到了央行主导预防金融风险层面，这显示监管部门有考虑当下出现系统性金融风险的必要性，政策提及了维护房地产市场健康发展，维护住房消费者的合法权益的"两个维护"，充分体现了当前稳定楼市的导向，相比过去打压性的表述，此次"两个维护"提法释放了一定的宽松导向。第四季度信贷政策宽松的动作可能会比较多，对于刚需购房者而言有利好，无论是一手房还是二手房。同时其客观上也促进了房企的去库存工作，有助于房企第四季度营销工作的改善和现金流的改善，对于防范出现债务危机等也有利好。

（12）2021年10月15日，中国人民银行举行2021年第三季度金融统计数据发布会。会议针对有关恒大集团债务风险化解、房地产金融政策等涉及房地产的热点问题作出具体回应。

解读：恒大集团经营管理不善、盲目多元化扩张，最终导致风险暴发，属于个案风险。当前，我国房地产行业总体保持健康发展，大多数房地产企业坚守主业、经营稳健。恒大集团风险事件对资本市场稳定运行的外溢影响可控。下一步，中国证券监督管理委员会将继续保持市场融资功能的有效发挥，支持房地产企业合理正常融资，促进资本市场和房地产市场平稳健康发展。

（13）2021年10月20日，北京市政府与中国人民银行、中国银行保险监督管理委员会、中国证券监督管理委员会、国家外汇管理局等机构共同主办2021金融街论坛年会。会议对房地产市场近况进行了分析，对房地产金融贷款等方面内容作出解答。

解读：虽然房地产市场出现了个别问题，但风险总体可控，合理的资金需求正在得到满足，房地产市场健康发展的整体态势不会改变。金融机构和金融市场风险偏好过度收缩的行为逐步得以矫正，融资行为和金融市场价格正逐步恢复正常。金融部门将积极配合住房和城乡建设部及地方政府，坚定地维护房地产市场的健康发展，维护住房消费者的合法权益。

（14）2021年11月16日，世界经济论坛全球企业家特别对话会在人民大会堂召开，李克强总理致辞并与企业家互动。会议指出，要稳定宏观经济运行，坚持不搞"大水漫灌"，继续面向市场主体需求制定实施宏观政策，适时出台实施更大力度的组合式减税降费举措，深化放管服改革，更大激发市场主体活力和发展内生动力。

解读：坚持"房住不炒"调控导向，因城施策，加快推进长效调控机制，引导住房合理消费和资源有效利用，促进房地产市场平稳健康运行。

（15）2021年10月29日，财政部发布《关于提前下达2022年部分中央财政城镇保障性安居工程补助资金预算的通知》。该通知指出，该项资金待2022年预算年度开始后，按规定程序拨付使用，专项用于城市棚户区改造，向符合条件的在市场租赁住房的保障家庭发放租赁补贴，城镇老旧小区改造，以及第二批中央财政支持住房租赁市场发展试点。

解读：加大城镇老旧小区改造力度，推动惠民生扩内需，运用财政手段，满足居民安全需要和基本生活需求的内容，满足居民生活便利需要和改善型生活需求的内容。

（16）2021年11月19日，央行在《2021年第三季度中国货币政策执行报告》中指出，目前房地产市场风险总体可控，房地产市场健康发展的整体态势不会改变，坚持不将房地产作为短期刺激经济的手段，坚持稳地价、稳房价、稳预期，保持房地产金融政策的连续性、一致性、稳定性，实施好房地产金融审慎管理制度，加大住房租赁金融支持力度，配合相关部门和地方政府共同维护房地产市场的平稳健康发展，维护住房消费者的合法权益。

解读：总的来看，解决房地产市场风险，既要坚定信心，又要正视困难，将改革和调控、短期和长期、内部均衡和外部均衡结合起来，集中精力办好自己的事，努力实现高质量发展。牢牢坚持"房子是用来住的、不是用来炒的"定位，充分发挥房地产金融资本的有效性，维护房地产市场健康平稳发展。

（17）2021年12月13日，中国人民银行党委在扩大会议上传达学习了中央经济工作会议精神，会议强调2022年要深化金融供给侧结构性改革，坚持"房子是用来住的、不是用来炒的"定位，稳妥实施好房地产金融审慎管理制度，加快完善住房租赁金融政策体系，因城施策促进房地产业良性循环和健康发展。

解读：2022年将继续实施稳健的房地产政策，围绕因城施策的目标，不断深化金融供给侧结构性改革，建立健全住房租赁金融体系。

（18）2021年12月20日，中国人民银行、中国银行保险监督管理委员会联合发布《关于做好重点房地产企业风险处置项目并购金融服务的通知》。该通知要求银行业金融机构按照依法合规、风险可控、商业可持续的原则，稳妥有序开展房地产项目并购贷款业务，重点支持优质的房地产企业兼并收购出险和困难的大型房地产企业的优质项目。

解读：据悉，该通知包括六方面核心内容，除前述的鼓励并购出险和困难房企的优质项目外，还包括加大债券融资的支持力度，支持优质房企在银行间市场注册发行债务融资工具，募集资金用于重点房地产企业风险处置项目的兼并收购；提高并购的服务效率，加快重点房地产企业项目并购贷款的审批流程，提升全流程服务效率；在风险管理方面，强调了金融机构应按照"穿透原则"评估项目的合规性，同时，加强并购贷款的风险控制和贷后管理，做好资金用途的监控。

五、税收政策

（1）2021年4月7日，国务院新闻办公室就贯彻落实"十四五"规划纲要，加快建立现代财税体制有关情况举行发布会，提出"十四五"期间将"进一步完善综合与分类相结合的个人所得税制度等"，"积极稳妥推进房地产税立法和改革"。

解读：按照"十四五"规划纲要要求，财政部将进一步完善现代税收制度，健全地方税、直接税体系，持续推动房地产税立法和改革，优化税制结构，建立健全有利于高质量发展、社会公平、市场统一的税收制度体系。未来的着力点主要有两方面：一是健全地方税体系，培育地方税源；二是健全直接税体系，逐步提高直接税比重。

（2）2021年5月6日，财政部部长刘昆在《经济日报》撰文提到，推动构建新发展格局，促进高质量发展，必须加快建立现代财税体制；将完善和健全税收制度体系，逐步提高直接税比重，积极稳妥推进房地产税立法和改革。

解读：完善房地产市场调控是 2021 年财税的重点工作之一。此次发文内容延续了 3 月 23 日财税工作座谈会所强调的几点：要坚持与时俱进、长短结合，加强宏观政策特别是财税政策研究，更好地为党中央、国务院决策服务。当前的重点要围绕实现碳达峰、碳中和，以及完善房地产市场调控、推动平台经济规范健康发展等，深入开展调查研究。

　　但从立法进程来看，房地产税立法在 2021 年仍没有时间表。4 月 22 日，全国人大常委会公布 2021 年度立法工作计划。该计划包括修改反垄断法、公司法、企业破产法，制定海南自由贸易港法、期货法、印花税法及关税法等税收法律等，房地产税立法未被提及。

　　（3）2021 年 5 月 21 日，财政部、自然资源部、国家税务总局、中国人民银行联合发布《关于将国有土地使用权出让收入、矿产资源专项收入、海域使用金、无居民海岛使用金四项政府非税收入划转税务部门征收有关问题的通知》。该通知提出，将由自然资源部门负责征收的国有土地使用权出让收入、矿产资源专项收入、海域使用金、无居民海岛使用金四项政府非税收入，全部划转给税务部门负责征收。自然资源部（本级）按照规定负责征收的矿产资源专项收入、海域使用金、无居民海岛使用金，同步划转税务部门征收。

　　解读：此次非税收入征管划转是 2018 年以来税收征管体制改革方案的进一步践行。以国有土地使用权出让收入为典型的非税收入，一直是地方税收收入之外的重要财源。地方政府对于土地财政高度依赖，同时在土地出让收入的征收、支出、资金管理方面，长期以来一直存在着欠征、少征、漏征、先征后返、违规减免、空转、虚增等多种问题。一方面，划转税务部门统一征收能够提升征管效率，降低征收成本；另一方面，税务部门统一征收有利于规范土地出让收支管理，便于中央掌握地方财力状况。

　　（4）2021 年 7 月 8 日，财政部、国家税务总局发布《关于贯彻实施契税法若干事项执行口径的公告》，对纳税凭证、纳税信息和退税作出规定：土地、房屋权属转移方面，征收契税的土地、房屋权属，具体为土地使用权、房屋所有权。因共有不动产份额变化、因共有人增加或者减少以及因人民法院、仲裁委员会的生效法律文书或者监察机关出具的监察文书等因素，发生土地、房屋权属转移的情形，承受方应当依法缴纳契税。

　　解读：关于房地产开发公司取得土地后向规划部门缴纳的城市基础设施配套费是否要缴纳契税，在《中华人民共和国契税法》（简称《契税法》）实施之前一直是一个有重大争议的问题。其中大家争议的焦点就在于《财政部 国家税务总局关于国有土地使用权出让等有关契税问题的通知》规定的是：以竞价方式出让的，其契税计税价格，一般应确定为竞价的成交价格，土地出让金、市政建设配套费以及各种补偿费用应包括在内。在财政部、国家税务总局公告 2021 年第 23 号中，直接就将"城市基础设施配套费"明确列入了契税计税依据，关于基础设施配套费是否要缴纳契税的问题，自 23 号公告后就此明确。

　　（5）2021 年 8 月 27 日，财政部、国家税务总局发布《关于契税法实施后有关优惠政策衔接问题的公告》，指出夫妻因离婚分割共同财产发生土地、房屋权属变更的，免征契税；城镇职工按规定第一次购买公有住房的，免征契税；已购公有住房经补缴土地出让价款成为完全产权住房的，免征契税。

解读：该公告的发布使纳税人广泛关切且符合《契税法》规定的契税优惠政策在《契税法》实施后得以延续，实现了契税优惠政策的有序衔接，还废止了不符合《契税法》规定或不符合实际的契税优惠政策，有助于提高纳税人对《契税法》的认可度和遵从度，并维护《契税法》的严肃性、权威性，为《契税法》顺利落地、平稳运行和实现依法治税提供了有力保障。

（6）2021年10月23日，全国人民代表大会常务委员会授权国务院在部分地区开展房地产税改革试点工作，以达到积极稳妥推进房地产税立法与改革，引导住房合理消费和土地资源节约集约利用，促进房地产市场平稳健康发展的作用。

解读：授权国务院在部分地区开展房地产税改革试点工作，引导住房合理消费和土地资源节约集约利用，促进房地产市场平稳健康发展。

六、其他政策

（1）2020年11月15日，习近平总书记主持召开全面推动长江经济带发展座谈会并发表重要讲话，讲话指出，要推进以"人"为核心的新型城镇化，处理好中心城市和区域发展的关系，推进以县城为重要载体的城镇化建设，促进城乡融合发展。强化铁路、公路、航空运输网络。要加强全方位对外开放，深度融入"一带一路"建设，推进国内国际双循环相互促进。

解读：推动长江经济带发展，要深入学习领会习近平总书记重要讲话精神，贯彻落实党的十九届五中全会精神，把新发展理念贯穿发展全过程和各领域，在推动高质量发展上做好表率，为加快构建新发展格局作出更大贡献。要加强生态环境综合治理、系统治理、源头治理，特别是要抓好长江"十年禁渔"，推进长江水生生物多样性恢复。要加强区域协调联动发展，推动长江经济带科技创新能力整体提升，统筹优化产业布局，严禁污染型产业、企业向上中游地区转移。要加强综合交通运输体系建设，系统提升干线航道通航能力，强化铁路、公路、航空运输网络。

（2）2020年12月15日，住房和城乡建设部办公厅印发了《城镇老旧小区改造可复制政策机制清单（第一批）》，选取山东、浙江和湖南等14个省市作为第一批试点地区，将所有住宅用地、商服用地的土地出让收入，提取1.5%作为老旧小区改造专项资金。

解读：近年来，各地按照党中央、国务院有关决策部署，大力推进城镇老旧小区改造工作，取得显著成效。尤其是《国务院办公厅关于全面推进城镇老旧小区改造工作的指导意见》印发以来，各地积极贯彻落实文件精神，围绕城镇老旧小区改造工作形成"统筹协调、改造项目生成、改造资金政府与居民合理共担、社会力量以市场化方式参与、金融机构以可持续方式支持、动员群众共建、改造项目推进、存量资源整合利用、小区长效管理"九个机制，并不断深化探索，形成一批可复制的政策机制。

（3）2020年12月30日，住房和城乡建设部印发《关于加强城市地下市政基础设施建设的指导意见》。该意见提出，各地要根据地下空间实际状况和城市未来发展需要，立足于城市地下市政基础设施高效安全运行和空间集约利用，合理部署各类设施的空间和规模。该意见要求，严格落实城市地下市政基础设施建设管理中的权属单位主体责任和政府属地责任、有关行业部门监管责任，建立健全责任考核和责任追究制度。

解读：抓好该意见的贯彻落实，将有利于城市人民政府根据地下空间实际状况和城市未来发展需要，立足城市地下市政基础设施高效安全运行和空间集约利用，统筹城市地下空间和市政基础设施建设，合理部署各类设施的空间和规模；有利于推动建立完善城市地下市政基础设施建设协调机制，推动相关部门沟通共享建设计划、工程实施、运行维护等方面信息，加快推进基于信息化、数字化、智能化的新型城市基础设施建设和改造，提升城市地下市政基础设施数字化、智能化水平和运行效率；有利于扭转"重地上轻地下""重建设轻管理"观念，切实加强城市老旧地下市政基础设施更新改造工作力度，落实城市地下市政基础设施建设管理中的权属单位主体责任和政府属地责任、有关行业部门监管责任，确保各项工作落到实处。

（4）2021年1月14日，国家发展和改革委员会、民政部、国家卫生健康委员会联合发布《关于建立积极应对人口老龄化重点联系城市机制的通知》，提出建立积极应对人口老龄化重点联系城市机制，争取到2022年在全国发展一批创新活跃、经济社会发展与人口老龄化进程相适应的地区，培育一批带动性强、经济社会效益俱佳的健康养老产业集群，形成一批特色鲜明、行之有效的创新模式和典型经验，探索一批普遍适用、务实管用的应对人口老龄化政策举措。

解读：该通知特别注重盘活存量资源的工作思路，这既能发挥经济效益，又能解决现实问题，符合一直以来市场配置资源、最大限度挖掘资源的整体趋势。随着"互联网适老化改造"多次被提及，此次通知还强调，要解决老年人运用智能技术困难。"这不是技术的问题，而是人文关怀的问题"，解决老年人"数字鸿沟"需要政府更加以人为本，分类指导，企业用技术进步为老年人提供便利。在未来，我们需要努力把养老机构已经成型的一系列养老服务方式、内容、产品标准，通过互联网+养老模式延伸到家庭，延伸到社区，让居家老人、社区老人也能分享专业化、职业化、规范化的养老服务。这样一来，以居家为基础、社区为依托、机构为补充、医养相结合的养老服务体系，就能够得到部分实现。

（5）2021年2月20日，国务院印发《关于新时代支持革命老区振兴发展的意见》，指出加大财政金融支持力度，中央财政在安排革命老区转移支付、地方政府专项债券时，对革命老区所在省份予以倾斜支持，鼓励政策性金融机构结合职能定位和业务范围加大对革命老区支持力度。

解读：革命老区是党和人民军队的根，是中国人民选择中国共产党的历史见证，许多革命老区县市区仍然面临着经济社会发展相对滞后、基础设施比较薄弱、生态系统功能比较脆弱、产业结构相对单一、城市功能不够完善、群众生活水平相对较低、民生短板依然突出等问题，属于区域协调发展的重点区域。抓好革命老区振兴发展，让老区人民逐步过上富裕幸福的生活，具有特殊的政治意义。

（6）2021年2月25日，科技部印发《关于加强科技创新促进新时代西部大开发形成新格局的实施意见》，主要内容有：支持成渝科技创新中心建设，加快成都国家新一代人工智能创新发展试验区建设；支持西安全国重要科研和文教中心建设；研究进一步加大高新技术企业税收优惠力度，支持西部优质企业通过"新三板"、科创板上市融资。

解读：该意见的印发，为西部大开发形成大保护、大开放、高质量发展的新格局指明了方向，贯彻落实好党中央、国务院的重大决策部署和新要求，协同推进经济高质量发展和环境高水平保护，体现了各级党委和政府的定力和智慧。

（7）2021年4月6日，住房和城乡建设部等多部门联合印发《关于加快发展数字家庭 提高居住品质的指导意见》，强调深度融合数字家庭产品应用与工程设计，强化宜居住宅和新型城市基础设施建设，提升数字家庭产品消费服务供给能力，提高便民服务水平，适应消费升级趋势和疫情防控常态化要求，不断满足人民日益增长的美好生活需要。

解读：2017年以来，国务院多次印发相关文件，要求坚定实施扩大内需战略，以新业态新模式为引领，加快推动新型消费扩容提质。中央经济工作会议明确提出，要大力发展数字经济。"十四五"规划也提出要求，加快数字社会建设步伐，丰富数字生活体验，发展数字家庭。但目前数字家庭的发展不平衡、住宅和社区配套设施智能化水平不高、产品系统互联互通不够，特别是系统平台与住宅建设的结合缺乏整体考虑。该文件的发布，是顺应深化住房供给侧结构性改革、促进房地产开发企业等市场主体转型升级和家庭生活数字化趋势的一大举措，也是响应国家数字经济战略、实现经济转型升级和数字经济目标的重要政策。

（8）2021年4月8日，国家发展和改革委员会印发《2021年新型城镇化和城乡融合发展重点任务》，提出如下要求：促进农业转移人口有序有效融入城市，增强城市群和都市圈承载能力，转变超大特大城市发展方式，提升城市建设与治理现代化水平，推进以县城为重要载体的城镇化建设，加快推进城乡融合发展。

解读：对于城市建设和管理，习近平总书记多次强调，必须坚持以人民为中心的发展思想。习近平总书记在2020年4月10日中央财经委员会第七次会议上提到"要更好推进以人为核心的城镇化，使城市更健康、更安全、更宜居，成为人民群众高品质生活的空间"[①]。《2021年新型城镇化和城乡融合发展重点任务》则明确了本年新型城镇化主要工作内容，坚持走中国特色新型城镇化道路，深入推进以人为核心的新型城镇化战略，以城市群、都市圈为依托促进大中小城市和小城镇协调联动、特色化发展，使更多人民群众享有更高品质的城市生活。

（9）2021年4月9日，中国人民银行、中国银行保险监督管理委员会、中国证券监督管理委员会、国家外汇管理局联合发布《关于金融支持海南全面深化改革开放的意见》。该意见提出，探索放宽个人跨境交易政策。支持在海南自由贸易港内就业的境外个人开展包括证券投资在内的各类境内投资。允许符合条件的非居民按实需原则在海南自由贸易港内购买房地产，对符合条件的非居民购房给予汇兑便利；在房地产长效机制框架下，支持海南在住房租赁领域发展房地产投资信托基金（REITs），鼓励银行业金融机构创新金融产品和服务，支持住房租赁市场规范发展。

解读：海南是我国最大的经济特区，具有实施全面深化改革和试验最高水平开放政

---

① 16个要点，理解国家中长期经济社会发展战略若干重大问题. http://www.qstheory.cn/zhuanqu/2020-11/02/c1126689010.htm，2020-11-02.

策的独特优势。该意见从提升人民币可兑换水平支持跨境贸易投资自由化便利化、完善海南金融市场体系、扩大海南金融业对外开放、加强金融产品和服务创新、提升金融服务水平、加强金融监管防范化解金融风险等六个方面提出 33 条具体措施。该意见的出台基本确立了金融支持海南全面深化改革开放的"四梁八柱"，有助于弥补海南金融短板、夯实海南金融基础。

（10）2021 年 5 月 31 日，中央政治局会议审议《关于优化生育政策促进人口长期均衡发展的决定》，进一步优化生育政策，实施一对夫妻可以生育三个子女政策及配套支持措施。

解读：房地产长期看人口，中期看土地，短期看金融。生育政策的放开，会使得新生人口出现一定数量的增长，进而长期带动住房需求的增加。虽然生育政策对于房地产行业整体向好，但必须清醒地认识到，部分非热点城市的房地产库存高企，市场整体供大于求的现象仍然存在，鼓励生育政策措施的出台，绝不是鼓励房地产重复过去的发展模式。当前，随着高质量发展的新要求，随着行业的变革重整，房地产企业还是需要在战略、财务、创新和服务等方面做好充足的应对准备。

（11）2021 年 7 月 27 日，全国优化生育政策电视电话会议在京召开，中共中央政治局委员、国务院副总理孙春兰指出，研究实施差异化租赁和购房优惠政策，降低生育、养育、教育成本。

解读：如今，三孩生育政策及相关配套政策正陆续出台。接下来，有关部门将认真抓好政策落地和配套措施有效对接，着力解决教育和养老方面所面临的难题，引导年轻人树立正确的家庭观和婚嫁观，只有综合有效推进、将相关政策做实做牢，才能真正提高生育意愿，达到缓解老龄化压力的效果。

（12）2021 年 8 月 30 日，住房和城乡建设部发布《关于在实施城市更新行动中防止大拆大建问题的通知》。该通知指出严格控制大规模拆除。除违法建筑和经专业机构鉴定为危房且无修缮保留价值的建筑外，不大规模、成片集中拆除现状建筑，原则上城市更新单元（片区）或项目内拆除建筑面积不应大于现状总建筑面积的 20%。提倡分类审慎处置既有建筑，推行小规模、渐进式有机更新和微改造。

解读：该通知注重解决新市民、低收入困难群众等重点群体的租房问题，即其明确了在城市更新过程中应当同步做好低价位、中小户型长期租赁住房建设，并明确了住房租金年度涨幅不超过 5%，极大地体现了对于新市民、低收入困难群众的关怀；其明确了城市更新过程中应当优先建设的工程项目，对于保障居民基本需求，提升居民生活品质具有重要意义；其强调在改造过程中不应重地上轻地下，而应当注重提升城市安全性能，加强城市建设对于保障居民的人身和财产安全具有十分积极的意义。

（13）2021 年 9 月 2 日，国家发展和改革委员会、住房和城乡建设部发布《关于加强城镇老旧小区改造配套设施建设的通知》。该通知指出，加强城镇老旧小区改造配套设施建设与排查处理安全隐患相结合工作，强化项目全过程管理；加强项目储备，强化资金保障，加强事中事后监管，完善长效管理机制。

解读：根据国家第十四个五年规划要求，"十四五"期间计划完成 2000 年底前建成的 21.9 万个城镇老旧小区改造，基本完成大城市老旧厂区改造，改造一批大型老旧街区，因地制宜改造一批城中村。此次政策的出台，一次性释放了千亿级的市场空间。2021~2025年，参与老旧小区改造，不仅是国家战略层面的重大待解决问题，也或将成为银行等金融机构企业扩张服务规模的新途径。

（14）2021年10月25日，国务院新闻办公室举行新闻发布会，请住房和城乡建设部副部长张小宏、住房和城乡建设部总经济师杨保军、住房和城乡建设部标准定额司司长田国民介绍《关于推动城乡建设绿色发展的意见》有关情况，并答记者问。

解读：积极响应建筑领域碳达峰、碳中和行动，加强财政、金融、规划、建设等政策支持，推动高质量绿色建筑规模化发展。

（15）2021年11月18日，中共中央、国务院发布《关于加强新时代老龄工作的意见》。该意见指出要健全养老服务体系。具体包括，创新居家社区养老服务模式；进一步规范发展机构养老；各地要通过直接建设、委托运营、购买服务、鼓励社会投资等多种方式发展机构养老。

解读：通过广泛动员社会参与，落实工作责任，将老龄工作重点任务纳入重要议事日程，纳入经济社会发展规划，纳入民生实事项目，纳入工作督查和绩效考核范围，积极参与全球及地区老龄问题治理，推动实施积极应对人口老龄化国家战略与落实2030年可持续发展议程相关目标有效对接。

（16）2021年12月15日，国家发展和改革委员会出台《关于进一步推进投资项目审批制度改革的若干意见》。该意见强调，对拟申报基础设施REITs试点的项目，与中国证券监督管理委员会当地派出机构等有关方面加强沟通，深入了解前期工作进展，及时掌握项目进度和存在问题，做好政策解读、解决重点问题。与本地区行业管理、自然资源、生态环境、住房和城乡建设、国资监管等部门加强沟通交流，帮助项目依法依规办理或补充相关手续，落实发行基础设施REITs的各项条件。对基础设施REITs回收资金拟投入的新项目，加强跟踪服务，协调加快前期工作和开工建设进度，推动尽快形成实物工作量。

解读：该意见的出台，不仅为全面改善投资环境，明确政策界限，完善制度机制和促进改革协同提供了发展思路，同时也为规范有序深化投资项目审批制度改革，充分激发社会投资活力和动力奠定了基础，更好地发挥项目投资为稳定我国经济增长提供了有力支撑。

（17）2021年12月10日，为稳步推进"无废城市"建设，生态环境部等18部委印发《"十四五"时期"无废城市"建设工作方案》。该方案指出，"十四五"时期"无废城市"建设的工作思路和目标为，立足新发展阶段、贯彻新发展理念、构建新发展格局、推动高质量发展，统筹城市发展与固体废物管理，坚持"三化"原则、聚焦减污降碳协同增效，推动100个左右地级及以上城市开展"无废城市"建设。

解读："无废城市"建设是党中央、国务院作出的重大决策部署，该方案的提出有助于充分认识"无废城市"建设的重要意义。试点实践表明，"无废城市"建设既是系统解决固体废物问题的综合途径，也是推动城市绿色低碳发展的有效载体。一方面，为推动固体废物治理体系和治理能力现代化作出贡献；另一方面，也为深入打好污染防治攻坚战、推动实现碳达峰碳中和、建设美丽中国作出贡献。

第二节　2020年11月~2021年12月地方特殊政策总结

中央政府出台各项政策调控房地产市场平稳健康发展，促动市场理性回归；地方政府积极响应中央政策要求，因城施策，根据实际情况进一步细化对各地房地产市场的调控政策，在限售、限购、市场管理、资金管理、土地拍卖规则等多方面均积极发文规范市场发展；部分城市调控可能有所放松，但调整维度大多局限在放松公积金贷款条件、放宽落户、为人才提供购房补贴等方面。本节选取了北京、上海、西安、青岛、成都、广州及深圳等重点城市，其具体调控政策如下。

一、北京房地产政策一览

北京市的房地产市场调控将继续从严从紧，同时重视调控政策的优化。政策侧重于加强房地产市场监管，房地产金融监管继续从严，严控资金违规流入房地产市场，打击交易违规行为，对租赁市场严加调控，保障房地产市场平稳健康发展。北京房地产相关政策/发生事件见表2.1。

表2.1　北京房地产相关政策/发生事件一览

政策	发布/发生时间	主要内容
《北京住房公积金缴存管理办法（修订征求意见稿）》	2020年11月25日	根据征求意见稿，公积金提取获批后，1个工作日内就会直接划入本人账户，并且取消了提取次数的限制，还可以委托他人代办公积金提取
《中共北京市委关于制定北京市国民经济和社会发展第十四个五年规划和二〇三五年远景目标的建议》	2020年12月7日	该建议提出，完善多主体供给、多渠道保障、租购并举的住房保障体系。坚持"房住不炒"定位，完善房地产市场平稳健康发展长效机制。有序均衡供应住宅用地，加大保障性住房供给。鼓励存量低效商办项目改造，深入推进集体土地租赁住房试点，持续规范和发展住房租赁市场。优化住房供应空间布局，促进职住平衡
《关于规范管理短租住房的通知》	2020年12月24日	该通知明确了政策调整范围，即"利用本市国有土地上的规划用途为住宅的居住小区内房屋，按日或者小时收费，提供住宿休息服务的经营场所"，并按区域实行差异化管理，首都功能核心区内禁止经营短租住房。该通知列出了在北京市其他区域经营短租住房应当符合的条件；短租住房经营者通过互联网平台发布短租住房信息的，应当向互联网平台提交的材料；互联网平台提供短租住房信息发布服务时应当履行的责任；互联网平台不得为短租住房提供信息发布服务的对象；短租住房经营者应在住宿人员入住前需登记的关于住宿人员的信息内容；住宿人员应当携带的证件和应遵守的行为准则；物业服务企业或房屋管理单位发现居住小区内存在违规经营短租住房时的处理方法以及街道办事处、乡镇人民政府的监管职责
《北京市银行业协会个人住房贷款业务自律公约》	2021年1月1日	北京银行业协会印发《北京市银行业协会个人住房贷款业务自律公约》，自2021年1月1日起生效实施。公约从内控制度、风险管理、尽职调查、差别化住房信贷政策执行、合作机构监督、公平竞争、优质服务等七个方面对银行的个人住房贷款业务提出自律要求，同时也对银行开展的关于个人商业用房贷款业务做出了自律要求

续表

政策	发布/发生时间	主要内容
《北京市租赁住房建设导则（试行）》（征求意见稿）	2021年1月13日	明确租赁住房分住宅型、宿舍型和公寓型三种，租赁住房居室不应布置在地下室，原则上要求住宅型以90平方米以下中小户型为主，人均使用面积宿舍型≥4平方米，公寓型≥5平方米
北京市区住建部门多次约谈和持续检查房地产中介机构	2021年1月	北京市、区住房和城乡建设委、市房地产中介行业协会多次约谈北京市主要经纪机构负责人，要求各经纪机构及从业人员严格遵守相关法律法规，严格落实"房住不炒"调控要求，不得渲染、炒作房屋成交信息，不得鼓动引导出售方随意提高报价，不得在微信朋友圈、自媒体渠道发布制造购房恐慌情绪的文章，不得参与"经营贷""首付贷""消费贷"等任何违法违规的房地产金融活动
《关于规范本市住房租赁企业经营活动的通知》	2021年2月2日	①住房租赁企业向承租人预收的租金数额原则上不得超过3个月租金，收、付租金的周期应当匹配。②住房租赁企业向承租人收取的押金应当通过北京房地产中介行业协会建立的专用账户托管，收取的押金数额不得超过1个月租金。③银行业金融机构、小额贷款公司等机构不得将承租人申请的"租金贷"资金拨付给住房租赁企业。④住房租赁企业出资对租赁住房进行装修的，应当取得房屋产权人书面同意。住房租赁企业提前解除合同的，应依据合同约定履行各方责任，不得强制收取装修费用
北京市住建委、市互联网信息办公室、中国银行保险监督管理委员会北京监管局三部门联合召开约谈会	2021年2月3日	对多家自媒体进行集中约谈，强调做到"四不得"：不得背离"房住不炒"定位；不得渲染个别成交案例、局部区域价格波动来炒作市场行情；不得通过各种方式制造购房恐慌情绪；不得臆测调控政策走向或趋势
《关于加强个人经营性贷款管理防范信贷资金违规流入房地产市场的通知》	2021年2月10日	①严格实施贷前调查：加强客户资质和信用状况审核，关注客户获得经营性贷款借款人资格的时间，审慎发放仅以企业实际控制人身份申请的个人经营性贷款。②切实加强支付管理：严格执行受托支付制度，对借款人受托支付对象的资质和背景情况予以关注，防止信贷资金转入与借款人经营活动无关的账户。③尽职落实贷后管理。④完善合同约束机制。⑤审慎开展第三方合作
北京市住建委会同相关部门开展房地产经纪机构专项执法检查	2021年4月3日	主要目标之一便是精准打击"借学区房等炒作房价"等违规行为。北京市住建委制定了2021年房地产市场执法检查工作安排，将重点查处"无证售房""不实宣传""合同欺诈和不平等条款""违反预售资金监管""捆绑销售和违规分销""信贷资金违规使用""借学区房等炒作房价""违规工改住、商改住销售""发布虚假网络房源"九方面问题
《关于进一步规范市场租房补贴发放管理等问题的通知（征求意见稿）》	2021年4月16日	取得市场房补贴资格的家庭（以下简称补贴家庭）自行到市场租赁住房，与出租人签订住房租赁合同时须使用《北京市住房租赁合同》（示范文本）；依规办理住房租赁登记备案通过后，可简化市场租房补贴领取手续；补贴家庭（重残家庭除外）租赁申请人及家庭成员父母、子女或户籍所在地地址的住房，区住房保障管理部门不予发放市场租房补贴；住房租赁企业应将出租的房屋合同信息录入北京市住房租赁监管平台备案；经区住房保障管理部门认定，责令补贴家庭退回已领取补贴的，区住房保障管理部门收回补贴后，按要求上缴区财政部门；各区住房保障管理部门可自行委托银行作为市场租房补贴代发银行；公租房租金补贴退回、委托代发银行等，按照本通知相关规定执行
《关于进一步加强房地产市场秩序整治工作的通知》	2021年4月20日	新房销售方面重点整治：①无证售房；②不实宣传；③合同欺诈和不平等条款；④预售资金违规存取；⑤捆绑销售和违规分销；⑥违规"工改住""商改住"销售。存量房销售方面重点整治：①借学区房等炒作房价；②信贷资金违规购房。住房租赁方面重点整治：①房屋租赁合同备案；②违法群租房、短租房；③群众投诉反映集中租赁中介。网络房源信息发布方面重点整治虚假、违规房源信息发布

续表

政策	发布/发生时间	主要内容
《关于进一步简化购房资格审核程序的通知》	2021年5月7日	①精减登记受理要件，居民家庭购房资格通过联网审核的，在申请不动产权登记受理环节，不再核验居民家庭购房资格证明材料。②加强事中事后监管，各区房屋交易管理部门每月抽查一定比例的购房资格申请材料。③提高联网审核效率，利用大数据强化审核数据监测分析
《北京市人民政府办公厅关于完善建设用地使用权转让、出租、抵押二级市场的实施意见》	2021年6月7日	健全转让机制：①明确建设用地使用权转让形式和条件；②明确土地分割、合并转让要求；③明确订订转让合同要求；④落实差别化的税收政策。强化出租管理：①规范划拨建设用地使用权出租管理；②规范以有偿方式取得的建设用地使用权出租管理；③做好建设用地使用权出租服务保障。完善抵押机制：①明确建设用地使用权抵押条件；②放宽对抵押权人的限制；③依法规范和保障抵押权能。规范市场秩序：①建立交易平台；②规范交易流程；③提升服务监管效能；④加强工作衔接。保障措施：①加强组织领导；②积极宣传引导；③严格责任追究
《关于加强公共租赁住房资格复核及分配管理的通知》	2021年8月13日	主要内容包括：①公租房资格备案家庭在轮候期间应当自取得公租房备案资格之日起每满24个月，并提前1个月向申请街道（乡镇）住房保障管理部门申报家庭情况。②对取得公租房备案资格的低保（含分散供养的特困家庭）、低收入、重残、大病等特殊困难家庭，未成年子女数量较多的家庭以及轮候时间超过5年的家庭，区住房保障管理部门也可结合本区实际，直接发放选房通知单组织选房。直接发放选房通知单的，备选房源应当不少于两处，且户型应当与通知选房家庭资格相匹配，其中有未成年子女的家庭，可根据未成年子女数量在户型选择等方面给予适当照顾
北京市住建委起草的《北京市住房租赁条例（征求意见稿）》，面向社会公开征求意见	2021年8月24日	《北京市住房租赁条例（征求意见稿）》共6章81条，对长租公寓监管、租金贷、网络房源发布、群租房等热点问题予以规范。其中特别提出，当租金快速上涨时，主管部门可以采取措施调控住房租赁市场
《北京市商品房预售资金监督管理办法》（2021年修订版）向社会公开征求意见的公告	2021年11月4日	该办法提出：①预售资金由监管银行重点监管，银行与相关单位共享网签信息等，动态掌握销售情况和入账资金。②监管额度每平方米不低于5 000元，具体根据企业信用水平、经营状况等综合确定。③预售项目存在重大风险时，区住建部门应全面接管监管账户，实施封闭管理，优先用于工程建设
《关于报送2022年房地产投资计划的通知》	2021年11月22日	该计划指出，2022年房地产投资计划安排重点是城市副中心、平原新城、新首钢地区，以及"三城一区"、大兴国际机场临空经济区等重点区域，人口疏解对接安置房、棚户区改造安置房、公共租赁住房、集体租赁住房等保障性住房项目，共有产权住房项目等重点领域，适度安排"高品质"住宅开发项目，以及市、区政府确定的重点开发项目。扩大居住用地与住房供应，优化住房供应结构，加快推进公共租赁住房、集体土地租赁住房、共有产权住房建设，努力实现人民群众住有所居。加快实施老城更新、棚户区改造，提高居民居住水平和生活质量
《北京市住房租赁条例（草案）》首次审议	2021年11月24日	该条例草案对"群租房"、"黑中介"、"甲醛房"、哄抬租金、长租公寓监管等热点问题予以规范，特别提出，房租显著上涨时，市政府可以采取价格干预措施稳定租金水平

二、上海房地产政策一览

2020年11月~2021年11月，上海市地方政府结合当地实际，出台楼市调控收紧政策，不断完善和细化政策，强化居民信贷管理，精准打击投机投资需求；进一步细化租赁政策；

对现有的限购、限售等政策进行了补充完善。上海房地产相关政策/发生事件见表2.2。

表2.2 上海房地产相关政策/发生事件一览

政策	发布/发生时间	主要内容
《中共上海市委关于制定上海市国民经济和社会发展第十四个五年规划和二〇三五年远景目标的建议》	2020年12月10日	该建议提到，在加快优化市域空间格局方面，建议上海着眼于融入新发展格局，加快形成"中心辐射、两翼齐飞、新城发力、南北转型"空间新格局，推动土地、能耗等指标向重点区域倾斜，更好促进城市资源要素科学配置、合理流动。构筑更加公平可靠的多层次社会保障体系。坚持"房子是用来住的、不是用来炒的"定位，建立健全房地产市场平稳健康发展长效机制，优化"四位一体"住房保障体系，完善租赁住房政策，增加租赁住房供应。坚持能快则快、攻坚突破，加快推进旧区改造、城中村改造，持续推进住宅小区综合治理，支持推动物业管理规范有序
《关于促进本市房地产市场平稳健康发展的意见》	2021年1月21日	由上海市住房和城乡建设委员会、上海市房屋管理局等八个部门联合印发，主要内容：①夫妻离异的，任何一方自夫妻离异之日起3年内购买商品住房的，其拥有住房套数按离异前家庭总套数计算。②将个人对外销售住房增值税征免年限从2年提高至5年。③完善新建商品住房公证摇号选房制度，优先满足"无房家庭"自住购房需求。④优化土地供应结构，增加商品住房用地供应，特别是在郊区轨道交通站点周边、五大新城（南汇、松江、嘉定、青浦、奉贤新城）加大供应力度
《上海银保监局关于进一步加强个人住房信贷管理工作的通知》	2021年1月29日	①严格执行房地产贷款业务各项规制要求，严格落实差别化住房信贷政策，严格审查个人住房贷款最低首付比、偿债收入比、限贷等要求。②严格实施房地产贷款集中度管理，加强对房地产贷款占比、个人住房贷款占比的管理。③严格审核首付款资金来源和偿债能力。④严格加强借款人资格审查和信用管理。严格审批个人住房贷款。⑤严格个人住房贷款发放管理。⑥切实加强信贷资金用途管理。⑦严格房产中介机构业务合作管理。⑧全面开展风险排查。各商业银行要根据通知要求，完善内控制度，强化对房地产市场和房地产金融风险的监测、分析和评估
《上海市国民经济和社会发展第十四个五年规划和二〇三五年远景目标纲要》	2021年1月30日	主要内容为促进房地产市场平稳健康发展。稳妥实施房地产市场调控"一城一策"常态长效机制，保持新建项目供应量、供应结构、供应节奏合理有序，持续抑制投机炒房，坚决防范化解房地产市场风险。加大住房供应力度，增加住宅用地供应，加快商品住房项目建设和上市；优化住房供应结构，加强区域协调，坚持以中小套型普通商品房供应为主，分区分类完善户型比例要求。加快完善长租房政策，规范发展租赁住房市场，加快推进住房租赁立法，健全市场规则明晰、政府监管有力、权益保障充分的住房租赁法规制度规范。多主体多渠道增加租赁住房供应，发挥各类市场主体作用，加大对城市运行基础服务人员宿舍型租赁住房的供应力度，到2025年形成租赁住房供应40万套（包括间、宿舍床位）以上。进一步发挥住房公积金制度作用，推进长三角住房公积金一体化发展
《关于进一步整顿规范本市住房租赁市场秩序的实施意见》	2021年1月27日	加强住房租赁市场主体管理；加强租赁房源信息发布管理；加强住房租赁合同网签备案管理；加强住房租赁交易服务管理；加强住房租赁交易资金监管；加强租赁房屋安全管理，加强住房租赁公共服务平台建设；严厉打击住房租赁市场乱象；加强住房租赁管理制度保障
《上海市关于进一步加强本市房地产市场管理的通知》	2021年3月3日	（1）强化住宅用地供应管理。及时公布住宅用地供应计划和存量住宅用地信息。（2）深化完善房价地价联动机制。（3）严格新建商品住房价格备案管理。（4）强化商品住房交易管理。（5）进一步加强房地产中介管理。（6）严格规范企业购买商品住房。（7）实施住房限售

续表

政策	发布/发生时间	主要内容
中国银行保险监督管理委员会上海监管局为防控经营贷、消费贷违规流入房地产市场提出要求	2021年4月7日	对于违规获取首付款资金、存在造假行为等申请个人住房贷款的借款人，应拒绝其房贷申请，并作为失信行为信息报送上海市公共信用信息服务平台；对于经营贷、消费贷等信贷资金违规挪用于房地产领域的，应及时采取实质性管控措施；加强银行员工管理，强化员工法制合规教育，在开展业务中正面引导借款人合法合规使用信贷资金；对于存在违规行为的银行员工，应予以内部问责或纪律处分等
上海市住房保障和房屋管理局2021年工作计划	2021年4月23日	①坚持统筹谋划，编制实施住房发展"十四五"规划。②坚持租购并举，着力解决大城市住房突出问题。③坚持协调发展，持续完善住房保障体系。④坚持增存并重，着力提升居住品质。⑤坚持共享共治，着力提升住宅小区综合治理效能。⑥坚持守住底线，着力防范化解各类风险隐患。⑦坚持数字赋能，推进房管领域数字化转型
上海市委副书记龚正：完善调控常态长效机制大力发展租赁住房	2021年7月7日	上海市委副书记、市长龚正调研上海市房地产市场有关工作时指出，要继续绷紧房地产调控这根弦，做好后续住房用地供应，加强商品住房销售全过程监管，大力发展租赁住房
中国银行保险监督管理委员会上海监管局开出17张罚单五大行均在被罚之列	2021年7月28日	中国银行保险监督管理委员会上海监管局开出17张罚单，涉罚金共计910万元。被罚者包含了中国银行、工商银行、农业银行、建设银行、交通银行五大行。其中建设银行被罚410万元，主要违法违规事实均涉及房地产市场。建设银行共收到8张罚单，涉及旗下八家分支机构，其违法违规事实主要是个人消费贷款违规用于购房或流入楼市
《上海市住房发展"十四五"规划》	2021年8月13日	主要内容包括：①健全房地产市场预警体系。加快完善监测指标体系，加强房地产市场监测信息平台建设，健全多部门联合监测机制。②加强商品住房项目销售全过程监管，加大房地产中介机构专项整治力度，严厉打击房地产经纪领域各类违法违规行为。③城市更新方面，加快完成旧区改造，加大"城中村"改造推进力度，加快推进已批实施方案及新城区域内的"城中村"项目改造。④确保保障性住房用地供应。⑤发挥住房公积金支持效应，有效支持租购居住消费和住房供应
《虹桥国际开放枢纽中央商务区"十四五"规划》	2021年7月31日	该规划要求，到2025年，基本建成虹桥国际开放枢纽核心承载区，中央商务区和国际贸易中心新平台功能框架和制度体系全面确立；"十四五"期间，商务区服务长三角一体化和进博会（中国国际进口博览会）两大国家战略，形成"一区五新"总体发展框架
上海市住房保障和房屋管理局、上海市城市管理执法局联合召开"共有产权保障住房违规行为专项整治"工作会议	2021年10月15日	会议就大居所在区共有产权保障住房违规行为专项整治工作提出工作要求：一是各区要抓紧开展工作排摸，兜底梳理，建立台账；二是加大政策宣传力度，夯实属地化管理，形成常态化违规行为发现、认定和移交查处工作机制；三是要开展联合整治，通过有效查处，消除存量，并健全常态化工作机制，防止新增
《关于加快发展本市保障性租赁住房的实施意见》	2021年11月9日	该意见规定，面向社会供应的保障性租赁住房，租赁价格应在同地段同品质市场租赁住房租金的九折以下；面向本园区、本单位、本系统职工等定向供应的保障性租赁住房，租赁价格可进一步降低，并建立随租赁年限增加的租赁价格累进机制和管理规则。市、区房屋管理部门要建立健全市场租赁住房租金监测机制，对保障性租赁住房租赁价格的初次定价和调价加强统筹指导，稳定保障性租赁住房租赁价格水平。保障性租赁住房租赁价格由出租单位制定，报区房屋管理部门备案。面向社会供应的保障性租赁住房，租赁价格应当在同地段同品质市场租赁住房租金的九折以下。保障性租赁住房租金可以按月或按季度收取，但不得预收超过一个季度以上的租金；租赁保证金（押金）不得超过一个月租金

三、西安房地产政策一览

西安市也在中央政策的指导下，出台楼市调控收紧政策保障本地房地产市场发展。其侧重点落在规范租赁市场发展；出台缩紧性政策，加强预售资金监管；建立二手房价格发布机制。西安房地产相关政策/发生事件见表2.3。

表 2.3 西安房地产相关政策/发生事件一览

政策	发布/发生时间	主要内容
《西安市住房租赁试点工作实施方案》	2020年11月13日	加快推进政策性租赁住房建设管理与市场化租赁住房运行管理协调发展：一是完善住房租赁机制体制；二是增加租赁住房市场供应；三是培育规模化规范化市场供应主体；四是搭建住房租赁服务平台；五是稳定住房租金水平；六是加强住房租赁市场监管；七是大力促进住房租赁合同网签备案
《关于进一步加强房地产市场调控的通知》	2020年11月30日	全市范围内所有已出让、新出让土地的商品房开发项目，开发企业申请商品房预售许可，原则上地上7层及以下的多层建筑，工程形象进度须主体结构工程封顶；7层以上的，须达到地上规划总层数的1/3，且不得少于7层。调整购买第二套住房的商业贷款首付比例。在加强预售资金监管方面，加快互联网+监管建设，负责住房贷款的商业银行应将贷款资金全额划转至预售资金监管账户，严禁私自留存或划转至开发企业其他账户
《西安市住房和城乡建设局关于进一步规范房地产市场秩序有关问题的通知》	2021年3月15日	（一）加强购房资格核验；（二）加强购房资金核验；（三）规范商品房销售秩序；（四）规范存量房交易秩序；（五）规范涉房信息发布行为；（六）加大检查监督力度
《西安市人民政府办公厅关于建立房地联动机制促进房地产市场平稳健康发展的通知》	2021年3月30日	主要内容包括：①建立完善房地联动机制。每年一季度，发布本年度住宅用地供应计划和存量住宅用地信息，稳定土地市场预期。全市商品住宅用地供应总量年均增长20%以上。②加强住房交易管理。从市外迁入本市户籍的居民家庭在住房限购区域购买商品住房或二手房的，须落户满1年，且在本市连续缴纳12个月的社会保险或个人所得税（退役军人、经批准引进的各类人才除外）；住房限购区域内，商品住房买卖合同网签备案满5年且已办理《不动产权证书》、二手房《不动产权证书》办理满5年的方可上市交易；将"刚需家庭"无住房转让记录的年限要求调整为购房前48个月。③严格住房金融监管。④整治规范市场秩序。⑤加大住房保障力度。⑥夯实调控主体责任
《关于规范住房租赁房源发布行为的通知》	2021年5月21日	未在西安市住房租赁交易服务平台进行开业申报及资金监管的住房租赁企业，不得在网络信息平台发布租赁房源信息。个人发布租赁房源的，发布房源套数不得超过10套（间）。通过各网络信息平台发布的租赁房源，必须经西安市住房租赁交易服务平台进行房屋权属核验及备案获取房源核验码。各住房租赁企业提供权属核验的房源应与实际发布的房源一致
《关于建立二手住房成交参考价格发布机制的通知》	2021年7月8日	西安市房产交易管理中心以住宅小区为单位，充分参考二手住房网签成交价格、评估价格等因素，经调查分析，形成二手住房成交参考价格，在西安市住房和城乡建设局官方网站、微信公众号等网络平台发布

政策	发布/发生 时间	主要内容
《西安市人民政府办公厅关于进一步促进房地产市场平稳健康发展的通知》	2021年 8月28日	（1）扩大住房限购、限售范围：将西咸新区沣西新城高桥街道、马王街道纳入限购、限售范围。（2）强化住房限购措施：夫妻离异的，离异前家庭在限购区域拥有2套及以上商品住房，离异后一年内任何一方均不得在限购区域购买商品住房。（3）严格住宅用地出让：优化住宅用地出让方式，严控住宅用地溢价率，不以竞新增配建方式提高实际地价，通过多种方式确定土地出让竞得人。（4）加强房地产金融管理：严格房地产企业"三线四档"融资管理和金融机构房地产贷款集中度管理，严格审核购房人首付资金来源，防范消费贷、经营贷、信用贷等违规流入房地产市场。（5）完善住房保障体系建设：加快发展保障性租赁住房，完善以公共租赁住房、保障性租赁住房和共有产权住房为主体的住房保障体系。（6）规范房地产市场秩序：聚焦解决房地产开发、房屋买卖、住房租赁、物业服务等领域人民群众反映强烈、社会关注度高的突出问题，持续开展整治
西安发布了第二批二手住房成交参考价	2021年 10月13日	西安市住房和城乡建设局发布西安市第二批住宅小区二手住房成交参考价格，其范围涉及西安市曲江新区、高新区、雁塔区、长安区等13个区域，合计共103个小区。据悉，此次西安公布成交参考价"打折"情况占多数。其最高参考价为2.58万元/米^2，最低参考价1.2万元/米^2，高新区此次公布了25个成交参考价的小区，曲江新区则公布了21个
《西安市住房租赁行业经营服务规范》	2021年 11月1日	涉及房地产开发企业配竞租赁住房项目设计文件审查、预售许可（销售备案）办理、对外公开租赁等环节的监管，规范有关工作程序和要求，确保配竞租赁住房足额建设、按期交付，并严格用于公开对外租赁

四、青岛房地产政策一览

青岛市的政策更加注重人才引进，加大城市对人才的吸引力。此外，青岛市还出台关于优化土地竞拍规则，规范预售资金监管机制的政策。青岛房地产相关政策/发生事件见表2.4。

表 2.4　青岛房地产相关政策/发生事件一览

政策	发布/发生 时间	主要内容
青岛市人才工作领导小组研究审议了《关于进一步深化户籍制度改革的意见（征求意见稿）》	2020年 12月14日	该征求意见稿指出，符合下列条件之一的，本人、配偶及未成年子女申请依次选择在合法固定住所、单位集体户、区或市人才集体户申请落户：①学历人才。取得博士学位人员；50周岁以下，取得硕士学位人员；45周岁以下，具有国家承认的本科学历或学士学位的人员；40周岁以下，具有国家承认的大专学历人员以及技工院校、职业院校毕业生。②技术技能人才。正高级职称人员；55周岁以下，副高级职称、高级技师职业资格（或相应职业技能等级）人员；45周岁以下，中级职称、技师职业资格（或相应职业技能等级）人员；40周岁以下，初级职称、高级工职业资格（或相应职业技能等级）人员；35周岁以下，取得初级工、中级工职业资格（或相应职业技能等级）人员，在青岛市按规定连续缴纳社会保险满1年的人员
《坚决落实上级有关要求部署2021年住宅用地供应工作》	2021年 2月24日	严格实行住宅用地"两集中"同步公开出让，即集中发布出让公告、集中组织出让活动，全年将分3批次集中统一发布住宅用地的招拍挂公告并实施招拍挂出让活动，引导市场理性竞争

政策	发布/发生时间	主要内容
《关于进一步优化人才住房建设和筹集工作的意见（征求意见稿）》	2021年1月22日	该意见提出：①各区（市）确定的人才住房销售价格原则上应不高于同区域商品住房预售方案拟销售价格的80%。②产权型人才住房签订购房合同满5年可上市交易；不满10年的，需将购房时以限价购买的部分面积，按成交价格与限定价格差价的50%交纳土地收益；超过10年的，不需交纳土地收益
《关于进一步深化户籍制度改革的意见》	2021年3月5日	大幅放宽城区和全面放开县域落户政策。继续放宽中心城区落户政策：①人才落户。山东惠才卡、青岛市人才服务绿卡（青岛菁英卡）人员或者全国其他市（地）级以上人才；学历人才；技术技能人才；国内普通高校专科及以上学历层次的在校大学生；组织人事主管部门批准调入（含录聘用）的党政机关、人民团体、事业单位、国有企业干部和职工。②居住落户。③亲属投靠落户。④赋权激励落户
《青岛市新型城镇化规划（2021—2035年）（公众征求意见稿）》	2021年6月21日	该规划提出推动非户籍人口深度融入城市生活，坚持"来了就是青岛人"的发展理念，持续深化户籍制度改革，按常住人口规模配置城镇基本公共服务，维护进城落户农民的农村合法权益，促进城镇非户籍常住人口完全市民化。在加大健康可负担住房保障方面，建立健全多主体供给、多渠道保障、租购并举的住房制度，统筹城镇中等及以下收入家庭、新市民和引进人才住房保障需求，实现城镇常住人口住房保障全覆盖。围绕建设"工匠之城"，全面推行终身职业技能培训制度，推广"互联网+"职业培训包"等培训模式。发挥中心城市龙头带动作用，协力构建区域协调发展体制机制，打造世界知名的青岛都市圈，共建胶东经济圈，进一步增强山东半岛城市群综合竞争力。围绕建设开放、现代、活力、时尚的国际大都市，实施聚湾强心、轴带展开、多级协同空间发展战略，科学布局生产、生活、生态三大空间，培育一个城市主中心、三个城市副中心和四个战略节点，形成多中心、网络化、开放型城镇空间形态，打造更具竞争力、更具发展活力、更可持续发展的现代化国际湾区。加快构建便捷顺畅、智能先进、安全可靠的现代化综合立体交通网络，推进设施建设向功能建设转变，畅通物流人流，打造国际性综合交通枢纽城市。坚持人与自然和谐共生，将碳达峰、碳中和目标纳入城镇化建设整体布局，稳固蓝绿相依、山海城相融的生态格局，形成节约资源和保护环境的集约紧凑低碳发展模式，促进城市发展全面绿色转型
《青岛市"十四五"住房发展规划》	2021年7月19日	该规划提出，"十四五"时期，主要的政策措施包括：①优化住宅用地供应和管理，围绕"三稳"目标实施地价房价联动管理机制。②完善住房税收体系。③健全住房金融政策
《青岛市国土空间总体规划（2021-2035年）》（草案）	2021年7月26日	规划综合考虑人口分布、经济布局、国土利用、生态环境保护等因素，科学布局生产空间、生活空间和生态空间，构建新时代国土空间开发保护格局。规划综合考虑人口分布、经济布局、国土利用、生态环境保护等因素，科学布局生产空间、生活空间和生态空间，构建新时代国土空间开发保护格局
《青岛市商品房预售资金监管暂行实施细则》	2021年10月21日	该细则提出，监管账户是预售资金存存的唯一账户，预售人销售商品房时，应当将预售资金监管相关规定告知承购人，并将承购银行、监管账号等信息在商品房销售场所显著位置公示和记载于《商品房预售合同》。承购人须将全部预付购房款直接存入监管账户。预售人不得直接收存购房款，不得提供任何其他预售资金收存账户
《关于加快发展保障性租赁住房的实施意见（征求意见稿）》	2021年11月11日	该意见拟拓宽房源筹集渠道。利用集体经营性建设用地建设、企事业单位自建、园区配套建设、盘活闲置住宅和非居存量房屋、集中建设和商品住房项目配建多种方式进行筹集

五、成都房地产政策一览

成都市的房地产政策重点倾向于对交易违规行为和扰乱市场秩序行为的纠偏与堵漏、二手住房价格参考体系的管控以及公积金政策的调整。成都房地产相关政策/发生事件见表2.5。

表2.5　成都房地产相关政策/发生事件一览

政策	发布/发生时间	主要内容
《关于完善商品住房公证摇号排序选房有关规定的补充通知》	2020年11月24日	优先保障无房家庭和棚改住户购房需求。登记购房人数在当期准售房源数3倍及以上的,全部房源仅向已报名登记的无房居民家庭及棚改货币化安置住户销售,其中无房居民家庭房源不低于房源数的70%,剩余房源用于棚改货币化安置住户选购。登记购房人数在当期准售房源数1.2倍以内的商品住房项目,由开发企业自行组织有序销售。登记购房人数在当期准售房源数1.2倍至3倍之间的,按原有规定公证摇号排序选房,棚改货币化安置住户及无房居民家庭选购后剩余房源用于普通购房家庭选购
《成都市人民政府办公厅关于印发成都市商品房预售款监管办法的通知》	2020年12月4日	开发企业在申请商品房预售许可前,应当选定一家监管银行的综合性支行,以商品房项目为单位开设一个预售款监管账户。申请预售许可时,工程形象进度要求为正负零的商品房,监管额度不低于预售挂牌价款总额的百分之二十五;其余工程形象进度要求的商品房,监管额度不低于预售挂牌价款总额的百分之十五。预售款监管额度与开发企业信用等级挂钩,如在成都市住房和城乡建设领域信用信息平台公示的信用等级为A++级且提供银行保函的,监管额度下浮百分之四十等
《关于严厉打击哄抬房价等违规行为切实维护房地产市场正常秩序的通告》	2021年1月27日	成都市住房和城乡建设局27日发布通告称,近期,成都市个别小区业主成立购房沟通群扬言抱团涨价,涉嫌恶意炒作二手房价格,对成都市房地产市场平稳健康发展带来不良社会影响。1月25日,成都市住房和城乡建设局、成都市互联网信息办公室对涉嫌组建微信群鼓动集体涨价、恶意炒作房价的当事人进行约谈并要求及时整改
住房和城乡建设部赴成都和西安调研督导	2021年3月22日	倪虹带队赴四川省成都市和陕西省西安市调研督导房地产工作时强调,城市政府要根据人口流入情况,切实增加住宅用地供应,管控资金风险,建立"人、房、地、钱"联动机制,从源头上稳定预期。要针对房地产市场存在的突出问题,及时采取措施,精准、精细调控,严肃查处房地产中介、助贷机构的违法违规行为,坚决遏制投机炒房
《成都市房地产市场平稳健康发展领导小组办公室关于进一步促进房地产市场平稳健康发展的通知》	2021年3月22日	主要内容:①中心城区商品住宅用地全面实施"限房价、定品质、竞地价"出让。②加强土地竞买主体资格审查,超出房地产开发企业"三道红线"、存在重大失信行为的竞买人,不得参与成都市土地竞拍。③依据合同约定方式取得成都市住房的主体,以及通过司法拍卖、变卖等取得成都市住房的主体,均应当符合成都市住房限购、限售政策的规定。④银行业金融机构要严格落实房地产贷款各项管理要求。加强个人住房贷款管理,严格审查贷款人个人信息的真实性,切实防范消费贷款、经营性贷款违规流入房地产市场。⑤建立二手住房成交参考价格发布机制。⑥加强对房地产开发企业、中介机构、网络平台、自媒体及个人等各类市场主体的监管。严厉打击恶意炒作、发布虚假广告、借名买房、哄抬房价、捂盘惜售、诱导规避调控政策等违法违规行为,涉嫌犯罪的,移交司法机关依法处理

政策	发布/发生时间	主要内容
《成都市住房和城乡建设局关于建立二手住房成交参考价格发布机制的通知》	2021年5月28日	为提高二手住房市场信息透明度，促进市场理性交易，确保成都市房地产市场平稳健康发展，经成都市房地产市场平稳健康发展领导小组同意，建立二手住房成交参考价格发布机制。成都市城市建设发展研究院利用大数据手段，经调查分析，形成成都市区域板块二手住房成交参考价，并在成都市住房和城乡建设局官方网站、微信公众号、成都住房租赁交易服务平台等网络平台发布
《关于规范我市二手住房挂牌价格发布行为的通知》	2021年6月1日	要求房地产销售服务人员要及时将挂牌价格高于对应小区参考价格的存量房源予以下架。近期主管部门及协会将会对全市二手住房挂牌价格发布情况进行随机抽检
《成都住房公积金管理中心关于调整再交易房公积金贷款相关事项的通知》	2021年7月12日	取消原"所购再交易房楼龄超过10年的，最低首付款比例相应提高10%"的规定。购买再交易房办理公积金贷款的，如所购再交易房由住建部门公布了成交参考价格，则住房价值按住建部门确认的网签备案合同价、房屋评估价以及住建部门公布的成交参考价格三者中的最低值认定，计算可贷额度
《关于加强赠与管理和优化购房资格复核顺位相关事宜的通知》	2021年8月5日	若受赠人具备购房资格，则赠与行为属于一次交易，视为发生过住房转让，赠与的住房计入受赠人家庭住房总套数审核购房资格；若受赠人不具备购房资格，则赠与的住房自产权登记之日起5年内，仍计入赠与人家庭住房总套数审核购房资格
《关于成都住房公积金管理中心缴存职工在德眉资购房办理公积金贷款相关事宜的通知》	2021年8月12日	关于合作项目方面，申请条件位于德眉资的新建住房项目，房地产开发企业在取得项目所在地住建部门准予销售许可，以及当地公积金中心的项目合作批复或项目合作协议后，可向成都公积金中心申请项目合作。关于公积金贷款方面，贷款对象德眉资的新建住房项目与成都公积金中心建立项目合作关系后，成都公积金中心缴存职工可向成都公积金中心所属服务部或成都公积金中心贷款银行申请公积金贷款
修订完善《成都住房公积金缴存管理办法》《成都住房公积金提取管理办法》《成都住房公积金个人住房贷款管理办法》，实行"双向差异化"比例缴存	2021年9月1日	单位和职工在公积金5%~12%规定比例范围内，可按差异化比例缴存，其中职工个人比例部分不能低于单位缴存比例。单位差异化缴存比例事宜及比例选择需经职代会或工会通过；职工比例部分与单位协商，在不低于单位缴存比例的情况下确定
《成都市住房和城乡建设局关于精准应对疫情冲击全力实现年度目标的通知》	2021年11月23日	第一，提高房地产审批效率。强化并联审批，统一市区两级办事流程，实行价格指导、预售许可、开盘销售等全流程限时办结，将总体审批时限压缩三分之一以上。第二，鼓励项目加快上市销售。建立房地产项目上市调度机制，全面梳理年内可达到预售条件的房地产项目，建立清单逐一进行服务指导，对在土地出让合同约定的销售时限内提前上市的项目予以信用激励。第三，提高预售资金监管使用效率。企业信用等级为A级及以上的，可使用外地银行保函替代相应下浮的监管额度。在项目主体结构工程完成四分之三以及主体结构封顶两个节点，监管额度内预售资金支取比例上限分别提高5%；项目并联竣工验收备案后，监管额度内预售资金支取比例可达到95%。另外，规范区（市）县节点支取审核流程，进一步压缩办理时限，5个工作日内完成审核。第四，协调金融机构加大支持力度。协调金融机构增加房地产信贷投放额度，加快发放速度，保障房地产企业和刚需购房人群的合理资金需求，给予重点企业开发贷款展期、降息

六、广州房地产政策一览

2020年11月~2021年11月，广州市注重人才引进、整顿和规范房地产市场秩序、加强房地产金融监管，推出了一系列相关政策，见表2.6。

表2.6 广州房地产相关政策/发生事件一览

政策	发布/发生时间	主要内容
《广州市闲置土地处理办法》	2020年11月16日	广州市人民政府发布《广州市闲置土地处理办法》，其中所涉及闲置土地包括已完善建设用地手续的闲置土地和未完善建设用地手续的闲置土地。经认定土地闲置满1年的，市土地行政主管部门可按标准计收土地闲置费。已完善建设用地手续的闲置土地，闲置期间累计满2年的，政府可以无偿回收。对于未完善建设用地手续的闲置土地，且闲置期间累计满2年的，政府可以注销建设用地批准文件，前期投入费用不予补偿
《广州市人力资源和社会保障局关于公开征求〈广州市差别化入户市外迁入管理办法〉意见的通告》	2020年12月14日	在广州市白云区、黄埔区、花都区、番禺区、南沙区、从化区和增城区7个行政区内，拥有国内普通高校全日制本科学历或学士学位（单证），或拥有国内普通高校全日制大专学历，或全日制技师学院预备技师班、高级工班毕业人员，年龄在28周岁及以下；申报时须在差别化入户实施范围内区域内连续缴纳社会保险满12个月可将户籍迁入广州市
《广州市人力资源和社会保障局关于放宽"双一流"高校大学本科学历人才入户社保年限的通知》	2020年12月23日	符合《广州市人民政府办公厅关于印发广州市引进人才入户管理办法的通知》（穗府办规〔2020〕10号）第五条第（四）项条件"具有国内普通高校全日制大学本科学历并有学士学位"的规定，且毕业院校属"双一流"建设高校的在职人才，在办理引进人才入户时，其社保要求由《广州市人力资源和社会保障局关于印发广州市引进人才入户管理办法实施细则的通知》（穗人社规字〔2019〕2号）第九条的"申办时须在本市连续缴纳社会保险费满6个月"调整为"申办时须在本市缴纳社会保险费"
《广州市房屋交易监督管理办法（修订征求意见稿）》	2021年1月12日	新房篇：未取得预售证，不得以认购、排号等方式收取定金；商品房按备案价销售，不得额外收取装修款；房地产开发企业拒绝或者限制住房公积金贷款支付购房款的，将受重罚，罚款由此前的1万元提升到5万元；开发商需在银行开设预售款专用账户，接受银行监督，若出现烂尾，未尽责银行或承担赔偿责任；新增公示配套保障情况、周边污染情况需要公示；严防"货不对板"，改变已售房屋状况需通知预购人。二手房篇：二手房交易，中介需要提供房屋状况说明书
广州市房屋交易监管中心副主任对规范中介机构经营行为提出三点要求	2021年2月2日	一是严格遵守中介居间服务的各项政策规定，杜绝违规行为发生；二是努力提高中介经营服务标准、规范水平；三是中介机构及从业人员要严肃对待近期个别楼盘业主哄抬房价情况，不参与不炒作，共同维护广州中介市场的平稳健康发展
《广州南沙新区创建国际化人才特区实施方案》	2021年2月2日	①到2035年全面建成具有全球影响力的国际化人才特区，成为南沙高水平对外开放门户建设的重要支撑和粤港澳大湾区人才集聚新高地。②建立涵盖人才住房补贴、人才公寓、共有产权房的人才安居体系，力争三年内新增10 000套人才公寓和共有产权房。完善人才住房政策，进一步便利境外人才和重点发展领域急需人才在南沙购买自住商品房
《关于进一步促进房地产市场平稳健康发展的意见》	2021年4月2日	①进一步加强住宅用地供应和监管；②全面加强新建商品住房价格备案管理；③进一步做好分类指导和精准施策；④进一步加强房地产金融管理；⑤进一步强化房地产市场监管；⑥严格规范房地产市场信息发布

续表

政策	发布/发生时间	主要内容
《广州市人民政府办公厅关于完善我市房地产市场平稳健康发展政策的通知》	2021年4月21日	进一步加强房地产工作统筹协调。充分发挥市住房和房地产工作协调领导小组作用。加大保障性住房供应力度。加大商品住宅用地公开出让配建保障性住房的力度，配建保障性住房数量原则上不少于户籍中等偏下收入住房困难家庭年新增轮候户数。加快发展住房租赁市场。通过新建、配建、改建等多种方式，多渠道增加租赁住房供给。强化人才购房政策管理。享受市辖区人才政策的家庭和单身（含离异）人士，购买商品住房时，须提供购房之日前12个月在人才认定所在区连续缴纳个人所得税或社会保险的缴纳证明，不得补缴。调整增值税征免年限将9个区个人销售住房增值税征免年限从2年提高至5年
《广州市花都区住房和城乡建设局关于进一步加强房地产中介机构管理的通知》	2021年5月21日	加强对该区房地产中介机构及房地产金融管理，防止经营用途贷款违规流入房地产领域，坚决打击"两违"和小产权房非法销售行为
《广州市天河区住房建设和园林局关于进一步促进房地产市场平稳健康发展的通知》	2021年6月16日	发文收紧限价，要求：①对不接受政府指导意见的项目，将暂不予办理交易网签备案及暂不核发预售许可证。②各房地产开发企业要严格执行"明码标价""一房一价"，按照政府价格备案要求销售商品房，不得以"捆绑销售""双合同"或者附加条件、抵扣房价等限定方式迫使购房人接收其商品或者服务价格，变相实行价外加价
《广州市住房和城乡建设局关于进一步规范房源信息发布的通知》	2021年7月28日	将加强对房地产中介服务机构、房地产网络信息发布平台房源信息的检查力度，严厉查处发布虚假信息、制造市场恐慌、扰乱房地产市场秩序的行为
《黄埔区住房和城乡建设局 广州开发区建设和交通局关于取消人才住房政策的通知》	2021年8月2日	取消此前《广州市黄埔区住房和城乡建设局 广州开发区建设和交通局关于完善人才住房政策的通知》提出的三条政策：经区认定的在黄埔区连续工作半年以上的各类人才，可不受户籍限制，在黄埔区范围内购买1套商品住房；在黄埔区工作，持有广州市人才绿卡或经区认定的杰出人才、优秀人才、精英人才、名校（园长）、名教师、优秀医学专家、黄埔工匠，其父母、配偶父母、成年子女均可在黄埔区范围内购买1套商品住房；港澳居民在黄埔区范围内、在中新广州知识城工作的新加坡居民在中新广州知识城范围内购买商品住房享受与广州市户籍居民同等待遇
《关于调整人才及港澳居民购买商品房政策的通知》	2021年8月17日	该通知明确，广州南沙人才卡A卡、B卡的持卡人才，可在符合广州市商品住房限购总套数规定（户籍家庭2套、单身1套；非户籍家庭和单身1套，且能提供购房之日前1年在南沙区连续缴纳个人所得税缴纳证明或社会保险缴纳证明，不得补缴）的前提下在南沙区范围内购买住房；广东省人才优粤卡、广州市人才绿卡的持卡人才，购买住房按照省、市相关规定执行。港澳居民在南沙区范围内购买商品房享受与广州市户籍居民同等待遇
《广州市政府办公厅关于进一步加强住房保障工作的意见》	2021年8月30日	该意见指出，到2025年，全面完成66万套保障性住房建设筹集任务（含公租房3万套、保障性租赁住房60万套、共有产权住房3万套）；逐步提高户籍中等偏下收入住房困难家庭的住房保障标准，帮助新市民、青年人等缓解住房困难。加大用地保障力度，推动多渠道供应土地。确保"十四五"期间年度商品住宅用地出让配建保障性住房建筑面积总体上不低于总出让住宅建筑面积的10%。已完成红线储备的保障性住房历史储备用地，符合国土空间规划管控要求的，列入保障性住房项目清单

续表

政策	发布/发生时间	主要内容
《广州市房屋交易监督管理办法》	2021年11月15日	该办法对新建商品房交易、存量房交易等方面作出修订，对商品房销售等环节作出详细规定，房地产开发企业应当按照相关规定合理确定商品房销售价格，并接受住房城乡建设主管部门的指导。销售价格不得超过销售项目表价格，不得以装修款等其他名义变相涨价。房地产中介服务机构接受房屋出售人委托发布房源信息的，应当通过房屋交易信息化平台签订委托服务合同，取得房源信息编码，并对外明示该房源信息编码。房地产中介服务机构及其从业人员不得代收代管存量房交易资金
《广州市住房和城乡建设局　广州市财政局关于印发广州市发展住房租赁市场奖补实施办法的通知》	2021年11月22日	该办法共六章四十二条，明确了奖补工作的责任主体及资金来源，明确了奖补标准及对象，奖补项目的遴选，资金的拨付与使用，资金的监督管理等

七、深圳房地产政策一览

2020年11月~2021年11月，深圳市将调控的重心放在优化土地管理制度、完善租赁市场管理、加强公积金监管、收紧落户制度、强化房地产金融管控以及遏制投机炒房。在此背景下，深圳市出台了一系列相关政策，因地制宜，在中央顶层设计的指导下，不断优化调控效果。深圳房地产相关政策/发生事件见表2.7。

表 2.7　深圳房地产相关政策/发生事件一览

政策	发布/发生时间	主要内容
《关于切实规范住房租赁企业经营行为的紧急通知》	2020年11月17日	对住房租赁企业经营行为提出如下要求：①加强住房租赁行业监督管理；②严格落实信息公示制度；③切实规范从业人员管理；④确保房源信息发布真实；⑤依法从严处罚违法租赁行为；⑥慎重选择租金收取模式；⑦建立健全纠纷调处机制
《关于进一步规范我市住房公积金缴存提取等业务管理有关事项的通知（征求意见稿）》	2020年11月30日	该通知明确了新参加工作职工和新调入职工的缴存基数认定标准，规范其他住房消费提取和异地购房提取条件等。其中，办理其他住房消费提取须在深有房；职工在省内或户籍地购房方可办理购房提取业务
《中共深圳市委关于制定深圳市国民经济和社会发展第十四个五年规划和二〇三五年远景目标的建议》	2020年12月31日	完善住房供应和保障体系。坚持"房住不炒"，多措并举促进房地产市场平稳健康发展。构建完善"4＋2＋2＋2"住房供应和保障体系，加强保障性租赁住房建设，逐步使租购住房在享受公共服务上具有同等权利，规范发展长租房市场。推动土地供应向租赁住房建设倾斜，单列租赁住用地计划，探索利用集体建设用地和企事业单位自有闲置土地建设租赁住房。整顿租赁市场秩序，规范市场行为，对租金水平进行合理调控。健全公共住房分配管理、封闭流转和各类公共住房定价机制，完善公共住房租后监管制度。坚持稳地价、稳房价、稳预期，促进房地产市场平稳健康发展，有效防范化解房地产市场风险。建立健全经济适用、品质优良、绿色环保的住房标准体系，提升物业现代化管理水平，加快老旧小区改造。持续改善城中村居住环境和配套服务，打造整洁有序、安全舒适的新型社区

续表

政策	发布/发生时间	主要内容
《深圳市住房和建设局关于进一步加强我市商品住房购房资格审查和管理的通知》	2021年1月23日	主要内容：①加强购房意向登记管理。②严格审查购房人资格。③严格履行告知义务。④严厉打击违规行为。通过以上四个方面，进一步促进房地产市场平稳健康发展
《关于进一步促进我市住房租赁市场平稳健康发展的若干措施》（征求意见稿）	2021年2月1日	（1）推进存量房屋改造租赁住房。（2）对个人在深圳市住房租赁监管服务平台上办理住房租赁合同备案或者信息申报的，采取综合征收方式征税，2023年底前，综合征收率为0。（3）大力推进公共服务均等化，逐步推进租赁住房在积分入户政策中与购买住房享受同等待遇，优化租房积分入学政策。（4）规范行业主体及其租赁行为：严格主体登记备案管理；健全企业信息公示制度；实行住房租赁资金监管；建立住房租赁行业诚信管理制度；加强违法查处和联合惩戒
《关于开展住房租赁资金监管的通知（征求意见稿）》	2021年2月1日	对通过受托经营、转租方式开展业务的住房租赁企业收取的承租人押金与单个支付周期租金合计超过四个月租金数额的，对于超过部分的资金，由监管银行进行监管，或者由租赁企业提供相应的银行保函进行担保。金融机构为承租人提供个人住房租金贷款业务的，应当与承租人单独签订贷款协议，并将贷款拨付到承租人个人账户。金融机构发放住房租金贷款，应当以备案的住房租赁合同为依据，贷款期限不得超过住房租赁合同期限，发放贷款的频率应与借款人支付租金的频率匹配
《深圳市2021年度建设用地供应计划》	2021年4月21日	供应居住用地363.3公顷，其中商品住房用地149.3公顷（新供应58.3公顷，城市更新和土地整备供应91公顷），公共住房用地214公顷（新供应74公顷，城市更新和土地整备供应19公顷，旧住宅区改造供应81公顷，其他渠道供应40公顷）。供应产业用地171.4公顷，其中新供应126.4公顷，城市更新和土地整备供应45公顷。供应民生设施用地543公顷，均为新供应。供应商服用地52.3公顷，其中新供应27.3公顷，城市更新和土地整备供应25公顷
《深圳市户籍迁入若干规定（征求意见稿）》	2021年5月25日	根据该规定，经核准可直接办理入户的情况：具有国内普通高校全日制大学本科学历并具有学士学位，年龄在35周岁以下的人员；具有中级专业技术资格，年龄在35周岁以下，同时具有全日制大专以上学历的人员；具有技师职业资格证书（或经深圳市人力资源保障部门备案的企业、社会培训评价组织核发的技师职业技能等级证书），年龄在35周岁以下，同时符合深圳市紧缺工种（职业）目录的人员。夫妻一方为深圳市户籍的，其配偶按下列要求申请投靠入户：在深无就业，或者虽有就业但不符合该规定第八条、第九条条件的，分居时间满5年后可以申请入户。经深圳市认定的高层次人才及具有高级专业技术资格、高级技师或硕士以上研究生学历条件人员的配偶，可不受分居时间限制并予优先解决，原则上只享受一次
《深圳市人力资源和社会保障局关于高层次人才业务、新引进人才租房和生活补贴业务相关安排的公告》	2021年6月1日	2021年9月1日零时起，高层次人才业务（指"高层次专业人才认定""海外高层次人才确认""学术研修津贴"等三项业务）停止申报。市、区人力资源部门对2021年8月31日及之前引进的人才按原规定受理申请，对2021年9月1日及之后新引进人才不再受理发放租房和生活补贴。将根据全市人才工作安排，对2021年9月1日及之后新引进入户并在本市全职工作的35岁以下的博士另行制定生活补贴政策

续表

政策	发布/发生时间	主要内容
深圳市地方金融监管局对部分小额贷款公司进行监管约谈	2021年6月2日	深圳市地方金融监管局分别对富德、企联、金赢信、大信、亚联财等5家小贷公司进行了监管约谈。深圳市地方金融监管局指出，各公司应对照各项监管要求进行全面自查整改，重点自查与房地产中介机构、按揭服务公司等各类涉房地产中介机构的合作情况，一旦发现信贷资金违规流入房地产市场，应及时采取措施，提前收回相关贷款。如发现有公司员工违规参与或合谋提供虚假资料套取信贷资金的情况或可疑线索，应从严处理，并及时向市地方金融监管局报告
《深圳市国民经济和社会发展第十四个五年规划和二〇三五年远景目标纲要》	2021年6月9日	深化深港澳全方位合作，建设现代化都市圈，充分激发整体效应、集聚效应、协同效应、战略效应、辐射引领效应，助力粤港澳大湾区加快建设富有活力、竞争力的国际一流湾区和世界级城市群。在推进深港澳深度合作方面，共建深港澳优质生活圈，高品质推进前海深港现代服务业合作区开发建设，高标准建设河套深港科技创新合作区，高水平规划建设深港口岸经济带，推动前海、大鹏等设立新口岸，打造口岸综合改革示范城市。在建设现代化都市圈方面，要创新都市圈发展体制机制，协同东莞、惠州优化临深片区产业、基础设施、公共服务布局。在增强"一核一带一区"主引擎作用上，强化广深"双城联动、比翼双飞"，促进珠江口东西两岸融合互动，研究规划建设深圳-中山产业拓展走廊
《深圳市住房发展2021年度实施计划》	2021年7月7日	公示了2020年商品住房、公共住房、租赁住房完成情况及2021年实施计划。在保障与措施方面，继续严格落实"新深八条"调控政策，严格执行限购、限售、限贷、限价、限户型"五限"政策，确保各项调控措施落实到位
《关于进一步规范我市住房公积金缴存提取等业务管理有关事项的通知》	2021年7月8日	对原缴存、提取政策进行补充和完善，明确新入职职工缴存基数的认定规则、增设其他住房消费提取业务的提取条件、设置异地购房提取业务办理条件等
《关于进一步加大居住用地供应的若干措施》（征求意见稿）	2021年7月9日	提出：①确保至2035年全市常住人口人均住房面积达到40平方米以上，年度居住用地供应量原则上不低于建设用地供应总量的30%；②提高居住用地比例，增加住房及公共配套设施供给；③原批准土地用途为商业的，可申请将部分或全部商业建筑面积调整为居住用途，其中商品住房面积按所调整商业建筑面积的30%确定，其余住宅建筑面积作为出售的公共住房
《关于开展房地产中介机构规范经营专项整治工作的通知》	2021年7月28日	在全市范围内对房地产中介机构及相关从业人员开展规范经营专项整治工作。各房地产中介机构应加强人员管理措施，对下辖从业人员宣导落实"房住不炒"原则，加强培训，规范各类项目的宣传口径，不得隐瞒、提供虚假信息
《深圳市地方金融监督管理局等六部门关于加强商品住房用地土地购置资金来源核查要求的通知》	2021年9月24日	该通知要求竞买企业的股东不得违规向其提供借款、转贷、担保或其他相关融资便利等作为购地资金。同时，竞买企业不得直接或间接使用金融机构各类融资资金作为购地资金；购地资金不得使用产业链上下游关联企业借款或预付款，不得使用其他自然人、法人、非法人组织的借款，不得使用参与竞买企业控制的非房地产企业融资等
国务院新闻办公室举行深圳综合改革试点实施一周年进展成效发布会	2021年10月14日	会议介绍深圳综合改革试点实施一周年主要进展成效情况。深圳市人民政府市长覃伟中介绍，深圳综合改革试点取得阶段性成效，在要素市场化配置、营商环境优化、民生服务供给等方面推出了一批改革成果。强调将在国家有关部委和广东省的大力支持下，积极推进全国营商环境创新试点城市建设，加快制定深圳放宽市场准入特别措施清单，推出更多改革新举措

续表

政策	发布/发生时间	主要内容
《深圳市住房和建设局 国家税务总局深圳市税务局关于实施住房租赁税收优惠政策有关事项的通告》	2021年11月12日	（1）《财政部 税务总局 住房城乡建设部关于完善住房租赁有关税收政策的公告》所称的住房租赁企业，即"按规定向住房城乡建设部门进行开业报告或者备案的从事住房租赁经营业务的企业"，是指在深圳市住房租赁监管服务平台（以下简称租赁平台，网址：http://jigou.shenzhenzjj.com）办理了机构备案（含住房租赁资金专用账户信息备案）、经营范围包含"住房租赁"业务的企业。（2）《财政部 税务总局 住房城乡建设部关于完善住房租赁有关税收政策的公告》所称的专业化规模化住房租赁企业，是指在我市持有或者经营租赁住房1 000套（间）及以上或者建筑面积3万平方米及以上的住房租赁企业。专业化规模化住房租赁企业的认定标准发生调整的，按照调整后的标准执行。（3）住房租赁企业名单根据每月15日前在租赁平台办理机构备案的住房租赁企业确定，实行动态更新。专业化规模化住房租赁企业名单以住房租赁企业名单为基础，根据每月15日企业上传租赁平台的租赁住房房源规模对照该《通告》第二条规定的标准确定，实行动态更新。（4）享受税收优惠政策的纳税人应按规定进行减免税申报，并将不动产权属、房屋租赁合同、保障性租赁住房项目认定书等相关资料留存备查
《关于新版二手房交易网签系统上线的通知》	2021年11月19日	该通知要求各房地产经纪机构、分支机构及人员：应用新版网签系统的房地产经纪机构须办理电子签章；房地产经纪人员须先行通过"广东省统一身份认证平台"进行身份认证，严禁各房地产经纪机构、经纪人员以"返佣""定金"等不正当方式诱导消费者，或通过暴力、胁迫等手段迫使消费者签订委托合同。一旦被举报查实，违规机构及个人将被暂停系统使用权限，同时不良行为记录计入诚信档案
《深圳市住房租赁经纪行业从业规范》	2021年10月14日	规范住房租赁经纪机构及经纪人员行为，维护房地产市场秩序。发布虚假、不实信息，损害、诋毁同行业声誉；宣传有悖行业公平竞争的广告，首次触犯者，一经核实给予禁业一个月处分；再次触犯的，给予禁业三个月处分；第三次触犯的，直接吊销该人员星级服务牌，并依《深圳市房地产中介人员星级管理办法》规定，对被吊销人员两年内禁止从业

第三节 2020年11月~2021年12月房地产相关政策总结

一、"维稳"导向，定调"房住不炒"，实现"两个维护"

正值"十四五"规划开局之年，面对变化莫测的外部经济环境，虽然新冠肺炎疫情得到有效控制，经济逐步恢复，但疫情的影响仍未根本消除，国内经济发展仍存在不稳定不确定因素，解决当前经济运行不平衡不充分的问题需要一个稳定、可持续、高质量的发展空间。房地产作为国民经济发展中的支柱产业，其稳定发展对我国经济的发展具有举足轻重的作用。本年的房地产政策仍以"稳"字为先，依然坚持稳地价、稳房价、稳预期的"三稳"调控目标，全国房地产调控政策呈现持续收紧态势，在"三道红线"及贷款"两集中"的实施下，提出"维护房地产市场的健康发展，维护住房消费者的合法权益"的要求。

坚持"房住不炒"的原则,从"稳市场"逐渐转变为"稳行业",中央连续释放楼市维稳信号,不仅积极维护房地产市场健康发展,还注重维护住房消费者的合法权益。中央层面,一方面,房地产金融监管机制不断得到完善,始终坚持"房子是用来住的、不是用来炒的"定位,围绕"三稳"目标,准确把握和执行好房地产金融审慎管理制度,杜绝以房地产作为短期刺激经济的手段,促进金融与房地产的良性循环,逐步落实房地产长效机制。另一方面,住房消费者的合法权益得到维护。为提升居民住房安全,消除安全隐患,通过摸排老旧小区配套设施短板的方式改善居民居住条件。此外,在央行第三季度货币政策委员会会议及房地产金融工作座谈会上,房地产市场的健康发展多次被强调,"维稳"导向明确。

地方层面,"双向"调节模式开启。在较大的房地产市场调整压力下,部分城市已出台扶持性政策,通过发放购房补贴、放宽落户、降低二手住宅个人所得税税率、调整公积金贷款额度、预售资金灵活提取等方式稳定房地产市场预期。以紧缩性调控为主流,受调控政策影响,聚焦限价、限购、限售、房企资金监管、房地产市场秩序整治等方面,通过放宽公积金贷款,有针对性地发放购房补贴,严禁房企恶意降价,严禁炒作学区扰乱市场秩序等方式,响应中央号召,稳市场预期、规范市场秩序。

二、加速打开因城施策空间,开启"双向"调节模式

全国各地房地产市场行情差异较大,房地产占据畅通国民经济循环的重要位置,通过因城施策的方式,结合本地的居民购房需求,从实施意见、流程指引到更新条例多层次不断深化。

多城市发布了关于老旧小区的改进意见,其中北京市明确出台了通过以多种方式引入社会资本来推进老旧小区改进计划,同时将加大财税和金融支持,支持通过"先尝后买"方式引入专业化物业服务,简化审批等。在供给方面,上海市提出一系列政策供给,涉及规划、用地、标准、金融、财税等各方面。2021年7月发布的《关于持续整治规范房地产市场秩序的通知》明确强调,各地政府在规范房地产市场的工作中要重点整治房地产开发、房屋买卖、住房租赁、物业服务等领域受到高度关注、密切关系到人民群众利益的问题。其中,北京市的做法得以推广,即限房价、控地价、提品质,建立购地企业资格审查制度,建立购地资金审查和清退机制,通过优化土地竞拍规则,建立有效的企业购地资金审查制度,着力建立房地联动机制。

同时,也要进一步落实城市政府主体责任,强化省级政府的监督指导责任,对调控工作不力、房价上涨过快的城市要坚决予以问责。

三、租购并举推进保障性住房建设,满足合理住房需求

本年度继续推行加快发展长租房市场、推进保障性住房建设,以"解决好大城市住房突出问题"为出发点,旨在满足人民多层次的住房需求。加快发展保障性租赁住房是

党中央、国务院作出的重大决策部署，是坚持以人民为中心的发展思想的生动体现，是新发展阶段住房保障工作的重中之重。

国务院办公厅的《关于加快发展保障性租赁住房的意见》印发后，各地区、各部门认真贯彻落实，推动发展保障性租赁住房取得初步成效，形成了一批可复制、可推广的经验。一方面，按照国家层面住房保障体系顶层设计，北京、上海、深圳等城市对本地区住房保障体系进行了完善，加快完善以公租房、保障性租赁住房和共有产权住房为主体的住房保障体系。通过总结多个城市的经验做法，把握好保障性租赁住房工作的政策导向，坚持小户型、低租金面向无房新市民、青年人，不设收入线门槛，以70平方米以下的小户型为主，租金低于同地段同品质市场租赁住房租金。另一方面，对于人口净流入的大城市，在广泛深入摸底调查的基础上，从实际出发，因城施策，采取新建、改建、改造、租赁补贴和将政府的闲置住房用作保障性租赁住房等多种方式，切实增加供给。上海、广州、深圳等城市根据"十四五"保障性租赁住房建设目标，分别新增保障性租赁住房47万、60万和40万套（间），均占新增住房供应总量的45%左右；并且在北京市编制的"十四五"住房发展规划中保障性租赁住房占比也将不低于30%。

加快发展保障性租赁住房有利于帮助新市民、青年人等群体缓解住房困难，推进以人为核心的新型城镇化。同时也有利于缓解住房租赁市场结构性供给不足，推动建立多主体供给、多渠道保障、租购并举的住房制度。在市场层面，也有利于促进房地产开发企业转型升级，促进房地产市场平稳健康发展，有利于落实扩大内需战略，加快培育完整内需体系。保障性住房建设首位度的提升，与商品房共同满足购房者居住需求，不仅在市场层面减缓因商品房市场走弱导致的房地产开发投资额下降带来的经济增长压力，在消费者层面也满足了低收入群体融入城市的住房需求。长期执行保障性住房政策将从更长期的维度为经济增长、释放潜在的内需提供支持。

四、土地供应分类调控，重点城市供应"两集中"

为了提高土地市场信息透明度，体现土地供应的充足保障，让房子回归居住属性，促进房地产市场平稳健康发展，2021年的政府工作报告中明确提出"增加土地供应"。自然资源部通过召开会议，提出落实住宅用地供应相关举措，发布住宅用地供应分类调控工作要点，如住宅用地信息公开、增加租赁住房用地、"两集中"同步出让等方面。

在调控住宅用地分类政策中，主要包括四个工作重点。第一，编制实施住宅用地供应计划。一方面，在保障合理的供地规模基础上，因城施策，在重点城市加大住宅用地供应。另一方面，要求大城市单列租赁住房用地供应计划，供应向租赁住房建设倾斜，对保障性租赁住房用地应保尽保。第二，住宅用地信息透明公开。确保公开内容完整，公开数据准确以及公开方式规范。第三，要求重点城市住宅用地供应"两集中"，即集中发布出让公告，且2021年发布住宅用地公告不能超过3次；集中组织出让活动。2021年住宅用地公告中还提出，土地供应量不得低于近五年平均完成交易量。受"两集中"政策影响，全国300城住宅用地供求规模均有所下降，成交楼面均价结构性上涨。重点城市"两集中"供地，客观上将带动土地竞拍热度降低，促使土地市场更加平稳运行,整体上将对企业、地方政府、购房者均产生较大影响。当前,天津、济南、福州等城市已发布拟安排三次集中公告的时间,接下来将有更多城市明确时间及政策细则,这有利于企业及时调整投融资及营销策略。第四,要求加强监测监管和考核评价,一是将加强对重点城市的日常监督考核,加强土地供应督导,加强地价监测等;二是省级自然资源主管部门要加强对本省住宅用地供应的日常指导和监督,做好住宅用地市场分析和预判。

2021年,宏观经济方面,货币政策持续发力稳经济,强化对"六稳""六保"的支持力度,货币信贷总量保持稳定增长。支持房地产企业合理正常融资,促进资本市场和房地产市场平稳健康发展。房地产金融监管力度不放松,房地产金融审慎管理将进一步完善,避免大型房企出现债务危机现象。政策调控方面,楼市"双向"调节模式贯穿全年,因城施策,中央坚持"房住不炒"基调不变,并提出要"加强预期引导,探索新的发展模式",房企过去"高杠杆、高周转"发展模式已接近尾声,探索新的业务模式,实现高质量发展,亦将推动房地产行业向更高质量方向迈进。

第四节 2022年房地产市场相关政策展望

2021年房地产政策的主基调仍是坚持"房住不炒"、落实"三稳"、"因城施策",与此同时,还出台了加快推进租购并举,实施用地、税收等一系列支持政策,促进房地产市场平稳健康发展。

我国房地产市场调控效果明显。中央层面:保持宏观政策连续性、稳定性、可持续性,使宏观政策"不急转弯";继续保持"房住不炒"的定位不变,实现"三稳",解决好大城市住房突出问题;持续加强房地产金融审慎管理,进一步完善财税制度。地方层面:各地密集出台调控政策,限购、限售政策进一步升级;重点城市完善"两集中"供地土拍规则,努力实现"限房价、控地价、提品质";房贷利率上行,信贷环境持续收紧,部分城市公积金贷款放宽;增加保障性租赁住房供给,支持非居住存量房屋改建;实施城市更新行动,居民住房条件得到明显改善。

2022年不仅是全面建设社会主义现代化国家新征程的重要时间节点,也是房地产行业发展迈向新调整周期的关键时期。作为"十四五"规划起步后、乘风破浪开新局的又一年,房地产市场的健康运行是高质量发展的重要保障之一。在新冠肺炎疫情持续演变,外部环境日趋复杂的背景下,房地产市场"求稳"和"求变"并存,机遇与挑战同在。预计2022年房地产市场调控政策将主要包含以下几方面特点。

一、保持宏观政策不急转弯,推动经济巨轮行稳致远

受疫情变化和外部环境等因素影响,我国经济虽稳定恢复增长态势,但仍面临诸多难题,政策走向备受关注。相比于2020年为应对疫情采取的"非常时期的非常之举",

2021年我国总体保持宏观政策的连续性、稳定性、可持续性，为市场主体纾困，保持必要支持力度，不急转弯，促进经济运行在合理区间。预计2022年，坚守不发生系统性风险的底线、处理恢复经济与防范风险的关系仍为政策的主旋律。未来，宏观政策或将逐步回归常态化，更贴近实际需要，将"求稳"与"求变"有机结合，根据形势变化适时调整完善相关政策，进一步巩固经济基本盘，助力市场主体"青山常在"。

二、坚持"房住不炒"、落实"三稳"，完善市场长效机制

中央坚持"房住不炒"总基调不动摇，保持稳地价、稳房价、稳预期调控目标不松劲，整治规范房地产市场秩序，控制投资性和抑制投机性购房，加快完善房地产长效管理机制。自提出"解决好大城市住房突出问题"后，中央加快建立多主体供给、多渠道保障、租购并举的住房制度，进一步整顿规范租赁市场秩序，防止"爆雷"风险，租赁住房被提到空前的高度，其市场发展前景光明。"十四五"时期将继续实施城市更新行动，努力实现全体人民住有所居，加强存量住房改造提升，改善居民居住条件，完善住房市场体系和住房保障体系，提升城镇化发展质量。预计短期内调控政策仍将保持连续性和稳定性，政策环境的松紧程度将具体反映在"因城施策"方面。

三、完善房地产金融宏观审慎管理政策，引导房企探索新发展模式

随着房地产金融宏观审慎管理政策的持续完善，房地产市场的合理资金需求正在得到满足，融资行为和金融市场价格也渐渐向"正常轨道"行驶，房地产"泡沫化""货币化"两大势头得到有效扭转。伴随社会经济的进步和城市化进程的加快，地方政府过去依赖房价、地价上涨驱动的"土地财政"模式需要调整，房企过去依赖的"高杠杆、高周转"的发展模式也需要转变，市场各主体需要因时而动、顺势而为，从"增量时代"平稳过渡至"存量时代"。因此，让受重压后的房地产盘活合理住房市场，探索新的发展模式，实现新旧模式的"平稳转换"将是未来工作的出发点和落脚点。

四、"因城施策"突出整治重点，助力房地产业良性循环和健康发展

区域性是房地产的重要特征，而结合所在地的市场形势，在落实城市属地责任的基础上，因城施策实施房地产调控，是使房地产长效机制管理行之有效的"推动剂"。壬寅虎年开年以来，多地出台了"稳楼市"的政策，但是总体来看房地产市场需求相对低迷，需求端政策还需继续发力。2022年"两会"结束后，楼市的需求端政策空间进一步释放，满足购房者的合理住房需求，住房市场逐渐回暖。预计"因城施策"政策将会更为积极，为强化城市主体责任，着力建立房地联动机制加油打气，为切实推进"房住不炒"、落实"三稳"保驾护航，为有效助力房地产业的良性循环和健康发展添砖加瓦。

第三章 2021年房地产市场运行情况评价

在多年研究与探索的基础上,中国科学院大学中国产业研究中心于2013年正式构建与推出"中国科学院房地产指数"系列(简称中科房指),包括中科房地产健康指数(CAS-REH 指数)、中科房地产区域指数(CAS-RERSD 指数)、中科房地产场景指数(CAS-RES 指数)与中科房地产金融状况指数(CAS-REF 指数)。该系列指数能够对房地产市场健康发展状况予以监测,通过科学方法获得的定量指标对中国城市房地产的健康发展做出全面和准确的探测,能够通过简单易行的方式发现房地产市场发展中存在的隐患和问题;能够检测房地产市场供给与需求匹配状况,在城市间进行横向比较,对房地产市场未来发展具有重要的预警作用,为调整房地产市场的地区结构和统筹兼顾提出参考;能够反映房地产的区位属性,指导房地产行业可持续发展,在某种程度上体现区域房地产价格的发展潜力;并对我国房地产金融体系运行情况进行评估,预测我国房地产金融市场走势,监测我国潜在的房地产金融风险。

中科房指将在每年年度报告中更新发布。

第一节 CAS-REH 指数

一、CAS-REH 指数指标体系

对房地产市场的健康状况进行评价,首先必须构建科学、全面和具有可操作性的指标体系。指标选取的准确性和正确性直接关系到指标的有效性和指导性。

CAS-REH 指数在指标选取过程中,首先,必须要求指标具有全面性,即需综合考虑市场整体健康水平、房地产产业内部健康水平以及房地产业与民生相关领域的健康水平,以涉及和涵盖市场中各个领域的相关问题。其次,在全面选取的基础上,CAS-REH 指数还强调指标应具有较好的代表性。房地产市场健康评价指标体系涵盖内容十分丰富,每个方面的问题均可通过多个指标予以体现,在指标选取过程中,应着重抓住与评价对象直接相关或能够产生重大影响的关键要素,突出具有代表性的对象。再次,还应注重指标的可靠性。面对很多类似、重叠或者可以相互替代的指标,其可能由不同机构或部门发布,因此统计口径和时间长度等方面可能存在一定的差异性。在指标选取过程中,尽可能选择时间跨度较长、统计方法和统计口径较为稳定的指标作为 CAS-REH 指数的主要参考指标。最后,指标的选取还应考虑数据的可获得性,指标的选取一定要方便评价

过程的实施。因此，指标的选取尽可能与国家现有的统计指标相一致，以使得评价和分析的指标更易获得。

二、CAS-REH 指数指标简介

为了全面反映房地产市场运行健康状况，CAS-REH 指数指标系统共设置四个一级指标，分别是房地产业与国民经济协调关系、房地产市场供求关系、行业内部协调关系、房地产业与民生协调关系。每个一级指标下设若干二级指标，如表3.1所示。

表 3.1　CAS-REH 指数指标体系

指标分类	指标定义
房地产业与国民经济协调关系	房地产开发投资额/GDP
	房地产开发投资额/固定资产投资额
	居民居住消费价格指数/居民消费价格指数
房地产市场供求关系	供需比（出让土地住宅用地规划建筑面积总和/住宅销售面积总和）
	商品房新开工面积/商品房施工面积
	吸纳率（商品房竣工面积/商品房销售面积）
行业内部协调关系	商品房销售额
	房地产企业景气指数
	商品房新开工面积/商品房待售面积
	房地产开发贷款资金/房地产企业自有资金
房地产业与民生协调关系	商品住宅平均销售价格/城镇居民可支配收入
	房价增长率/收入增长率

（一）房地产业与国民经济协调关系

（1）房地产开发投资额/GDP：此指标反映的是当季房地产开发投资额占当年 GDP 总量的比例。房地产业与国民经济的协调发展非常重要，因为合理的房地产投资有利于推进房地产业经济的增长，带动相关产业的发展，从而促进国民经济的增长。如果房地产开发投资额在 GDP 中所占比例过高，则会导致供给过剩。一般而言，房地产对区域经济有拉动作用，但是当房地产发展过热（或过冷）时，即与国民经济发展不协调时，房地产业增加值的增长速度（减少速度）会明显快于 GDP 的增长速度（减少速度），这一指标便会发生明显的变化。房地产市场与国民经济协调发展时，该指标应该维持在一个合理的区间。

（2）房地产开发投资额/固定资产投资额：房地产开发投资额占全社会固定资产投资额的比例，反映了当期房地产开发投资额在当期全社会固定资产投资额中的比例。此项指标直接反映出房地产投资结构是否合理，以及在投资方面房地产业对宏观经济的拉动情况。一般而言，房地产投资增加（或减少），固定资产投资也会随之相应增加（或减少），因此，在房地产市场及社会经济均发展稳定时，房地产开发投资额/固定资产投资额应该是一个比较稳定的数值，但是当房地产市场发生波动时，房地产开发投资额在固定资产投资额中所占的比例就会产生显而易见的波动。

（3）居民居住消费价格指数/居民消费价格指数：此指标表示观察期内居民居住类消费占总体消费的比例。居民消费价格总指数由一揽子商品价格加权平均组成，其中某一时期居住类消费占总体比例过高或过低都能够反映出房地产市场波动状况对居民生活的影响，以及这种影响占总体消费的比重。观察这一指标有利于了解与总体物价波动水平相比，居住类消费的波动在其中所扮演的角色。

（二）房地产市场供求关系

（1）供需比：供需比即出让土地住宅用地规划建筑面积总和与住宅销售面积总和的比值。当供需比大于 200%，处于供给严重过剩状态；当供需比大于 120%且小于 200%时，处于供给轻度过剩状态；当供需比大于 80%且小于 120%时，处于供需基本均衡状态；当供需比小于 80%时，处于供给相对不足状态。2016 年，出让土地住宅用地规划建筑面积指标停止统计和更新，为了保持数据的连贯性，本书采用全国住宅用地推出土地建设用地面积替代出让土地住宅用地规划建筑面积，并基于 2016 年前的计算结果同比例折算出供需比数据。

（2）商品房新开工面积/商品房施工面积：此指标是前瞻性指标，反映当期商品房新开工面积在当年施工面积中的比例大小。商品房新开工面积，是指在报告期内新开工建设的商品房建筑面积，不包括上期跨入报告期继续施工的商品房面积和上期停缓建而在本期恢复施工的商品房面积。商品房施工面积，是指报告期内施工的商品房建筑面积，包括本期新开工面积和上年开发跨入本期继续施工的商品房面积，以及上期已停建在本期复工的商品房面积。当此比值降低时说明新开工面积的增长幅度放缓，是观望情绪浓厚等一些原因造成的销售市场低迷，因此二者的比值能从侧面反映商品房市场的供给情况。

（3）吸纳率：此指标反映房地产市场基本供求平衡状况，观察期内商品房销售面积超过商品房竣工面积能够反映开发商手中可售房源存量下降，市场需求增强。如果商品房销售面积大幅超过商品房竣工面积，表明市场供不应求现象严重，可能催生投机炒房现象。同时，如果商品房竣工面积持续大于销售面积，表明市场中消费者观望气息浓重，成交放缓，开发商手中空置商品房面积存在不断上涨的可能。

（三）行业内部协调关系

（1）商品房销售额：指报告期内出售商品房的合同总价款，反映了市场的绝对规模。其包括销售前期预售的定金、预售款、首付款及全部按揭贷款的本金等款项。

（2）房地产企业景气指数：房地产企业景气指数能够有效衡量房地产企业自身的发展状况，房地产市场的良性发展离不开稳定健康的房地产开发企业。此指标能够从企业内部运营状况的角度反映房地产开发企业自身景气程度。

（3）商品房新开工面积/商品房待售面积：此指标反映房地产市场当前与未来供给状况。观察期内商品房新开工面积过低，一方面反映出市场开发热情走低，亦有可能出现土地囤积现象；另一方面可能会在未来造成市场供给不足。另外，此指标数值过高可能表示市场出现过热现象，同时会导致未来某一时刻商品房集中入市，给市场造成冲击。

（4）房地产开发贷款资金/房地产企业自有资金：此指标反映房地产开发企业资金来源状况。观察期内房地产企业贷款数额和自有资金比例过高，表明房地产开发商开发热情高涨，通过大量银行贷款完成房地产开发，同时表明房地产开发企业具有较大的资金风险，一旦市场出现波动，出现资金链断裂的可能性加大，将给整个市场带来隐患。若此比例过低则反映房地产开发企业开发热情减退，同时信贷支持力度不足，亦不利于房地产企业和房地产市场的高效运转。

（四）房地产业与民生协调关系

（1）商品住宅平均销售价格/城镇居民可支配收入：此指标反映商品住宅价格增长的幅度是否与居民收入的增长相协调。商品住宅平均销售价格说明市场上为大多数购买者提供的普通商品住宅所处的价格水平，当商品住宅平均销售价格与大多数购买者的收入比例相协调时，则商品住宅的价格不会脱离市场需求的支撑，仍然处于大多数购买者的购买能力之内；但当商品住宅价格长期增长过快，远远高于大多数购买者的收入可承受范围时，则预示着商品住宅销售价格开始脱离市场支撑，容易产生市场波动，可能引起全社会的经济社会问题。客观上，商品住宅平均销售价格/城镇居民可支配收入必然有一个合理的比例区间。比例过低或比例过高，都存在相应的问题。

（2）房价增长率/收入增长率：房价增长率与收入增长率的比例关系能够反映出房地产市场价格增长与市场中的消费者购买力的协调程度。如果房价增速大大高于人民群众的收入增长速度，则可能对民生产生极为负面的影响，如导致购房难等问题。同时，购房支出给消费者造成过重的负担可能导致消费者其他领域消费能力不足，影响消费者生活质量。房价与收入增长率的长期偏离会对市场的可持续发展造成威胁。

三、CAS-REH 指数的解读及功能

围绕上文提出的房地产健康评价体系，本书以 Wind 数据库的相关数据为基础，首先对 8 个指标进行归一化处理，然后运用因子分析法确定各指标的权重，从而计算得到 CAS-REH 指数，结果详见表 3.2。

表 3.2　CAS-REH 指数

时间	CAS-REH 指数	时间	CAS-REH 指数	时间	CAS-REH 指数
2004Q1	156.46	2005Q3	150.62	2007Q1	144.32
2004Q2	155.12	2005Q4	177.26	2007Q2	171.15
2004Q3	157.49	2006Q1	164.31	2007Q3	181.35
2004Q4	166.22	2006Q2	161.52	2007Q4	166.42
2005Q1	134.21	2006Q3	157.94	2008Q1	217.44
2005Q2	144.33	2006Q4	147.07	2008Q2	161.45

续表

时间	CAS-REH 指数	时间	CAS-REH 指数	时间	CAS-REH 指数
2008Q3	127.05	2013Q1	147.95	2017Q3	229.86
2008Q4	94.25	2013Q2	154.37	2017Q4	233.31
2009Q1	73.47	2013Q3	151.22	2018Q1	228.34
2009Q2	105.26	2013Q4	163.41	2018Q2	242.98
2009Q3	133.57	2014Q1	148.29	2018Q3	253.77
2009Q4	173.44	2014Q2	132.36	2018Q4	250.96
2010Q1	167.36	2014Q3	118.53	2019Q1	252.40
2010Q2	169.04	2014Q4	143.26	2019Q2	254.09
2010Q3	173.29	2015Q1	138.71	2019Q3	254.31
2010Q4	188.35	2015Q2	157.33	2019Q4	253.34
2011Q1	156.91	2015Q3	167.14	2020Q1	256.43
2011Q2	171.2	2015Q4	155.41	2020Q2	255.25
2011Q3	160.97	2016Q1	195.46	2020Q3	255.22
2011Q4	127.36	2016Q2	169.52	2020Q4	255.27
2012Q1	183.44	2016Q3	214.36	2021Q1	255.13
2012Q2	143.57	2016Q4	219.39	2021Q2	254.17
2012Q3	156.92	2017Q1	221.07	2021Q3	254.00
2012Q4	146.87	2017Q2	234.95	2021Q4	254.76

注：Q 表示季度，下同

　　根据表 3.2 计算结果，我们构建了 CAS-REH 指数图，以清晰形象地反映房地产市场健康状况，如图 3.1 所示。

图 3.1　CAS-REH 指数

（一）CAS-REH 指数解读

1998 年以来，住房分配格局以市场化为主导，在此基础上，房地产二级市场全面启动，在财税领域，有关房地产的配套税收等制度日趋成熟，在金融市场上，与房地产交易有关的融资贷款开始兴起，一系列新词汇诸如"按揭""房奴"等概念开始为人们所熟知。在以上这一系列综合政策的推动之下，我国的房地产业驶上了高速发展的快车道。这一快速发展的势头连续保持了多年，在这一轮房地产发展的浪潮中，一些城市特别是一线大城市，在一定的时期内出现了种种发展问题，导致了商品房价格及土地价格不正常地扭曲上涨。

21 世纪的最初几年，是这一轮房地产市场新发展的起始时期，在这几年中，普通购房者的自用需求是市场的主导，商品房价格也没有出现迅速拉升，当然这也导致了市场供求并不旺盛，市场活跃度不高。从 CAS-REH 指数上看，随着市场的不断完善，各种机制理顺，市场健康水平在不断的波动中呈现稳定上升态势。

2003 年，中国整体的国民经济被突如其来的"非典"疫情拖累，出现了增长缓慢和局部动荡，也正是在这一年，国务院发布《促进房地产市场持续健康发展的通知》，在这一则通知中，提出"房地产业关联度高，带动力强，已经成为国民经济的支柱产业"，并明确了住房市场化的基本方向。我国房地产投资大幅增长，房地产业在这一年成为拉动国民经济整体上升的重要行业。从 CAS-REH 指数上看，这一阶段市场受到政策利好的刺激而得到良好发展，保持了较高的健康状态。

2004 年和 2005 年，国家相继出台了财税、金融政策，对房地产市场进行宏观调控，在调控政策的影响下，房地产市场成交价格有所下跌。2004 年第一季度，房地产行业开发投资额已经出现了超过 40%的增幅，2004 年全国商品房成交均价涨幅达到 14.4%，远远高出过去五年间不足 4%的平均增长幅度。在这样的背景下，政府迅速采取措施，对房地产市场施加了有效的政策干预，在当年启动的房地产市场调控措施中，暂停了半年内农用地向非农建设用地转化，同时央行提高了商业银行存款准备金率和项目资本金比例，对于不包含经济适用房的房地产开发项目将资本金的要求提高到了 35%。在 2005 年的"两会"上，由温家宝总理所做的《政府工作报告》首次明确提出要抑制房地产价格过快上涨，并将这一目标作为当年宏观调控的一项重要任务。从 CAS-REH 指数上看，面对出现的市场过热苗头，在前期保持的良好健康水平下，2005 年的市场健康水平明显低于前一时期，但政府所采取的一系列有效措施，在短时间内对房地产市场起到了降温作用，使得健康水平获得回升，市场健康程度仍属平稳。

从 2003 年至 2005 年的三年中，房地产市场为未来的快速上涨积蓄了充足的能量，这可以被视作房地产市场上涨期的前奏。这几年中，整体国民经济的快速发展带来了人民收入的迅速提高，购买力持续提升，客观上对住房消费产生了极大刺激。但整体看来，这三年的商品房价格增速开始提高，房地产市场的投资功能被逐渐挖掘，大量资金涌入房地产市场，对房地产市场的整体火热起了关键的推动作用。在进入"十一五"时期后，由于前一阶段房地产调控措施打压了开发投资热情，故房地产市场供应减缓。在对供给端施加影响的同时，市场中的购买需求并没有减少。新开工面积出现了明显的下降，对房地产市场投资者、自住者的心理预期造成了负面压力，给人们造成了供不应求的未来市场预期，一些重点城市的房地产价格逆势增长。面对被逐渐推高的房价和高涨的投资热情，政府从优化房地产市场结构、调整房地产相关领域税收以及严格控制土地使用和收紧贷款等诸多渠道对房地产市场进行宏观调控。2006年出台了代表性的政策——"套型建筑面积90平方米以下住房（含经济适用住房）面积所占比重，必须达到开发建设总面积70%"。

尽管政府在调控方面采取了一系列措施，但是从成效来看与预期存在着较大的差距，2006年至2008年，房地产市场在不断的调控中持续火爆，价格持续走高，房价已经成为民生问题的重要热点。虽然不断有新盘入市，但这几年间一直出现有效供给不充足的问题，在保障性住房领域举措不多，仅有的几项措施也没有完全落地实施，楼市追涨现象不断出现。截至2007年12月，70个主要城市新建商品住房销售价格同比上涨达到11.4%，环比上涨0.3%。2006年、2007年两年，房价走出了一个不断冲高的轨迹。在2008年上半年，房地产市场销售价格已经稳定在高位，市场已经越来越清晰地意识到，期盼房价下跌几乎已经不再可能，市场观望气息浓重。2008年上半年成交量下降超过50%。但是，2008年爆发的全球性金融危机使得房地产开发商在政策上获得了难得的红利，投资性需求对市场起到了主推和提振作用，在宏观经济出现下行风险和不利波动的同时，房地产市场反而走强。之后我国政府为了防范房地产市场受到国际金融危机的影响，采取了一系列措施使房地产业渡过了经济危机。从CAS-REH指数上看，伴随着楼市的持续增温，市场变得空前活跃，但这种火热中却伴随着失控的风险，在2006年市场火爆中健康水平达到高位，但随着市场风险的增加以及市场价格与人民收入的不协调日趋显现，市场健康程度从开始一路向下，至2008年底达到了历史最低。

在2009年，随着经济危机影响的减退，房地产市场逐渐恢复，2009年房地产业又呈现高速增长的态势，房地产开发投资额和房地产价格创历史新高。"小阳春"之后房价如脱缰般展开了全面的上涨，房地产市场重新走入了高涨期，全国各主要城市涨声四起，不少天价楼盘涌现，各地也频频出现"地王"。在金融危机的阴影还没有完全从市场退去的时候，与绝大多数仍然在困境中徘徊的行业相比，房地产业则走出了完全不一样的轨迹。不足半年就实现了从濒临绝境到重获新生的巨变，重新攀升的房价让购房者再次回到观望中，房地产市场成交额已经达到GDP的20%，地产泡沫愈演愈烈。从CAS-REH指数上看，在2009年初，健康指数达到观察期内的最低值，随着保障性住房成规模上市以及对征收物业税的规划，政府再一次表明了坚决调控的态度，市场正在努力回归正常的轨道。

从2010年到2012年，房地产市场调控政策不断加码，中央管理层多次反复强调了要坚持住宅市场调控不动摇。房产税在上海和重庆两地试点，房地产市场调控亦纳入地方政府考核关注之列，"限贷""限购"等一系列强力措施不断出台，在这一系列相关政策的作用下，楼市进入了一个相持期。2011年，全国70个大中城市中有68个城市的房价上涨，其中10个城市的房价涨幅超过10%。虽然期间我国政府连续三次出台宏观调控政策对房地产市场进行调控，但从以上数据来看，调控效果并不是很理想。从CAS-REH指数上看，和2009年的低谷相比，房地产健康程度明显改善，尽管在2011

年前后由于市场对政策的"抗药性"逐渐显现，市场健康水平出现了下降，但仍然可以发现，我国房地产市场的发展在经过十余年的波动和成长后，正在向着健康和稳定的趋势发展。

2013年，"宏观稳、微观活"成为房地产政策的关键词，全国整体调控基调贯彻始终，不同城市政策导向出现分化。年初"国五条"及各地细则出台，继续坚持调控不动摇，"有保有压"方向明确。2013年下半年以来，新一届政府着力建立健全长效机制、维持宏观政策稳定，十八届三中全会将政府工作重心明确为全面深化改革，不动产登记、保障房建设等长效机制工作继续推进，而限购、限贷等调控政策更多交由地方政府决策。不同城市由于市场走势分化，政策取向也各有不同，北京、上海等热点城市陆续出台措施平抑房价上涨预期，而温州、芜湖等市场持续低迷的城市，在不突破调控底线的前提下，微调当地调控政策以促进需求释放。全国房地产开发投资比上年名义增长19.8%（扣除价格因素实际增长19.4%）。其中，住宅投资占房地产开发投资的比重为68.5%。房地产开发企业商品房施工面积比上年增长16.1%。房地产开发企业土地购置面积比上年增长8.8%，土地成交价款增长33.9%。商品房销售面积比上年增长17.3%，房地产开发企业到位资金比上年增长26.5%。从CAS-REH指数上看，和2012年房地产健康状况的动荡相比，房地产健康程度呈现继续改善情况，我国房地产市场的发展经过波动和成长后，向着更加健康和稳定的趋势发展，从侧面反映出政府坚决调控的态度，市场正向着正常的轨道回归。

2014年，全国、地方"两会"陆续召开，中央更加注重房地产市场健康发展的长效机制建设，积极稳妥推进市场化改革，不动产登记制度加速推进，全面深化改革成为关键词。新型城镇化规划的提出与落实，有助于房地产行业平稳发展；同时一系列房地产业相关制度渐进改革，房地产业长效机制逐步推进。从政策影响来看，随着信贷政策的适度收紧和市场供求关系的改变，全国房地产整体出现下滑迹象，新开工面积、销售面积、土地购置面积同比出现负增长，不同城市间的分化现象较为明显。从CAS-REH指数来看，房地产市场健康状况先有较小幅度降低，之后呈现反弹状态。与此同时，各地房地产调控政策调整动作则趋于频繁，在"双向调控"的基调下，定向放松限购，通过信贷、公积金等方式鼓励刚需，成为部分面临去化风险城市的政策突破口。2013年下半年新一届政府的房地产调控思路已经逐渐清晰，中央更加看重经济增长的质量，更加重视增长方式转型和经济结构的升级。房地产开发投资增速平稳回落，新开工面积再次出现负增长，增幅下滑显著，受上半年基数偏高影响，商品房销售增速小幅下滑，销售形势整体趋紧，房地产贷款增速小幅回落，个人住房贷款增速平稳，房价同比上涨的城市个数稳定在高位，但整体涨幅持续回落，土地购置面积出现小幅下降，地价涨幅回落。从CAS-REH指数来看，房地产市场的健康状况呈现较小幅度的稳步上升趋势。

2015年以来，利好政策持续出台，市场回暖趋势明确，连续多月创历史同期成交新高，前三季度成交同比增长近三成，其中一线城市增幅最为显著。百城住宅均价同比也止跌转涨，涨幅扩大，第三季度上涨1.78%，涨幅较上半年扩大0.96个百分点。但前三季度土地供需维持低位，土地出让金下降，成交结构致楼面价持续上涨。品牌房企业绩保持稳定增长，前三季度房企拿地规模创近五年新低。展望未来，中央积极推进稳增长。

未来房地产调控将通过多重政策鼓励企业投融资，加快企业开发节奏将成为重点。预计第四季度，随着政策效应的逐渐趋弱，成交环比微幅下降，但全年仍呈显著增长趋势。第四季度新增供应也将有所回升，但全年仍不及上年。从 CAS-REH 指数来看，总体而言，房地产市场正在回归正常轨道，且目前比较稳定。

2016 年以来，房地产市场环境整体宽松，但 1~8 月各项指标增速放缓，在第三季度尤为显著。其中全国商品房销售面积、销售额同比增长 25.5%、38.7%，较 1~8 月分别都收窄 1.1 个百分点；新开发面积同比增长 12.2%，开发投资额同比增长 5.4%，增速较 1~8 月分别减少 1.5 个、0.1 个百分点。价格方面，百城价格指数则从 2013 年 9 月开始回落，之后呈现持续下滑态势，直至 2014 年 9 月跌至近年来低点。2015 年开始，百城价格指数开始上升。2016 年百城住宅均价环比第一季度累计上涨 2.92%，3 月环比涨幅达历史新高，为 1.9%；第二季度累计上涨 7.39%；第三季度进一步扩大，累计上涨 14.02%，同比已连续上涨 17 个月。截至 9 月底，百城住宅均价上涨至 12 617 元/米 ^{2}。从 CAS-REH 指数来看，和 2015 年房地产健康状况的动荡相比，房地产健康程度呈现继续改善的趋势，房地产市场的发展经过波动和成长后，向着更加稳定和健康的方向发展，这从侧面反映了政府坚决调控的态度，市场在逐步向着正常的轨道回归。

2017 年以来，各地陆续出台房地产调控政策。与往年的限贷、限购不同的是，本年新增了限售政策，同时对房企新开楼盘进行了限价；在土地端，"限房价竞地价""土拍熔断""熔断后竞自持"等政策进一步对土地市场进行规范；房地产市场调控的城市能级也逐步下沉至三、四线城市，防止三、四线城市因楼市过热而产生新的一轮库存。十九大报告中习近平总书记表示"坚持房子是用来住的、不是用来炒的定位，加快建立多主体供给、多渠道保障、租购并举的住房制度，让全体人民住有所居"。2017 年前三季度，商品房累计销售面积同比增长 10.3%；商品房销售额同比增长 14.6%；从销售价格来看，70 个大中城市中一、二线城市的同比增速下滑明显，三线城市逐渐企稳，房地产价格已基本实现"稳着陆"。从 CAS-REH 指数来看，由于多种调控政策的齐头并举和"因城施策"与"因地制宜"的调控方式，2017 年前两季度 CAS-REH 指数保持小幅稳步上升态势，第三季度小幅回落。CAS-REH 指数整体相对 2016 年有所升高，从往年频繁的波动中趋稳，达到了自 2001 年以来的最高值。可以看出，政府的多元化调控政策促使房地产市场保持在健康的轨道上发展。

2018 年以来，在金融财政政策定向"宽松"的同时，房地产调控政策仍然"从紧"，3 月的"两会"和 7 月的中央政治局会议对住房属性的明确规定确定了全年房地产调控的政策基调。2018 年房地产市场在需求端继续深化调控的同时，更加注重强化市场监管，坚决遏制投机炒房，保障合理住房需求。在供给端则发力住房供给结构调整，大力发展住房租赁市场、共有产权住房等保障性安居住房，增加有效供给比重。2018 年房地产市场运行情况整体向好，主要表现在以下方面：价格方面，百城价格整体趋稳，三线城市涨幅回落明显；供求方面，供给增长、成交平稳，短期库存水平更趋合理；土地方面，推出和成交继续增长，但热度明显下降，流拍现象突出；房企方面，业绩保持增长、拿地放缓，房地产企业指数持续上升。2018 年前三季度，累计销售额同比增长 13.3%，与 2017 年同期基本持平，累计销售面积同比增速下降幅度较大，同比增速仅为 2.9%。

2021年以来，百城均价各季度累计涨幅较上年同期均收窄，整体价格趋于稳定。12月，百城房价单月环比涨幅为0.25%，涨幅明显回落，更是有36个城市出现新房价格下跌，房价上涨预期的转变，是房地产市场回归理性的关键标志。从CAS-REH指数来看，由于中央政府进一步强化明确住房属性，热点城市和一线城市继续保持严格的限购、限贷、限售等政策，坚持降杠杆和去泡沫；部分二线城市放宽落户门槛限制，变相放松了限购，推升了购房需求。2018年前三季度CAS-REH指数继续保持小幅稳步上升态势，达到了自2001年以来的最高值，2018年各季度房地产市场健康指数相较于近年来健康指数变化更趋平稳且稳步增长，可以看出，政府调控取得了一定成效，房地产市场预期更趋理性，市场朝着健康、稳定的方向运行。

2019年以来，在稳地价、稳房价、稳预期的总要求下，我国房地产市场依然坚持"房住不炒"的总基调，整体保持平稳增长态势。2018年12月中旬召开的中央经济工作会议强调，构建房地产市场健康发展长效机制，坚持"房子是用来住的、不是用来炒的"定位，因城施策、分类指导，夯实城市政府主体责任，完善住房市场体系和住房保障体系。2019年以来，政府强调积极的财政政策要加力提效，稳健的货币政策要松紧适度，经济保持平稳增长。在房地产政策方面，政策在需求侧进一步完善住房供给结构，加快住房租赁市场和共有产权房市场发展；在需求侧合理满足居民消费性住房需求，严厉控制投机炒房行为；在市场监管方面，加强房地产金融风险监管调控，防止系统性风险的发生，各地方政府落实主体责任，房地产市场调控和监管更加积极有效。2018年第四季度以来，我国经济下行压力不断增大，房地产市场行情有所降温，具体表现在以下几点：价格方面，2019年1~11月，商品住宅平均销售价格有所上涨，但涨幅明显收窄，2019年11月，商品住宅平均销售价格为9 304元/米^2，较上年同期增长8.92%，增幅下降3.5个百分点。一线城市房价涨幅稳中有升，二、三、四线城市房价涨幅收窄明显。供求方面，供给结构不断优化，需求略显乏力，市场去化压力有所增大。一线城市供应端有所改善，成交面积有所增加，二线城市内部差异更为明显，三线城市成交规模有所下降。土地方面，农村土地制度改革不断推进，住宅用地调控目标进一步细化，住宅用地供需规模同比小幅增长，成交均价增幅明显，土地流拍问题仍较为严重。房企方面，融资成本有所上升，房企拿地节奏放缓，销售业绩整体向好，但部分中小型房地产企业面临较大资金压力。整体而言，2019年以来，房地产市场严格遵循"房住不炒"，不把房地产作为短期刺激经济的手段，构建房地产长效发展机制的总要求，热点和一线城市继续保持严格的限购、限贷、限售等政策，不断优化住房供给结构，住房成交面积同比显著增长，但房价涨幅明显收窄；二线城市继续坚持"一城一策"的调控节奏，内部分化更为明显，三、四线城市在经济下行压力不断增大的背景下，房地产市场发展承压加大。2019年前三季度CAS-REH指数继续保持小幅上升态势，增幅平稳。这一定程度上反映出我国政府房地产市场调控取得一定成效，房地产市场长效机制进一步完善，房地产市场朝着健康、稳定的方向发展。

2020年以来由于新冠肺炎疫情的暴发，国内外经济政治形势错综复杂，中国的经济韧性凸显，房地产作为经济发展的稳定器和压舱石，表现亦超预期，目前全国房地产市场已完全走出疫情影响，进入正常运行通道。对于房地产市场来说，2020年中央调控力度不放松，即使是在疫情最为严重的一季度，仍坚持"房子是用来住的、不是用来炒的"定位不变，中国银行保险监督管理委员会、中国人民银行、住房和城乡建设部等中央部委多次召开会议强调保持楼市调控政策的连续性和稳定性。2020年7月以来，受热点城市房价、地价的不稳定预期增加的影响，中央多次召开会议强调不将房地产作为短期刺激经济的手段，稳地价、稳房价、稳预期，确保房地产市场平稳健康发展。在价格方面，2020年1~11月百城新建住宅价格累计上涨3.19%，涨幅较上年同期扩大0.28个百分点。第一季度受疫情影响，新建住宅价格累计涨幅较上年同期明显收窄，第二季度以来随着疫情影响逐步减弱，各季度累计涨幅较上年同期均有所扩大，第二、三季度累计涨幅均在1%以上，10~11月价格累计上涨0.72%，较上年同期扩大0.36个百分点。2020年1~11月一线城市价格累计上涨3.77%，在各梯队城市中涨幅最大，较上年同期扩大3.43个百分点。二线部分城市政策收紧后，市场降温，1~11月二线城市价格累计上涨3.32%，较上年同期收窄1.13个百分点。三、四线代表城市价格累计上涨2.26%，涨幅较上年同期收窄1.52个百分点，收窄幅度在各梯队城市中最大。2020年前三季度CAS-REH指数继续保持小幅上升态势，增幅平稳。房地产市场朝着健康、稳定的方向发展。

2021年是新冠肺炎疫情暴发的第二年，宏观经济和社会发展依然面临诸多不确定性和重大挑战。全国房地产政策呈现明显的"先紧后松"特征。其中，7月之前执行了比较严厉的政策，包括三道红线、房贷集中度、集中供地等。这和房地产市场的过热和炒作等现象有关。防范房地产市场风险和房地产金融风险的相关提法明显增多。8月以来，受部分房企爆雷、房地产市场快速且持续降温等影响，房地产政策出现重要变化，主要体现在对房企金融风险的关注、对房贷投放的放松等。中国人民银行、中国银行保险监督管理委员会联合召开房地产金融工作座谈会，金融机构要按照法治化、市场化原则，配合相关部门和地方政府共同维护房地产市场的平稳健康发展，维护住房消费者的合法权益。从市场成交量来看，2021年1~10月，全国商品房销售面积143 041万平方米，同比增长7.3%，一、二、三线典型城市二手房成交量同比增速分别为4.8%、2.9%和-0.4%，11~12月房地产销售面积略有上升。从市场价格来看，全国房地产开发企业土地购置均价7 211元/米^2，同比增长12.6%，全国商品房成交均价10 290元/米^2，同比上涨4.2%，其中第一季度房价涨幅再度回升，但在中央和地方调控政策持续加码的背景下，房价上涨势头于4月见顶，5月开始回落。2021年CAS-REH指数整体来看趋势仍然较为平稳。

（二）CAS-REH指数的功能

首先，CAS-REH指数能够对房地产市场健康发展状况予以监测，通过用科学方法获得的定量指标对中国城市房地产发展的健康状况做出全面和准确的探测，能够通过简单易行的方式发现房地产市场发展中存在的隐患和问题。CAS-REH指数对极为不利的市场变化十分敏感，如2009年初CAS-REH指数所表现出来的极低指数。除此之外，对于不同城市，CAS-REH指数能够用来进行横向比较，以对不同城市房地产市场健康发展的不同程度提供量化意见，对房地产市场健康程度欠佳的地区或城市提供借鉴和参考。

其次，CAS-REH 指数还具备市场引导功能，其能够通过一定的标准，为市场发展和人们的思维意识指明方向。在当前中国房地产市场发展面临诸多问题和困难的背景下，CAS-REH 指数对市场将起到重要的指引作用。CAS-REH 指数在对房地产市场发展的评价过程中，摒弃了单一、粗放的评价方式，将市场及其内外部的协调性统一考虑，对房地产市场的协调和可持续发展提供重要参考。引导政府、企业和消费者从全面、合理的角度看待房地产市场发展，有助于决策者及时调整管理手段和调控措施，有助于房地产企业走上科学发展的道路，亦有助于消费者面对纷繁复杂的市场局面做出理性和正确的判断。

最后，CAS-REH 指数对未来市场具有预警作用。房地产市场出现的波动可能会对整体社会经济运行造成巨大危害，除对房地产市场进行监测和对市场进行引导外，CAS-REH 指数还力图为市场提供预警功能。通过对房地产市场健康状况的跟踪、监控，CAS-REH 反映房地产市场变化和整体健康水平，政府主管部门可以利用该指数了解房地产业发展状况与行业结构以及行业与宏观经济的协调比例关系，为调控国民经济产业结构和引导房地产业健康发展服务，同时减少银行信贷风险，为调整房地产业的地区结构和统筹兼顾提供参考。

第二节　CAS-RERSD 指数

CAS-RERSD 指数因部分指标数据缺失，无法进行计算并得出最后结果。研究团队正在选取新的科学指标编制指数。

第三节　CAS-RES 指数

一、CAS-RES 指数指标体系

（一）评价指标的选取

根据科学性、系统性、综合性和可操作性原则，对科教、文化、卫生、交通与环境五个层面进行综合考虑以构建场景指标体系；在此基础上，本着代表性的原则对每个层面选取子指标，着重抓住与评价对象关系密切的要素。

此外，CAS-RES 指数指标体系的选取必须注重各子指标的可靠性。不同部门发布的诸多相似、具有可替代性的统计指标，其统计口径、统计频率等方面可能不尽相同。在选取指标时，CAS-RES 指标体系尽可能挑选统计频率较为合适、统计方法和统计口径较为稳定的指标作为主要参考指标。

（二）指标简介

为了全面反映房地产区位属性，在 CAS-RES 指标体系下设置了五个一级指标，分别是科教、文化、卫生、交通、环境。每个一级指标下设若干二级指标。指标体系见表3.3。

表 3.3 CAS-RES 指数指标体系

目标层	一级指标	二级指标	单位
CAS-RES 指数	科教	普通高等学校	所
		普通中学	所
		小学	所
		普通高等学校教师	人
		普通中学教师	人
		小学教师	人
	文化	剧场、影剧院数	个
		公共图书馆藏书	千册
	卫生	医院、卫生院数	个
		医院、卫生院床位数	张
		医生数	人
	交通	公共汽车数量	辆
		城市道路面积	万平方米
	环境	建成绿化覆盖率	%

二、CAS-RES 指数构建

围绕上文提出的 CAS-RES 指数指标体系，以 2010~2019 年的数据为样本，运用因子分析法确定各指标权重[详细方法参见：吴迪等（2011）]，我们选取 60 个大中城市为样本，数据来源于中经网统计数据库，结果详见表3.4。

表 3.4 CAS-RES 指数

城市	2010 年	2011 年	2012 年	2013 年	2014 年	2015 年	2016 年	2017 年	2018 年	2019 年
北京	105.1	104.65	106.34	109.24	111.71	118.51	126.62	121.59	123.04	125.65
上海	85.11	86.89	87.98	88.42	89.15	86.23	83.06	83.02	84.48	84.71
天津	55.37	57.34	58.47	58.42	59.18	57.84	55.57	52.10	53.42	51.55
重庆	83.03	88.29	92.84	95.99	98.66	98.7	97.34	99.26	99.34	105.64
安庆	11.59	11.94	12.03	12.08	11.99	11.41	11.26	12.63	13.18	19.42

城市	2010年	2011年	2012年	2013年	2014年	2015年	2016年	2017年	2018年	2019年
蚌埠	12.92	13.08	13.2	12.75	13.11	12.52	11.85	11.87	12.30	10.42
包头	16.21	16.39	16.57	16.24	16.5	15.12	14.4	13.37	12.78	14.49
北海	7.45	7.92	8.12	8.02	8.38	8.03	8.47	9.68	10.59	13.88
常德	20.75	20.98	20.89	21.3	21.82	21.03	22.05	20.16	21.89	24.53
大连	28.24	29.03	30.53	30.15	31.95	31.42	31.94	29.19	28.65	29.37
丹东	17.8	15.8	17.88	17.62	17.29	16.64	15.5	15.54	15.11	17.49
福州	21.77	22.99	23.47	23.86	23.23	22.4	21.56	25.91	23.44	24.82
赣州	12.18	12.6	12.65	12.7	14.37	14.18	13.44	14.12	13.24	18.71
贵阳	18.18	18.53	18.72	19.04	19.39	19.55	19.13	18.34	17.76	19.17
桂林	16.21	16.57	16.56	17.09	17.04	16.58	16.12	16.34	16.74	19.30
哈尔滨	46.31	47.87	47.69	49.91	50.09	47.18	47.41	50.67	51.07	48.40
海口	17.18	17.24	17.36	16.13	18.27	18.25	17.08	17.47	17.92	19.96
杭州	31.95	33.37	34.77	35.11	37.43	37.33	36.74	40.17	39.81	43.22
合肥	21.78	23.22	23.98	23.86	24.45	23.83	22.48	21.56	22.71	24.67
呼和浩特	20.36	20.49	19.43	20.08	19.18	20.1	19.53	18.36	17.76	21.62
惠州	18.24	19.24	19.25	19.25	20.26	20.25	21.25	24.15	25.07	27.44
吉林	23.71	24.12	24.79	24.72	26.36	25.3	24.75	25.99	24.23	25.75
济南	26.48	27.59	28.31	28.67	29.52	28.96	31.78	28.14	28.65	31.17
济宁	14.56	15.34	16.1	17.58	17.8	17.43	16.36	16.50	17.66	22.86
锦州	15.84	17.91	15.98	15.32	16.83	15.99	15.13	17.43	18.06	17.94
昆明	27.01	30.82	31.63	32.27	32.5	31.86	31.94	30.31	28.57	27.88
兰州	18.91	19.32	20.74	22.1	20.7	19.66	18.69	18.42	19.87	22.34
泸州	13.17	13.55	13.79	13.8	13.76	13.23	12.7	11.97	12.82	13.07
洛阳	16.45	16.89	17.14	17.64	17.63	16.72	16.25	17.28	16.98	21.94
牡丹江	12.52	12.7	12.61	12.46	12.45	11.8	11.24	10.62	12.59	13.11
南昌	22.11	24.47	23.96	24.57	24.71	26.13	26.18	27.68	29.87	31.52
南充	14.15	14.47	15.76	16.51	15.95	15.19	15.05	14.59	16.05	23.54
南京	40.44	42.03	42.29	46.01	44.11	44.17	43.6	45.10	46.08	50.46
南宁	22.15	22.79	23.07	23.58	24.02	23.72	23.86	22.21	23.87	25.29
宁波	21.68	22.21	22.3	22.17	22.22	21.57	20.89	21.90	20.79	26.38

续表

城市	2010年	2011年	2012年	2013年	2014年	2015年	2016年	2017年	2018年	2019年
平顶山	13.74	13.94	13.76	13.7	13.54	12.84	12.08	13.88	13.36	23.55
秦皇岛	14.65	15.06	15.13	15.02	15.72	16.06	14.39	14.08	15.16	15.38
青岛	22.2	23.04	25.94	25.57	25.7	25.18	24.13	27.71	29.24	33.89
泉州	17.19	18.39	18.78	18.11	18.55	17.96	17.09	18.03	19.33	27.10
厦门	20.32	21.21	21.58	21.23	21.76	21.33	20.61	19.25	21.41	22.07
韶关	15.5	15.86	15.74	15.84	15.78	15.36	14.52	13.36	14.55	14.30
沈阳	45.61	47.28	49.62	50.37	50.67	48.42	47.64	47.43	50.92	56.55
太原	41.21	43.22	45.66	46.38	45.89	44.14	42.69	44.65	44.49	47.97
唐山	25.09	25.69	24.87	26.66	26.4	25.22	23.84	22.27	24.28	29.99
温州	20.71	21.53	22.35	22.65	23.32	22.49	21.47	20.09	19.48	17.57
乌鲁木齐	35.36	36.61	36.87	37.27	37.3	35.49	34.29	33.74	32.94	33.55
无锡	37.78	38.33	38.34	38.09	39.35	39.65	39.76	40.87	42.87	41.94
武汉	40.96	42.83	45.34	45.09	46.35	44.97	43.76	50.51	52.26	58.61
西安	41.59	44.32	45.6	46.22	47.06	46.19	45.44	47.11	49.66	49.77
西宁	13.8	15.37	15.36	14.4	14.18	13.68	13.11	13.24	13.60	14.69
徐州	19.45	19.8	20.07	20.53	20.68	19.93	19.38	18.72	18.66	22.33
烟台	28.78	29.99	30.82	30.62	31.49	30.87	29.3	32.22	34.11	38.62
扬州	13.96	16.18	16.14	16.04	15.64	14.89	14.12	13.62	14.34	18.27
宜昌	16.32	16.72	17.23	17.25	17	16.34	15.54	16.20	17.09	18.48
银川	19.52	20.62	20.9	21.61	21.2	21.33	20.31	19.18	19.84	20.68
岳阳	18.65	19.68	19.09	19.12	17.67	16.46	17.9	18.83	19.81	23.31
湛江	17.2	16.37	16.58	16.45	16.51	16.06	17.56	16.12	17.64	19.91
长春	30.16	31.13	32.53	32.26	32.7	33.79	31.92	29.97	33.70	37.11
长沙	28.75	32.1	32.16	33.06	33.96	33.59	33.34	33.75	35.64	35.66
郑州	28.17	30.11	31.16	32.21	33.42	32.14	34.23	36.40	35.77	39.73

　　为了进一步揭示场景与房价之间的匹配性，下文对商品房销售均价标准化数据与CAS-RES指数做商，以此反映城市房价的性价比。根据我们的研究假设，房价指标比场景指标，数值越大则性价比越低，数值越小则性价比越高。例如，2010~2019年重庆市房价场景匹配性指数都不高于0.5，则表明，重庆市场景与房价之间的匹配性较高。结果见表3.5。

表 3.5 房价场景匹配性指数

城市	2010年	2011年	2012年	2013年	2014年	2015年	2016年	2017年	2018年	2019年
北京	1.43	1.36	1.35	1.43	1.42	1.6	1.81	1.75	1.78	1.81
上海	0.96	1.01	0.95	1	1	1.08	1.09	1.09	1.09	1.11
天津	0.87	0.94	0.86	0.83	0.85	0.8	0.86	0.89	0.88	0.88
重庆	0.32	0.35	0.35	0.34	0.32	0.27	0.22	0.19	0.21	0.20
安庆	2.25	2.59	2.56	2.45	2.57	2.28	2.06	2.19	2.13	3.37
蚌埠	2.02	2.36	2.33	2.33	2.35	2.08	1.96	1.97	1.97	1.73
包头	1.38	1.54	1.59	1.57	1.54	1.43	1.27	1.21	1.24	1.31
北海	1.56	1.49	1.51	1.65	1.32	1.33	1.31	1.29	1.30	1.85
常德	0.82	0.77	0.84	0.78	0.83	0.84	0.85	0.86	0.86	1.05
大连	1.25	1.12	1.09	1.02	0.95	0.82	0.81	0.79	0.80	0.79
丹东	1.56	1.94	1.76	1.69	1.78	1.64	1.53	1.49	1.51	1.68
福州	1.71	2.09	2.23	2.11	2.16	1.82	1.62	1.63	1.63	1.56
赣州	1.67	2.17	2.4	2.38	2.11	1.81	1.67	1.79	1.73	2.37
贵阳	1.18	1.39	1.43	1.34	1.3	1.1	0.91	0.87	0.89	0.91
桂林	1.39	1.52	1.64	1.59	1.65	1.44	1.29	1.31	1.30	1.55
哈尔滨	0.51	0.55	0.55	0.56	0.56	0.52	0.44	0.57	0.51	0.54
海口	2.95	3.19	2.78	3	2.79	2.34	2.18	2.21	2.20	2.53
杭州	1.68	1.8	1.83	1.73	1.53	1.28	1.14	1.08	1.11	1.16
合肥	1.2	1.33	1.28	1.24	1.26	1.09	1.03	1.01	1.02	1.16
呼和浩特	1.1	1.23	1.36	1.27	1.32	1.08	0.94	0.97	0.96	1.14
惠州	1.35	1.34	1.32	1.25	1.21	1.05	0.98	0.95	0.97	1.08
吉林	0.97	1.18	1.09	1.07	1.12	1.03	0.86	0.83	0.85	0.82
济南	0.93	1.05	1.07	1.03	1.03	0.91	0.72	0.82	0.77	0.91
济宁	1.7	1.89	1.89	1.68	1.71	1.52	1.4	1.35	1.38	1.87
锦州	1.75	1.71	1.97	1.95	1.83	1.71	1.57	1.52	1.55	1.56
昆明	0.76	0.79	0.86	0.82	0.89	0.8	0.65	0.63	0.64	0.58
兰州	1.05	1.17	1.14	1.06	1.28	1.21	1.1	1.06	1.08	1.29
泸州	1.96	2.34	2.49	2.31	2.32	1.97	1.78	1.69	1.74	1.85
洛阳	1.2	1.4	1.47	1.42	1.45	1.34	1.22	1.16	1.19	1.47
牡丹江	1.87	2.07	2.1	2.23	2.27	2.09	1.87	1.77	1.82	2.18

续表

城市	2010 年	2011 年	2012 年	2013 年	2014 年	2015 年	2016 年	2017 年	2018 年	2019 年
南昌	0.92	1.12	1.26	1.23	1.23	0.98	0.86	0.79	0.83	0.90
南充	1.82	2.19	2.18	1.93	2	1.72	1.5	1.44	1.47	2.32
南京	0.87	0.98	0.98	0.85	0.89	0.77	0.77	0.76	0.77	0.85
南宁	1.02	1.1	1.18	1.15	1.17	1.01	0.87	0.84	0.86	0.96
宁波	2.47	2.7	2.86	2.74	2.58	2.22	2	1.97	1.99	2.37
平顶山	1.44	1.69	1.83	1.83	1.89	1.75	1.64	1.72	1.68	2.92
秦皇岛	1.53	1.75	1.9	1.91	1.88	1.7	1.74	1.76	1.75	1.92
青岛	1.11	1.26	1.17	1.15	1.19	1.05	0.95	0.89	0.92	1.09
泉州	2.17	2.62	2.79	2.78	2.7	2.27	2.04	2.01	2.03	3.02
厦门	1.83	2.27	2.43	2.37	2.3	1.91	1.69	1.63	1.66	1.87
韶关	2.84	3.08	3.14	3.19	3.16	2.91	2.87	2.79	2.83	2.99
沈阳	0.61	0.65	0.63	0.59	0.61	0.56	0.5	0.48	0.49	0.57
太原	0.54	0.54	0.56	0.57	0.6	0.53	0.47	0.42	0.45	0.45
唐山	0.9	1.03	1.16	1.08	1.12	1.08	1.05	1.01	1.03	1.36
温州	2.59	2.79	2.85	2.68	2.46	2.13	1.94	1.89	1.92	1.65
乌鲁木齐	0.57	0.65	0.69	0.68	0.72	0.64	0.54	0.48	0.51	0.48
无锡	1.26	1.3	1.31	1.25	1.18	1.09	1.08	1.1	1.09	1.13
武汉	0.58	0.68	0.71	0.68	0.68	0.62	0.6	0.65	0.63	0.75
西安	0.57	0.72	0.72	0.66	0.63	0.56	0.48	0.59	0.54	0.62
西宁	1.42	1.44	1.72	1.72	2.06	1.84	1.63	1.59	1.61	1.76
徐州	1.8	2.08	2.07	1.91	1.89	1.72	1.73	1.74	1.74	2.08
烟台	0.86	0.97	0.99	0.96	0.97	0.86	0.78	0.74	0.76	0.89
扬州	2.51	2.54	2.57	2.44	2.5	2.3	2.37	2.26	2.32	3.03
宜昌	1.45	1.75	1.86	1.77	1.85	1.7	1.68	1.59	1.64	1.81
银川	1.09	1.21	1.23	1.17	1.15	1.01	0.85	0.79	0.82	0.85
岳阳	1.09	1.28	1.38	1.32	1.41	1.28	1.04	0.98	1.01	1.21
湛江	2.55	2.98	2.98	3.07	3.02	2.78	2.37	2.56	2.47	3.16
长春	0.76	0.92	0.83	0.82	0.9	0.77	0.66	0.62	0.64	0.77
长沙	0.71	0.79	0.82	0.76	0.73	0.63	0.56	0.69	0.63	0.73
郑州	0.7	0.78	0.81	0.78	0.76	0.7	0.58	0.52	0.55	0.57

三、CAS-RES 指数的解读及功能

（一）CAS-RES 指数解读

从场景指数来看，大多数城市的 CAS-RES 指数值在 2010~2019 年都有所增加，但是哈尔滨、温州、天津、蚌埠、无锡、昆明等城市的 CAS-RES 指数却有所下降，其中哈尔滨下降幅度最大。这说明虽然全国范围内大多数城市发展水平不断提高，但是部分城市发展水平仍有提升的余地。其中，2010~2019 年北京的 CAS-RES 指数均超过 100，2013~2018 年重庆的 CAS-RES 指数均接近 100 且于 2019 年超过 100，表明上述两个城市在科教、文化、卫生、交通、环境方面发展水平较高。该指数通常与地区经济发展水平密切相关，不同经济发展水平的城市之间 CAS-RES 指数差异较大。从房价场景匹配性指数来看，数据显示，一线城市中，天津的房价场景匹配性指数小于 1，二线城市中，重庆、哈尔滨、南京、沈阳、太原、武汉、西安、长春、长沙、郑州等十几个城市房价场景匹配性指数小于 1，房屋性价比较高。其中重庆的房价场景匹配性指数一直小于 0.5，表明重庆的居住场景性价比较高。究其原因：一方面，由于重庆基础设施及场景建设处于全国较高水平；另一方面，重庆商品房销售均价相对便宜。

一线城市内部，北京的房价场景匹配性指数均低于 2，且数值逐年升高，主要有两方面原因：一方面，北京的基础设施建设水平在全国数一数二，随着经济的发展，北京的城市建设水平不断增强，场景完善程度也遥遥领先于其他城市；另一方面，北京房价处于相对全国较高的水平，并且从 2010 年到 2019 年商品房平均销售价格不断升高。

根据房价场景匹配性指数结果，发现温州的指数从 2010 年的 2.59 下降到 2019 年的 1.65，总共下降 0.94，下降幅度最为明显，主要原因在于，温州市科教、文化、卫生、交通四方面的水平有了显著的提高，尤其是卫生和科教两方面得到显著改善。同时，温州市近几年的商品房平均销售价格的增长速度减缓，使得温州市房价场景匹配性指数下降较为明显，房屋性价比提高。另外，根据房价场景匹配性指数结果，发现济南、南京、青岛的指数下降幅度最小，分别从 2010 年的 0.93、0.87、1.11 下降到 2019 年的 0.91、0.85、1.09，总共只下降了 0.02。济南主要原因在于近几年科教、文化等方面发展与其他城市相比增速较慢，南京则是由于近几年科教、交通等方面发展与其他城市相比稍慢，青岛的主要原因在于近几年商品房平均销售价格的增长速度较快。

在大中城市中，大连、海口、杭州、昆明、无锡等城市的房价场景匹配性指数也下降较为明显，主要原因在于，近年来各地加大科教、文化及环境保护投入并注重完善城市基础设施建设，教育、环境、交通等方面水平提升较快。

另外，根据房价场景匹配性指数结果，发现在 60 个大中城市中，泉州、扬州、湛江等城市房价场景匹配性指数较高，场景与房价之间的匹配性较低。

（二）CAS-RES 指数的功能

CAS-RES 指数能够反映房地产的区位属性，指导房地产行业可持续发展。场景因素

在我国城市居民居住区位选择及分布中具有重要的影响作用。尤其在截面意义上，场景水平与房地产发展水平显著相关，场景指数较高的地区，房价水平普遍较高；反之较低。我国房地产行业所采用的粗放型发展方式已经不可持续，必须改变现有的经营和发展模式，将发展和经营的重点由原来的规模化转向精细化，在绿色、低碳、人文领域实现新的增长和突破。该指数反映了房地产产品的根本属性——区位性，可以为房地产行业的精细化经营服务提供借鉴和参照。此外，该指数也在某种程度上体现了区域房地产价格的发展潜力。场景的丰富和完善必将带来房地产及其相关行业的不断发展，而房地产的发展又进一步带来周围场景投资的阶跃式增长，从而推动房地产的进一步发展。

第四节　CAS-REF 指数

一、CAS-REF 指数简介

CAS-REF 指数是由中国科学院大学中国产业研究中心于 2013年首度推出的，是反映我国整体房地产金融体系运行情况的综合指数。CAS-REF 指数以 2001年2月为基期（2001M2=100），通过观察其变动趋势或与其他相关指标结合分析，可以评判和预测我国整体房地产金融体系的运行情况，甚至在一定程度上可以反映我国潜在的房地产金融风险。

在我国，房地产业是一个高投入、高收益和高风险的资本密集型产业，对金融资本的依赖度很高，而目前我国的房地产金融市场仍处于初级阶段，尚未形成一个健全的、多层次的市场体系。我国房地产金融体系以一级市场为主，二级市场尚未真正建立起来。其中，一级市场又以商业银行为主，相关数据和调查均显示，房产在银行的总贷款额占比很高。因此，我国房地产金融市场尤其是商业银行业蕴含很大的房地产金融风险。但与此同时，我国房地产金融市场又肩负"为房地产开发经营提供资金保障"和"支持居民住房消费能力的提高"两大主要使命。

目前，国内学者和相关机构尚未建立关于专门针对我国房地产金融市场运行情况的指数。已有的相关指数，如金融状况指数，也不足以充分反映我国房地产金融市场的运行情况。鉴于此，中国科学院大学中国产业研究中心建立 CAS-REF 指数，旨在达到两方面的目的：一是考量我国房地产金融体系能否较好地为房地产开发经营提供资金保障和支持居民住房消费能力的提高；二是监测我国潜在的房地产金融风险。

二、CAS-REF 指数的指标体系与评价方法

（一）评价指标的选取原则

科学合理地选取评估我国房地产金融状况的指标是构建 CAS-REF指数的基本前提，

由于反映房地产金融状况的指标不易界定，故在构建CAS-REF指数的指标体系时按照以下五项基本原则来挑选指标。

第一，全面性。对房地产金融状况的评估应该涵盖房地产金融的主要方面，CAS-REF指数既要监测我国房地产金融风险，又要考量我国房地产金融体系能否较好地为房地产开发经营提供资金保障和支持居民住房消费能力的提高。因此，对房地产金融状况每一个主要方面的变动都应采用一个或者多个指标进行评估，而且这种评估要能较好地度量变动或影响的程度。

第二，简洁性。一般而言，选取指标的数量越多，越能全面反映房地产金融状况，但是指标太多也容易造成指标的重复，而且并非所有的指标都能达到预期的度量目的，因此在选取指标时要考虑指标的实用性。只有选定的指标体系为完备集中的最小集合，才能避免重复。

第三，可操作性。可操作性一是指所选择的指标必须是可量化的，而且可以通过某些方式取得相应的数据。二是指各个指标数据的长度和频度必须保持一致，对于频度不一致的指标数据，应可以通过一定的工具和手段进行调整，最终确保所有指标数据具有相同的时间长度和频度。

第四，可比性。为了便于与其他指标或历史数据进行横向或纵向对比，CAS-REF指数评价指标应保持指标的名称和体系结构等方面尽量与现行制度统一，对计算口径和产生历史波动的数据进行相应调整以确保数据的连续和相对稳定。此外，对其中的异常点也要进行调整，这样的指标体系才具有实际意义。

第五，预警性。CAS-REF指数的重要功能就是它的预警功能，这就要求在建立指标体系时应尽量选取具有先行性的指标，或者所选指标能从根本上反映我国房地产金融体系所面临的潜在风险，或者所选指标能预示我国房地产金融体系在多大程度上为房地产开发经营提供资金保障和支持居民住房消费能力提高。

（二）CAS-REF 指数指标体系

基于以上五项指标选取原则，着眼于我国房地产金融体系进行指标选取，共选取了七个指标。具体指标及相应的指标解释如表 3.6 所示。

表 3.6　CAS-REF 指数指标体系

序号	指标	指标解释
1	商品房销售均价	房价的变动与房地产金融风险密切相关，我们选用商品房销售均价（商品房销售额/商品房销售面积）作为衡量房地产金融风险的指标之一
2	上证房地产指数	上证房地产指数是衡量房地产金融状况的指标之一（月数据由日数据加权平均所得）
3	房地产开发国内贷款	衡量房地产金融状况的指标之一（房地产开发资金来源：国内贷款）
4	房地产开发自筹资金	间接衡量房地产金融状况（房地产开发资金来源：自筹资金）
5	银行间同业拆借加权平均利率	同业拆借市场能够迅速反映货币市场的资金供求状况，银行间同业拆借加权平均利率可以作为金融市场利率的代理变量

序号	指标	指标解释
6	人民币实际有效汇率指数	真正体现一国汇率水平并对宏观经济产生实际影响的应当是实际汇率而不是名义汇率，我们采用人民币实际有效汇率指数（上年=100）作为汇率的代理指标
7	居民消费价格指数	选用居民消费价格指数（上年=100）作为衡量通货膨胀率的指标

（三）CAS-REF 指数的评价方法

1. 向量自回归模型

向量自回归（vector auto regression，VAR）模型是一种常用的计量经济模型，由克里斯托弗·西姆斯（Christopher Sims）于 1980 年提出。VAR 模型是基于数据的统计性质建立模型，把系统中每一个内生变量作为系统中所有内生变量的滞后值的函数来构造模型，从而将单变量自回归模型推广到由多元时间序列变量组成的"向量"自回归模型。VAR 模型是处理多个相关经济指标的分析与预测的最容易操作的模型之一，并且在一定的条件下，多元 MA（moving average，滑动平均）模型和 ARMA（auto-regressive and moving average，自回归滑动平均）模型也可转化成 VAR 模型，因此近年来 VAR 模型受到越来越多的经济工作者的重视。

VAR（p）模型的数学表达式是

$$y_t = A_1 y_{t-1} + \cdots + A_p y_{t-p} + BX_t + \varepsilon_t$$

式中，y_t 是 k 维内生变量向量；X_t 是 d 维外生变量向量；p 是滞后阶数；样本个数为 t。$k \times k$ 维矩阵 $A_1, \cdots, A_p$ 和 $k \times d$ 维矩阵 B 是要被估计的系数矩阵。ε_t 是 k 维扰动向量，它们相互之间可以同期相关，但不与自己的滞后值相关，也不与等式右边的变量相关，假设 $\sum$ 是 ε_t 的协方差矩阵，是一个 $k \times k$ 维的正定矩阵。

2. 广义脉冲响应函数

VAR 模型的动态分析一般采用"正交"脉冲响应函数来实现，而正交化通常采用 Cholesky 分解完成，但是 Cholesky 分解的结果严格地依赖于模型中变量的次序。Koop 等（1996）提出的广义脉冲响应函数正好克服了上述缺点。

运用广义脉冲响应函数后，设响应指标 Z_0 对冲击指标 Z_i 在第 t 期的响应为 λ_{it}，则响应指标 Z_0 对冲击指标 Z_i 在 t 期内的加权响应为

$$\lambda_i = \sum_{t=1}^{T} \frac{1}{t} \lambda_{it}, \ i = 1, 2, \cdots, n$$

则表 3.6 的指标体系内每个指标的权重为

$$w_i = \frac{\lambda_i}{\sum_i^n |\lambda_i|}, \ i = 1, 2, \cdots, n$$

计算综合评价函数为

$$F_t = \sum_i^m w_i y_{it}, \quad i = 1, 2, \cdots, n$$

选取样本内第一期的值为基准，设基期的综合评价得分为 F_0，报告期内其他期的综合评价得分为 F_{t0}，设定基期的值为 100，则报告期内其他期的值为

$$F_t' = \frac{F_t}{F_0} \times 100, \quad i = 1, 2, \cdots, t$$

（四）CAS-REF 指数的构建

选取表 3.6 内指标在 2001 年 2 月至 2021 年 9 月的数据为样本，数据均来自 Wind 数据库。通过对数据进行插值、季节性调整、剔除通货膨胀影响和平稳性处理后，将处理后的数据按照前文的评价方法进行评价，得到的结果如表 3.7 所示。

表 3.7 CAS-REF 指数结果

时间	CAS-REF 指数	时间	CAS-REF 指数	时间	CAS-REF 指数	时间	CAS-REF 指数	时间	CAS-REF 指数
2001-1	100.00	2002-10	58.84	2004-7	61.46	2006-4	72.77	2008-1	108.70
2001-2	−46.93	2002-11	57.63	2004-8	60.75	2006-5	72.58	2008-2	108.14
2001-3	87.39	2002-12	56.67	2004-9	60.16	2006-6	72.17	2008-3	108.85
2001-4	101.60	2003-1	56.31	2004-10	59.49	2006-7	71.62	2008-4	108.78
2001-5	161.01	2003-2	57.28	2004-11	58.85	2006-8	71.09	2008-5	108.32
2001-6	67.25	2003-3	57.65	2004-12	58.75	2006-9	70.58	2008-6	107.95
2001-7	87.19	2003-4	57.11	2005-1	58.19	2006-10	70.07	2008-7	107.42
2001-8	62.90	2003-5	56.09	2005-2	60.10	2006-11	71.58	2008-8	107.94
2001-9	30.30	2003-6	55.11	2005-3	59.66	2006-12	71.57	2008-9	107.52
2001-10	111.79	2003-7	54.22	2005-4	59.08	2007-1	72.01	2008-10	107.24
2001-11	134.98	2003-8	53.35	2005-5	58.63	2007-2	89.43	2008-11	106.89
2001-12	189.33	2003-9	52.60	2005-6	58.51	2007-3	89.56	2008-12	106.35
2002-1	65.30	2003-10	52.24	2005-7	57.96	2007-4	91.61	2009-1	111.26
2002-2	62.88	2003-11	51.47	2005-8	65.71	2007-5	94.93	2009-2	110.80
2002-3	64.68	2003-12	50.73	2005-9	65.29	2007-6	94.47	2009-3	111.33
2002-4	62.58	2004-1	57.59	2005-10	64.95	2007-7	96.45	2009-4	111.48
2002-5	61.05	2004-2	61.16	2005-11	64.77	2007-8	97.72	2009-5	111.94
2002-6	64.54	2004-3	63.78	2005-12	64.23	2007-9	97.22	2009-6	115.58
2002-7	63.03	2004-4	62.97	2006-1	68.66	2007-10	96.88	2009-7	115.02
2002-8	61.51	2004-5	62.96	2006-2	73.52	2007-11	101.46	2009-8	114.96
2002-9	60.22	2004-6	62.19	2006-3	72.93	2007-12	101.32	2009-9	114.54

续表

时间	CAS-REF 指数	时间	CAS-REF 指数	时间	CAS-REF 指数	时间	CAS-REF 指数	时间	CAS-REF 指数
2009-10	114.38	2012-7	122.25	2015-4	274.39	2018-1	265.67	2020-10	934.07
2009-11	114.01	2012-8	121.82	2015-5	273.74	2018-2	265.53	2020-11	932.11
2009-12	113.50	2012-9	121.40	2015-6	272.96	2018-3	265.04	2020-12	931.02
2010-1	113.64	2012-10	120.97	2015-7	272.18	2018-4	264.41	2021-1	1 101.65
2010-2	121.45	2012-11	120.54	2015-8	271.78	2018-5	263.82	2021-2	1 236.77
2010-3	122.83	2012-12	120.47	2015-9	271.01	2018-6	263.20	2021-3	1 234.42
2010-4	122.46	2013-1	120.09	2015-10	270.27	2018-7	262.58	2021-4	1 231.89
2010-5	122.77	2013-2	139.13	2015-11	269.51	2018-8	261.97	2021-5	1 229.37
2010-6	122.58	2013-3	141.28	2015-12	268.75	2018-9	261.37	2021-6	1 226.93
2010-7	122.06	2013-4	140.80	2016-1	268.01	2018-10	260.78	2021-7	1 224.47
2010-8	121.56	2013-5	140.33	2016-2	268.62	2018-11	260.17	2021-8	1 221.98
2010-9	121.41	2013-6	140.02	2016-3	268.00	2018-12	260.40	2021-9	1 219.52
2010-10	121.27	2013-7	139.55	2016-4	267.34	2019-1	259.80	2021-10	1 217.10
2010-11	120.75	2013-8	139.11	2016-5	266.64	2019-2	259.60	2021-11	1 214.68
2010-12	120.26	2013-9	138.89	2016-6	265.93	2019-3	261.55	2021-12	1 212.81
2011-1	119.92	2013-10	138.69	2016-7	265.24	2019-4	261.78		
2011-2	124.87	2013-11	138.26	2016-8	264.64	2019-5	261.20		
2011-3	126.22	2013-12	137.96	2016-9	263.94	2019-6	260.67		
2011-4	125.72	2014-1	155.56	2016-10	263.24	2019-7	260.09		
2011-5	125.23	2014-2	175.18	2016-11	262.62	2019-8	259.51		
2011-6	124.93	2014-3	176.09	2016-12	262.31	2019-9	258.93		
2011-7	124.46	2014-4	175.53	2017-1	264.04	2019-10	258.36		
2011-8	123.97	2014-5	175.00	2017-2	270.08	2019-11	257.87		
2011-9	123.52	2014-6	174.46	2017-3	271.42	2019-12	258.55		
2011-10	123.10	2014-7	174.02	2017-4	270.73	2020-1	665.66		
2011-11	122.65	2014-8	173.49	2017-5	270.04	2020-2	949.22		
2011-12	122.27	2014-9	172.99	2017-6	269.42	2020-3	947.45		
2012-1	123.00	2014-10	172.47	2017-7	268.74	2020-4	945.78		
2012-2	123.45	2014-11	172.01	2017-8	268.07	2020-5	943.79		
2012-3	123.13	2014-12	172.39	2017-9	267.40	2020-6	941.88		
2012-4	122.85	2015-1	221.17	2017-10	266.73	2020-7	939.96		
2012-5	123.03	2015-2	272.00	2017-11	266.10	2020-8	938.03		
2012-6	122.69	2015-3	274.39	2017-12	265.51	2020-9	936.05		

三、CAS-REF 指数的解读及功能

（一）CAS-REF 指数解读

从图 3.2CAS-REF 指数趋势图来看，我国房地产金融状况可以大致分成四个阶段，第一阶段为 2008 年以前，第二阶段为 2008~2014 年，第三阶段为 2015~2019 年，第四阶段为 2020 年至今。

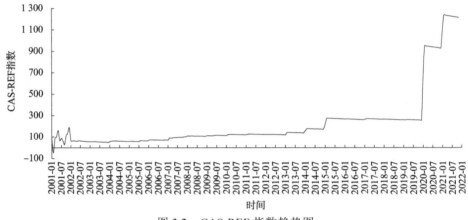

图 3.2 CAS-REF 指数趋势图

2002~2008 年，整个房地产金融状况非常平稳，指数波动幅度很小，说明此阶段我国的房地产金融状况良好，房地产市场运行正常。2008 年起房地产 CAS-REF 指数呈现出一定的波动状态，究其原因，主要是我国遭受由美国次贷危机引发的全球金融危机影响，房价大幅下跌，房地产企业面临前所未有的困境，购房者也因房价下跌而出现了还款违约行为，此时的房地产金融状况在不断恶化。之后在政府的经济刺激下，房地产金融状况也出现了好转的迹象。进入 2015 年以来，房地产 CAS-REF 指数又呈现出波动状态，但波动幅度比第一阶段的幅度要小。究其原因，主要是"三去一降一补"（去产能、去库存、去杠杆、降成本、补短板）五大重点任务明确奠定了未来几年经济金融的重点工作，我国最大的高库存行业就是房地产，高库存意味着房地产企业流动性资产不足，流动性杠杆过高，本质上是高杠杆的一体两面。去库存、去杠杆的推动有利于防范化解房地产领域金融风险。这一阶段为抑制房地产企业的粗放式扩张，房地产融资渠道全面收紧，房地产企业融资压力增加，同时 2020~2021 年是偿债高峰期，房企可能存在资金流断裂的风险，加之受疫情冲击，2020 年房地产 CAS-REF 指数呈现出剧烈波动状态，随后在疫情防控的有力实施下呈回温趋势。2021 年新冠肺炎疫情反复，对经济的影响已经转变为一场持久战，导致不少经济主体开始面临资产负债表受损问题（特指经济中有相当部分的经济主体资产方增长明显减速或出现下滑，资产增长速度赶不上负债增长速度，甚至已经出现资不抵债的情况）。一方面，"三道红线"政策管控下融资成本持续上升，房企对新开工计划和进度持审慎态度；另一方面，房企再融资压力加大，进一步加速行业风险的积聚，近年市场上已出现部分由房企引起的商业信用风险及银行信贷风险。房企融资环境收紧将导致信用风险事件增加，市场避险情绪升温。自 2021 年 7 月以

来，中央多次表态要求各地落实"三稳"目标，住房和城乡建设部表示将对调控工作不力、房价过快上涨的城市进行问责，要求这些城市切实扛起城市主体责任，加强市场监测监管，房地产调控已经开启了由中央调控为主导的新局面。部分城市集中出台政策，建立二手房成交参考价发布机制、规范二手房挂牌价，如无锡等地。房地产调控继续从严，房地产金融收紧趋势未变，多地强化对房地产市场的管控。具体如图3.3所示。

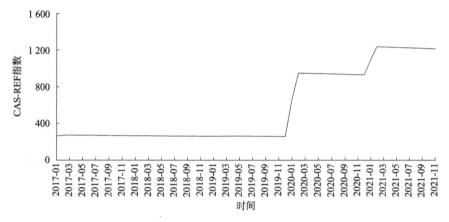

图 3.3　2017~2021年CAS-REF指数趋势图

CAS-REF指数对我国潜在的房地产金融风险也有一定的监测作用。CAS-REF指数以月度数据为样本数据，其对我国房地产金融状况的变化较为敏感。以 CAS-REF 指数历史期的标准差来衡量我国房地产金融市场面临的潜在风险。从图3.4可以看出，我国潜在的房地产金融风险呈现上升趋势。2015年之前我国房地产金融风险状况较为稳定，风险水平基本维持在50以下。从2015年开始，我国潜在的房地产金融风险上升趋势持续至2019年底。2020年，我国潜在的房地产金融风险跃升高位，并始终保持在较高的水平上。2021年以来，房地产市场调控持续深化，中央政治局会议重申"房住不炒"定位和"三稳"目标，加快发展租赁住房并落实用地、税收等支持工作。

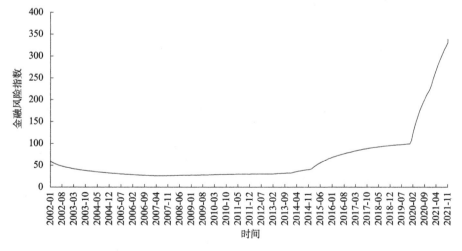

图 3.4　2002~2021年我国潜在房地产金融风险趋势图

从图 3.5 可以看出，以 2017 年为节点，我国潜在的房地产金融风险呈现上升趋势。十九大强调"房住不炒"，尽管面临国内外经济下行和中美贸易争端的双重压力，但中央调控房地产市场的决心不变。虽然调控政策会在短期内导致房地产市场金融风险加大，但在长期内有利于降低房地产潜在金融风险。在"三道红线"重压下，房地产资金监管继续从严，2020 年以来金融风险大幅上升，亟须在坚持"房住不炒"、全面落实"三稳"长效机制的基础上，适度加大对房地产行业的金融支持，如支持银行业金融机构发行金融债券，募集资金用于保障性租赁住房贷款投放，促进房地产市场平稳健康发展。

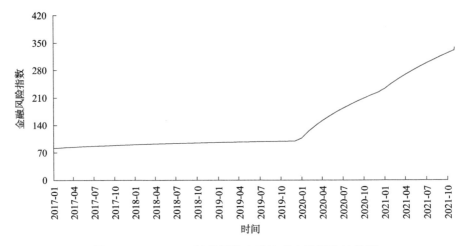

图 3.5　2017~2021 年我国潜在房地产金融风险趋势图

（二）CAS-REF 指数的功能

从前文构建 CAS-REF 指数的过程及解读来看，CAS-REF 指数有利于对我国房地产金融体系的整体运行情况进行科学、客观的评估。其主要具有三方面的功能：一是评估我国房地产金融体系运行情况；二是预测我国房地产金融市场走势；三是监测我国潜在的房地产金融风险。

1. 评估我国房地产金融体系运行情况

2001 年我国房地产金融市场相对稳定，CAS-REF 指数以 2001 年 2 月为基期（2001M2=100），通过比较报告期与基期数值的差距可以评估我国房地产金融体系在报告期内的运行情况。同时，通过观察报告期内 CAS-REF 指数的变化也有助于加强各界人士对我国房地产金融市场变化趋势的认识，政府亦可以通过该指数来评估房地产相关调控政策的实施效果，探析当前我国房地产金融市场面临的问题，并以此作为依据来颁布或调整相应房地产金融调控政策。

2. 预测我国房地产金融市场走势

CAS-REF 指数具有先行性，通过观察其走势，可以预测未来我国房地产金融体系的运行趋势。对于房地产开发商和购房者而言，准确预测我国房地产金融市场的运行趋势，有助于其较好地调整自己的经营策略和消费方式。CAS-REF 指数恰好可以为房地产开发商和购房者选择更合适的经营策略和消费方式提供参考，从而最终间接促进我国房地产市场的发展。

3. 监测我国潜在的房地产金融风险

CAS-REF指数以月度数据为样本数据，其对我国房地产金融状况的变化较为敏感。中国科学院大学中国产业研究中心采用CAS-REF指数历史期的标准差来衡量我国房地产金融市场面临的潜在风险。通过前文的分析，可以看出CAS-REF指数对我国潜在的房地产金融风险确实具有监测作用，通过观察CAS-REF指数历史期的标准差（反映我国潜在的房地产金融风险）趋势图，可以评估我国房地产金融风险变化的趋势及变化的程度。此外，结合CAS-REF指数历史期的标准差的趋势图，也可以在一定程度上对我国宏观调控政策的效果进行评估。

第四章　重点城市房地产市场运行情况

第一节　北京市 2021 年 1~12 月房地产市场分析

一、北京市经济形势概况

2021 年是"十四五"规划和全面建设社会主义现代化国家新征程开局之年。面对国内外风险挑战增多的复杂局面，在以习近平同志为核心的党中央坚强领导下，北京市坚持稳中求进工作总基调，立足新发展阶段，贯彻新发展理念，构建新发展格局，巩固拓展疫情防控和经济社会发展成果，经济恢复取得明显成效，推动高质量发展取得新进展，构建新发展格局迈出新步伐，经济发展的强大韧性和旺盛活力持续彰显。

2021 年 1~12 月，从主要宏观经济指标看，北京市经济运行呈现以下特点。

1. 农业结构优化调整，都市农业逐步回暖

2021 年，全市实现农林牧渔业总产值 269.1 亿元，按可比价格计算，比上年增长 2.8%；其中，农业和牧业产值较快增长。实现农业（种植业）产值 123.0 亿元，增长 11.9%，蔬菜及食用菌产量 165.6 万吨，增长 20.1%；实现牧业产值 45.8 亿元，增长 11.2%，全年生猪出栏 30.9 万头、年末存栏 59.0 万头，分别增长 75.8% 和 83.5%。都市农业逐步恢复，设施农业播种面积和产值比上年分别增长 7.5% 和 15.7%，休闲农业和乡村旅游接待人次 2 520.2 万人次，增长 34.2%，实现收入 32.6 亿元，增长 30.4%。

2. 工业生产较快增长，高端产业增势良好

2021 年，全市规模以上工业增加值按可比价格计算，比上年增长 31.0%，两年平均增长 15.8%。重点行业中，医药制造业在疫苗生产带动下比上年增长 2.5 倍，计算机、通信和其他电子设备制造业增长 19.6%，电力、热力生产和供应业增长 6.7%，汽车制造业下降 12.0%。高端产业增势良好，高技术制造业、战略性新兴产业增加值比上年分别增长 1.1 倍和 89.2%，两年平均增长 52.5% 和 43.7%。工业机器人、集成电路、智能手机产量比上年分别增长 56.0%、21.7% 和 17.1%。

3. 服务业运行平稳，信息、金融、批发零售行业贡献较大

2021 年，全市第三产业增加值按不变价格计算，比上年增长 5.7%，两年平均增长 3.2%。其中，信息传输、软件和信息技术服务业实现增加值 6 535.3 亿元，比上年增长 11.0%；金融业实现增加值 7 603.7 亿元，增长 4.5%；批发和零售业实现增加值 3 150.6 亿元，增长 8.4%，三个行业对第三产业增长贡献率接近 7 成，是主要支撑力量。住宿和餐饮业，交通运输、仓储和邮政业，租赁和商务服务业增加值分别增长 13.7%、5.9% 和 3.4%，保持恢复性增长。

4. 固定资产投资稳步增长，制造业投资带动突出

2021 年，全市固定资产投资（不含农户）比上年增长 4.9%，两年平均增长 3.5%。分产业看，第一产业投资比上年下降 59.5%，第二产业投资增长 38.2%，第三产业投资增长 3.0%。分行业看，制造业投资增长 68.3%，其中高技术制造业投资增长 99.6%；金融业投资增长 68.2%；卫生和社会工作投资增长 22.8%。分领域看，基础设施投资下降 8.9%，房地产开发投资增长 5.1%，民间投资增长 6.4%。

2021 年末，全市商品房施工面积 14 055.3 万平方米，比上年末增长 1.0%，其中住宅施工面积 6 895.6 万平方米，增长 2.7%。全年商品房销售面积 1 107.1 万平方米，增长 14.0%，其中住宅销售面积 877.1 万平方米，增长 19.6%。

5. 市场消费规模扩大，网上消费较快增长

2021 年，全市市场总消费额比上年增长 11.0%，两年平均增长 1.7%。其中，服务性消费额增长 13.4%，两年平均增长 3.8%；实现社会消费品零售总额 14 867.7 亿元，增长 8.4%，两年平均下降 0.7%。社会消费品零售总额中，按消费形态分，商品零售 13 733.1 亿元，比上年增长 7.1%，餐饮收入 1 134.6 亿元，增长 27.5%。按商品类别分，限额以上批发和零售业中，与基本生活消费相关的饮料类、服装鞋帽针纺织品类商品零售额比上年分别增长 36.4% 和 16.9%；与升级类消费相关的文化办公用品类、通信器材类商品零售额分别增长 21.4% 和 16.7%。限额以上批发零售业、住宿餐饮业实现网上零售额 5 392.7 亿元，比上年增长 19.0%，两年平均增长 24.5%。

6. 居民消费价格涨势温和，工业生产者价格持续上涨

2021 年，全市居民消费价格比上年上涨 1.1%。其中，消费品价格上涨 1.0%，服务价格上涨 1.2%。八大类商品和服务项目价格"四升四降"：交通通信类价格上涨 5.1%，居住类价格上涨 1.1%，教育文化娱乐类价格上涨 0.9%，食品烟酒类价格上涨 0.5%；其他用品及服务类价格下降 0.5%，生活用品及服务类价格下降 0.3%，医疗保健类价格下降 0.2%，衣着类价格下降 0.2%。12 月，居民消费价格同比上涨 1.8%，涨幅比上月回落 0.6 个百分点；环比下降 0.3%。

2021 年，全市工业生产者出厂价格比上年上涨 1.1%，购进价格比上年上涨 3.7%。12 月，工业生产者出厂价格同比上涨 2.2%，环比上涨 0.6%；购进价格同比上涨 7.5%，环比上涨 1.4%。

7. 居民收入稳步增加，居民消费逐步恢复

2021 年，全市居民人均可支配收入 75 002 元，比上年增长 8.0%。四项收入全面增长：工资性收入增长 10.2%，经营净收入增长 15.8%，财产净收入增长 5.7%，转移净收入增长 3.5%。

2021 年，全市居民人均消费支出 43 640 元，比上年增长 12.2%。八大类消费支出全面增长，其中医疗保健、教育文化娱乐、其他用品及服务消费增速较高，分别为 22.0%、

21.0%和20.3%。

总体来看，2021年全市经济稳步恢复，发展质量继续提升。下阶段，要坚持以习近平新时代中国特色社会主义思想为指导，坚持稳字当头、稳中求进，完整、准确、全面贯彻新发展理念，加快构建新发展格局，继续统筹好疫情防控和经济社会发展，全力推动首都高质量发展迈出坚定步伐，以实际行动迎接党的二十大胜利召开。

二、北京市房地产市场概况

1. 房地产开发投资情况

2021年1~12月，北京市房地产开发企业到位资金6 524.2亿元，同比增长12.1%。其中，定金及预收款为3 114.8亿元，增长27.1%；国内贷款为923.6亿元，下降35.1%；自筹资金为1 715.6亿元，增长22%，如图4.1所示。

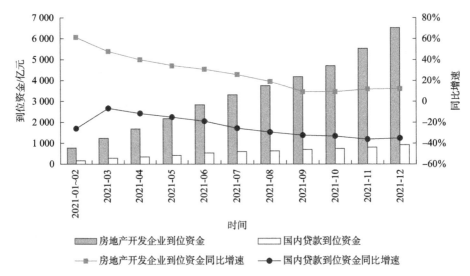

图4.1 北京市2021年1~12月房地产开发企业到位资金及同比增速

资料来源：北京市统计局

2. 房地产开发建设情况

截至2021年12月，全市商品房累计施工面积达到14 055.3万平方米，同比增长1.0%。其中住宅累计施工面积达到6 895.6万平方米，较上年同期增长2.7%，如图4.2所示。

从住宅竣工情况来看，2021年较2020年同期相比均有明显增长，1~9月增幅均大于80%，截至12月，累计增幅34.7%，如图4.3所示。

3. 房地产市场销售情况

2021年1~12月，北京市商品房累计销售面积为1 107.1万平方米，同比增长14.0%。其中，住宅累计销售面积为877.1万平方米，增长19.6%（图4.4）；办公楼为55.3万平方米，下降24.5%；商业营业用房为27.1万平方米，下降24.5%。

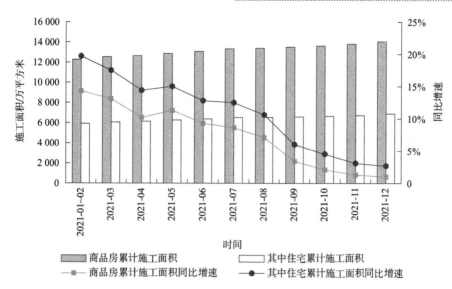

图 4.2　北京市 2021 年 1~12 月商品房累计施工面积及同比增速

资料来源：北京市统计局

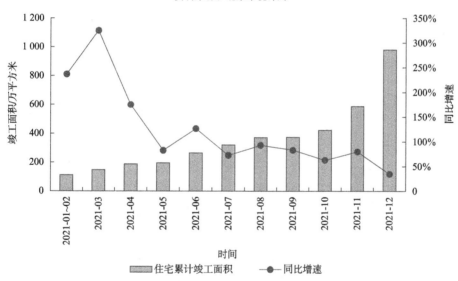

图 4.3　北京市 2021 年 1~12 月住宅累计竣工面积及同比增速

资料来源：北京市统计局

2021 年 1~12 月,北京市商品房累计待售面积达到 2 396.3 万平方米,同比下降 2.4%。其中住宅累计待售面积为 830.8 万平方米,同比下降 5.8%,如图 4.5 所示。

4. 商品房交易价格

2021 年 1~12 月北京市新建商品住宅价格小幅波动, 第三季度出现连续下降, 10 月之后有明显回升, 1~12 月整体同比价格呈现上升趋势。上半年二手住宅价格波动较小, 下半年有比较明显的下降趋势, 直到 12 月有所回升, 如图 4.6、图 4.7 所示。

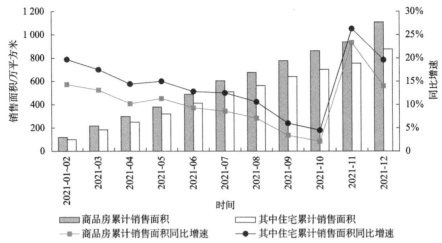

图 4.4　北京市 2021 年 1~12 月商品房累计销售面积及同比增速
资料来源：北京市统计局

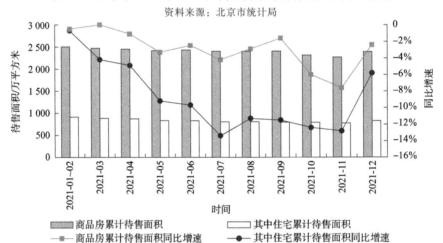

图 4.5　北京市 2021 年 1~12 月商品房累计待售面积及同比增速
资料来源：北京市统计局

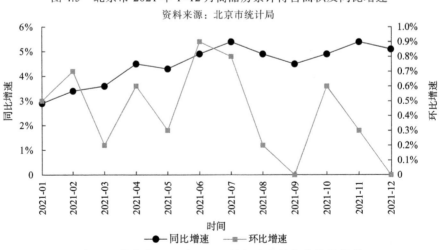

图 4.6　北京市 2021 年 1~12 月新建商品住宅价格指数
资料来源：北京市统计局

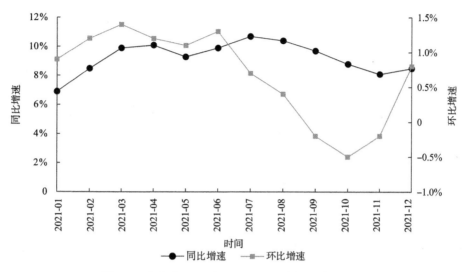

图 4.7　北京市 2021 年 1~12 月二手住宅价格指数

资料来源：北京市统计局

三、政策建议

2021 年，在坚持"房住不炒"的背景下，北京整体市场的房价小幅波动。抓好一线热点城市的房价调控，关键在于坚持"房子是用来住的、不是用来炒的"定位，多措并举，引导好市场预期，统筹推进住房需求侧管理和供给侧结构性改革，确保房价基本稳定，以更好保障民生和防范金融风险。

1. 引导好房价预期

迷信"房价一直涨"的市场预期是楼市泡沫的重要催化剂，这要求把搞好预期管理作为一线热点城市房价调控的首要任务。因此，要正确发出货币和土地两个信号，即货币政策"回归常态不放水"，住宅土地拍卖避免"面粉贵过面包"；合理管控中介和媒介两个主体，即禁止房屋中介和媒体炒作房价普涨预期。

2. 搞好住房需求侧管理

与住房供给相比，住房需求是快变量。因此，短期实现一线热点城市住房供需再平衡，必须加强住房需求侧管理。要严查购房资金来源，防止经营贷、消费贷等资金违规进入楼市，消除资金面的躁动因子。要创新调控方式，探索先"快速进两步"，用适度过头的政策抑制过热需求，避免出现边调控边上涨的被动局面；然后"慢慢退一步"，防范调控过度衍生房价"高位跳水"风险。要搞好差异化调控，深圳须"严"调，上海须"紧"调，北京须"预"调，通过动态调整限购等政策，坚决把过热的住房需求压下去。要合理调整人口与产业规模，确保与土地空间容量相匹配。

3. 推进住房供给侧结构性改革

实现一线热点城市住房市场供需长期均衡，需加快推进住房供给侧结构性改革，确保住房"总量够住、结构匹配"。增量上要拓源，加快住宅规划用地上市节奏；适度提高住宅与非住宅用地比例。

第二节　上海市 2021 年 1~12 月房地产市场分析

一、上海市经济形势概况

2021 年以来，上海市深入学习贯彻习近平总书记考察上海重要讲话和浦东开发开放30 周年庆祝大会上重要讲话精神，以推动高质量发展、创造高品质生活、实现高效能治理为目标导向，聚焦主要目标、重点任务和重大项目，狠抓各项政策落地落实，全力做好"十四五"开局工作。上海市经济持续恢复、韧性增强，经济效益不断提高，生产需求较快增长，就业物价总体稳定，民生保障稳步提升，经济发展呈现稳中加固、稳中有进、稳中向好的态势。

上海市的经济运行主要呈现以下特点。

1. 经济延续恢复态势，第三产业增加值持续较快增长

随着疫情防控的持续巩固和经济社会稳步发展，上海市经济延续恢复态势，下半年以来，上海市积极克服芯片紧张、疫情汛情等不利因素，发展韧性持续显现。根据地区生产总值初步统一核算结果，2021 年上海市实现地区生产总值 43 214.85 亿元，比上年同期增长 8.1%。其中，第一产业增加值 99.97 亿元，同比下降 6.5%；第二产业增加值11 449.32 亿元，同比增长 9.4%；第三产业增加值 31 665.56 亿元，同比增长 7.6%。第三产业增加值占全市生产总值的比重为 73.27%。

2021 年，全市第三产业增加值持续较快增长。分行业看，交通运输、仓储和邮政业增加值 1 843.46 亿元，同比增长 13.5%，两年平均增长 2.0%；信息传输、软件和信息技术服务业增加值 3 392.88 亿元，同比增长 12.4%，两年平均增长 13.8%；批发和零售业增加值 5 554.03 亿元，同比增长 8.4%，两年平均增长 2.4%；金融业增加值 7 973.25 亿元，同比增长 7.5%，两年平均增长 7.9%；房地产业增加值 3 564.49 亿元，同比增长 4.8%，两年平均增长 3.2%。2021 年全市规模以上服务业企业营业收入 45 920.86 亿元，同比增长 27.3%；营业利润 4 162.28 亿元，同比增长 31.6%。

2. 固定资产投资稳定增长，房地产市场运行总体平稳

2021 年上海市固定资产投资比上年增长 8.1%，两年平均增长 9.2%。分领域看，工业投资同比增长 8.2%，两年平均增长 12.0%，其中，制造业投资同比增长 7.8%，两年平均增长 14.0%；房地产开发投资同比增长 7.2%，两年平均增长 9.1%；基础设施投资同比增长 5.8%，两年平均增长 1.0%；民间投资同比增长 10.3%，两年平均增长 9.3%。

3. 市场消费持续改善，升级类和基本生活类商品增长较快

2021 年上海市实现社会消费品零售总额 18 079.25 亿元，比上年同期增长 13.5%。分行业看，批发和零售业全年实现零售总额 16 623.32 亿元，比上年同期增长 12.7%；住宿和餐饮业实现零售额 1 455.93 元，比上年同期增长 22.7%。分商品类别看，吃、穿、用、烧的商品全年零售额分别为 3 852.41 亿元、4 161.15 亿元、9 507.63 亿元、558.06 亿元，分别占社会消费品零售总额的 19.4%、25.1%、52.4%、3.1%。其中，吃、穿、用、烧的商品零售额分别同比增长 11.4%、12.3%、14.2%、25.0%。

在食品和衣着消费平稳增长的同时，改善性消费旺盛，新能源汽车消费快速增长。2021 年上海市文化办公用品类零售额同比增长 40.1%，金银珠宝零售额同比增长 30.3%，化妆品零售额同比增长 15.7%，通信器材类零售额增长 14.8%。汽车类零售额同比增长 9.9%，其中，新能源汽车类零售额同比增长 70.8%，占全市汽车类零售额的比重从上年的 11.6%提高到 18.1%。

4. 货物进出口增速较快，利用外资增势平稳

2021 年上海市实现外贸进出口总额 40 610.35 亿元，比 2020 年增长 16.5%。其中，出口总额 15 718.67 亿元，同比增长 14.6%；进口总额 24 891.68 亿元，同比增长 17.7%。

从经营主体看，2021 年上海市国有企业出口总额 1 691.87 亿元，比 2020 年同期增长 3.7%，进口总额 2 813.38 亿元，同比增长 19.5%；私营企业出口总额 4 784.94 亿元，同比增长 29.4%，进口总额 6 089.03 亿元，同比增长 36.0%；外商投资企业出口总额 9 111.30 亿元，同比增长 10.4%，进口总额 15 922.46 亿元，同比增长 11.7%。

从贸易方式看，2021 年上海市一般贸易出口总额 7 904.81 亿元，同比增长 23.7%，进口总额 15 368.92 亿元，同比增长 24.3%；加工贸易出口总额 4 818.52 亿元，同比增长 2.6%，进口总额 2 416.27 亿元，同比增长 3.4%。

从主要贸易产品看，2021 年上海市机电产品出口总额 10 800.46 亿元，比 2020 年增长 14.0%，进口总额 11 210.37 亿元，同比增长 7.3%；高新技术产品出口总额 6 051.82 亿元，同比增长 4.7%，进口总额 7 434.12 亿元，同比增长 7.3%。

从主要出口市场看，2021 年上海市对欧盟出口总额 2 605.66 亿元，比 2020 年增长 25.2%；对美国出口总额 3 087.89 亿元，同比增长 3.6%；对日本出口总额 1 307.91 亿元，同比增长 4.2%；对中国香港出口总额 1 589.28 亿元，同比增长 14.2%。

2021 年上海市外商直接投资实际到位金额为 225.51 亿元，比 2020 年增长 11.5%。其中第三产业实到外资 215.30 亿美元，同比增长 12.7%，占比最高，达到 95.5%。

5. 工业生产形势较好，战略性新兴产业较快增长

2021 年上海市规模以上工业总产值为 39 498.54 亿元，比 2020 年增长 10.3%，两年平均增长 6.0%，增速比“十三五”前四年平均提高 3.9 个百分点，总体保持较快增长。分行业看，在 35 个大类行业中，28 个行业产值同比增长，增长面 80%。分地区看，16 个市辖区中，15 个实现增长。

2021 年，上海市新经济新动能引领作用明显增强。工业战略性新兴产业完成工业总产值 16 055.82 亿元，比上年增长 14.6%，增速同比提高 5.7 个百分点。与 2019 年相比，两年年均增长 11.7%，增速高于规模以上工业 5.7 个百分点。其中，在特斯拉产能快速提升的带动下，新能源汽车产业大幅增长 1.9 倍；新能源产业、生物产业、数字创意产业分别增长 16.1%、12.1%、11.5%，增速均高于规模以上工业。

6. 金融市场运行平稳，财政收入较快增长

2021 年上海市金融市场成交额 2 511.07 万亿元，比上年增长 10.4%。其中，上海证券交易所有价证券、上海期货交易所和中国金融期货交易所成交额分别增长 25.7%、40.4%和 2.4%。12 月末，全市中外资金融机构本外币存款余额 17.58 万亿元，同比增长 12.8%；贷款余额 9.60 万亿元，同比增长 13.5%。

2021 年上海市地方一般公共预算收入 7 771.80 亿元，比上年增长 10.3%。其中，增值税增长 8.8%，企业所得税增长 21.5%，个人所得税增长 28.4%，契税增长 8.0%。全年全市地方一般公共预算支出 8 430.86 亿元，同比增长 4.1%。

7. 居民收入持续增加，就业形势总体稳定

2021 年上海市居民人均可支配收入 78 027 元，比上年增长 8.0%，两年平均增长 6.0%。其中，城镇常住居民人均可支配收入 82 429 元，同比增长 7.8%，两年平均增长 5.8%；农村常住居民人均可支配收入 38 521 元，同比增长 10.3%，两年平均增长 7.7%。全年全市新增就业岗位 63.51 万个，比上年增加 6.47 万个。

8. 居民消费价格温和上涨，工业生产者价格涨幅扩大

2021 年上海市居民消费价格比上年上涨 1.2%，涨幅同比回落 0.5 个百分点。八大类价格"六升二降"，交通通信类价格上涨 4.0%，教育文化娱乐类价格上涨 2.7%，居住类价格上涨 1.1%，其他用品及服务类价格上涨 0.9%，生活用品及服务类价格上涨 0.7%，食品烟酒类价格上涨 0.5%，衣着类价格下降 0.5%，医疗保健类价格下降 1.1%。

全年全市工业生产者出厂价格比上年上涨 2.1%，工业生产者购进价格上涨 7.3%。

总体来看，2021 上海市经济稳中加固、稳中有进、稳中向好的态势没有变，经济发展韧性进一步增强。同时，国际环境依然严峻复杂，经济运行中的不确定不稳定因素仍需密切关注，仍需坚持稳中求进的工作总基调，更好统筹疫情防控和经济社会发展，持续推动改革开放创新，持续增强经济韧性和内生动力，全面提升城市软实力，扎实推动经济高质量发展，努力保持经济运行在合理区间，确保完成经济社会发展目标任务。

二、上海市房地产概况

1. 房地产开发投资情况

2021 年以来，上海市房地产开发投资保持平稳增长。2021 年，上海市房地产开发投资稳步增长，完成投资 5 035.18 亿元，比上年增长 7.2%，以 2019 年为基期，两年平均

增长 9.1%。

图 4.8 中，2021 年以来，上海市房地产累计开发投资额同比 2020 年保持增长态势，增速逐渐放缓。第一季度房地产累计开发投资额同比实现大幅度的增长，达到 24.7%；上半年房地产累计开发投资额同比增长 11.5%；全年房地产累计开发投资额同比增长 7.2%。住宅累计开发投资额同比增速在上半年同样逐渐放缓，但在下半年渐趋平稳。且 2021 年以来，住宅累计开发投资额同比增速始终高于房地产累计开发投资额同比增速。

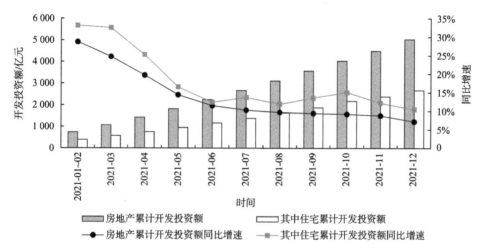

图 4.8 上海市 2021 年 1~12 月房地产累计开发投资额及同比增速
资料来源：国家统计局

从房屋类型看，全市住宅投资 2 673.95 亿元，比上年增长 10.5%；办公楼投资 767.63 亿元，下降 7.9%；商业营业用房投资 511.52 亿元，下降 8.6%。如图 4.9 所示，住宅投资仍然是房地产开发投资的主体，占房地产开发投资的 53.1%，办公楼投资和商业营业用房投资则分别占比 15.2%和 10.2%。

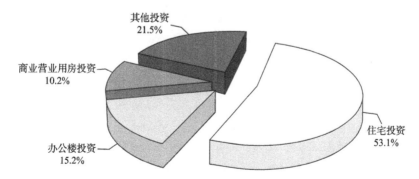

图 4.9 上海市 2021 年 1~12 月房地产开发各类投资占比
资料来源：国家统计局

住宅投资额一直在房地产开发投资额中占主导地位，也是唯一实现投资增长的房屋类型，其占比较 2020 年增长 1.6%。说明住宅类开发依旧是房地产投资者最为关注的板块，且关注度相比上年有所提升。

2. 房地产开发建设情况

2021年上海市商品房累计施工面积为16 627.90万平方米，同比上升5.6%。其中，住宅累计施工面积为7 603.14万平方米，同比下降1.4%。具体如图4.10所示。

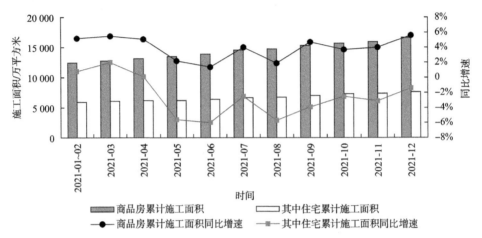

图 4.10 上海市 2021 年 1~12 月商品房累计施工面积及同比增速
资料来源：国家统计局

2021年上海市商品房累计新开工面积为3 845.97万平方米，同比增长11.8%，增幅有较大回落。其中住宅累计新开工面积为1 682.49万平方米，同比下降4.2%，如图4.11所示。

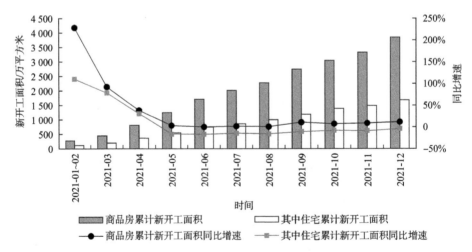

图 4.11 上海市 2021 年 1~12 月商品房累计新开工面积及同比增速
资料来源：国家统计局

2021年上海市商品房累计竣工面积为2 739.55万平方米，同比下降4.8%，其中住宅累计竣工面积为1 421.43万平方米，同比下降12.7%。2021年1~5月，商品房累计竣工面积同比增速持续上升，并在5月由负转正，5~9月增速趋于平稳，9~12月增速回落,如图4.12所示。

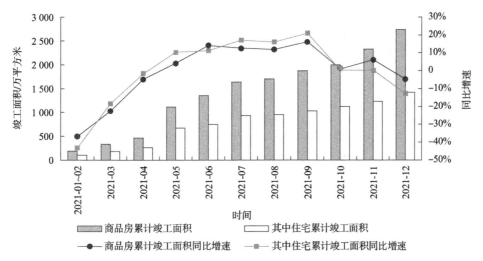

图 4.12 上海市 2021 年 1~12 月商品房累计竣工面积及同比增速

资料来源:国家统计局

2020 年商品房建设情况随着新冠肺炎疫情得到控制,呈现高速增长的状态,下半年趋于平稳,2021 年商品房建设的同比表现可能受到 2020 年疫情变化的影响。总体来看,2021 年上半年,上海市商品房新开工和竣工面积的增速变动幅度较大,下半年趋于平稳。

3. 商品房销售情况

2021 年上海市商品房累计销售面积保持同比增长状态,增速逐渐放缓。如图 4.13 所示,2021 年全市商品房累计销售面积为 1 880.45 万平方米,同比增长 5.1%。其中,住宅累计销售面积为 1 489.95 万平方米,同比增长 3.9%。

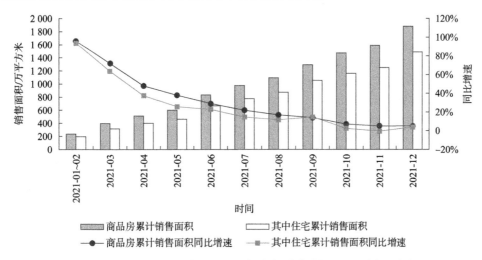

图 4.13 上海市 2021 年 1~12 月商品房累计销售面积及同比增速

资料来源:国家统计局

2021年上海市商品房累计销售额为 6 788.73 亿元,同比增长 12.3%。其中,住宅累计销售额为 6 104.95 亿元,同比增长 15.9%,如图 4.14 所示。

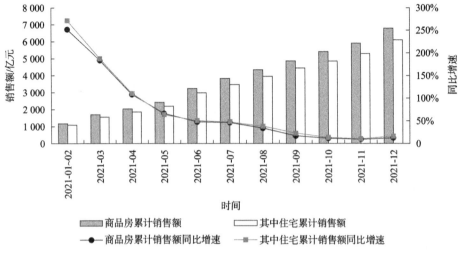

图 4.14　上海市 2021 年 1~12 月商品房累计销售额及同比增速

资料来源:国家统计局

4. 商品房交易价格

如图 4.15 所示,2021 年上海市新建商品住宅价格指数呈现逐月上升趋势,二手住宅价格指数先增后降。整体来看,2021 年上海市二手住宅价格指数增长 5.1%,大于新建商品住宅价格指数 3.6%的增长幅度。

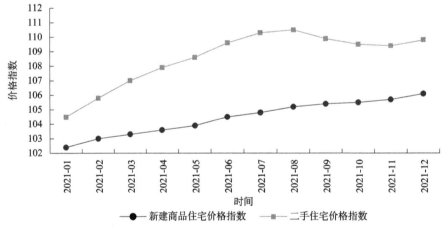

图 4.15　上海市 2021 年 1~12 月新建商品住宅与二手住宅价格指数

资料来源:国家统计局

三、政策建议

1. 继续控制商品住宅价格,促进市场平稳健康发展

坚决贯彻落实国家和上海市各项房地产市场调控政策措施,增强政策的针对性和可

操作性，坚持"房住不炒"，稳定商品住宅供应，控制商品住宅价格。满足购房者的合理住房需求，适当优化各类商品住宅套型比例。

2021 年，住宅类投资占比相比 2020 年有所上升。从长期发展看，应重视供需双向调节，完善房地联动机制，在对需求端采取限制政策的同时，保持新建项目供应量、供应结构、供应节奏合理有序。

2. 提升住房保障水平，优化保障性住房运营管理

根据城市发展及人口居住实际需求，细化住房保障准入标准和供应方式。确保保障性住房用地供应，完善保障性住房用地规划布局。按照供需匹配的原则，在确保保障性住房供应总量的前提下，完善商品房配建保障性住房政策。

借助信息化手段，完善申请审核机制、审核流程。优化供后管理制度，完善社区治理，建立违规违约行为的分类处理机制。

3. 建立健全住房租赁体系，加强住房租赁市场管理

通过政府引导，筹措供应集中式新建租赁住房项目，建立平台，加强供需对接、协调分配，发挥保障性租赁住房的托底保障功能，优化人才租房支持政策。同时，关注住房租赁企业发展，引导企业结合社会发展趋势、住房需求演变规律和企业自身优势，参与租赁业务、社区养老、老旧小区改造、物业管理服务等领域，实现多元化转型。

建立住房租赁市场风险防范机制，强化住房租赁资金监管，严控"租金贷"业务。健全住房租赁纠纷调处机制，加大违法违规行为查处整治力度，加大对住房租赁市场相关主体合法权益的保护力度。

第三节　广州市 2021 年 1~12 月房地产市场分析

一、广州市经济形势概况

2021 年，广州坚决贯彻落实以习近平同志为核心的党中央决策部署和省委、省政府工作要求，坚持稳中求进工作总基调，凝心聚力攻坚克难，有力有效应对疫情波动、缺芯缺电缺柜、大宗商品价格上涨等影响经济运行的多重考验，持续巩固疫情防控和经济社会发展成果，全年经济运行平稳，构建新发展格局、赋能高质量发展取得新成效，实现"十四五"良好开局。据核算，2021 年，广州市地区生产总值为 28 231.97 亿元，同比增长 8.1%，两年平均增长 5.4%。其中，第一产业增加值为 306.41 亿元，同比增长 5.5%，两年平均增长 7.6%；第二产业增加值为 7 722.67 亿元，同比增长 8.5%，两年平均增长 5.9%；第三产业增加值为 20 202.89 亿元，同比增长 8.0%，两年平均增长 5.1%。

1. 农业保持快速增长，重点农产品增势较好

2021 年，全市农林牧渔业总产值同比增长 7.1%，保持较快增长势头。分行业看，种植业、林业产值增长较快，分别增长 8.2% 和 10.6%，渔业产值增长 4.4%。重要农产

品产量增势较好，生猪产能持续扩大，全市生猪出栏 61.56 万头，增长 45.8%。水产品产量 51.51 万吨，增长 1.7%，其中海水产品产量 14.20 万吨，增长 14.4%。全市蔬菜及食用菌总产量达 403.84 万吨，单位产量 1 835.92 千克/亩，同比增长 3.0%。水果产量增势好，同比增长 3.4%。花卉种植亮点多，全市花卉实现产值 66.98 亿元，同比增长 27.0%。

2. 工业生产稳中有进，高新技术制造领域发展快速

2021 年，全市规模以上工业增加值同比增长 7.8%，两年平均增长 5.1%。高技术制造业快速增长，实现增加值同比增长 25.7%，两年平均增长 15.6%。其中电子及通信设备制造业、医药制造业、计算机及办公设备制造业增加值同比分别增长 34.7%、23.1%和14.5%。先进制造业增加值占规模以上制造业增加值比重为 65.7%。新能源汽车制造业继续保持良好增势，全年产量同比增长 87.9%，产值同比增长 63.4%。都市消费品需求强劲，家具、家用电热水器、果汁和蔬菜汁类饮料产量同比分别增长 1.5 倍、42.6%和 37.9%。新一代信息技术产品潜力释放，集成电路、显示器、光电子器件和移动通信基站设备产量同比分别增长 58.6%、45.5%、40.2%和 24.4%。

3. 服务业稳步复苏，新兴服务业释放活力

2021 年 1~11 月（错月数据），全市规模以上服务业营业收入同比增长 20.0%，其中营利性服务业营业收入同比增长 19.2%，两年平均分别增长 8.4%和 10.3%。主要行业中，互联网软件信息服务业、租赁和商务服务业、科学研究和技术服务业保持较快增长，同比分别增长 15.1%、23.8%、21.0%，两年平均增速为 14.7%、4.9%和 15.2%，增长势头较好。文化、体育和娱乐业同比恢复性增长 29.0%，两年平均增速下降 7.2%，两年平均降幅呈收窄态势，恢复有所改善。高技术服务业发展较快，相关行业合计实现营业收入同比增长 15.8%，两年平均增长 14.0%。其中科技成果转化服务、检验检测服务和电子商务服务两年平均分别增长 26.4%、24.1%和 20.1%。高端专业服务业发展韧劲足，全市规模以上高端专业服务业合计实现营业收入同比增长 23.4%，两年平均增长 13.2%。其中，人力资源服务、质检技术服务、专业设计服务业同比分别增长 43.2%、26.3%和22.5%，两年平均增长均超过 20%，发展势头较好。

4. 消费品市场持续恢复，新型消费保持畅旺

2021 年，全市社会消费品零售总额首次突破万亿元大关，达 10 122.56 亿元，同比增长 9.8%，两年平均增长 2.9%。其中批发和零售业、住宿和餐饮业零售额同比分别增长 9.1%和 18.5%。时尚品消费势头旺，限额以上金银珠宝类、体育娱乐用品类等品质类零售额增长迅猛，分别增长 24.9%和 54.9%，两年平均分别增长 18.8%和 29.4%。生活办公类消费增势好，饮料类、文化办公用品类零售额同比分别增长 40.9%和 27.8%，两年平均分别增长 31.4%和 16.0%。居民健康防护意识强，中西药品类零售额同比增长 23.9%，两年平均增长 31.8%。网络消费热度高，限额以上实物商品网上零售额同比增长 12.6%，两年平均增长 22.1%。限额以上住宿餐饮企业通过公共网络实现的餐费收入同比增长32.8%，两年平均增长 31.2%。

5. 固定资产投资较快增长，新领域投资不断扩大

2021年，全市固定资产投资同比增长11.7%，两年平均增长10.8%，延续较快增长势头。分领域看，房地产开发投资同比增长10.1%，工业投资增长6.9%，基础设施投资下降2.9%。分产业看，制造业投资同比增长11.9%；高技术制造业投资占制造业投资的比重为41.5%，其中航空航天及设备制造业、电子及通信设备制造投资同比分别增长43.2%和24.2%，发展后劲足。计算机及办公设备制造业、医药制造业投资持续扩大，两年平均分别增长1.2倍和22.9%。高技术服务业投资同比增长15.3%，其中科技成果转化服务投资同比增长96.3%。民间投资信心足，完成投资同比增长19.4%，两年平均增长14.3%。

6. 货物进出口保持增长，贸易结构持续优化

2021年，全市外贸进出口总额为10 825.9亿元，同比增长13.5%。其中，出口总额6 312.2亿元，同比增长16.4%，两年平均增长9.6%；进口总额4 513.7亿元，同比增长9.6%，两年平均下降2.7%。贸易结构持续优化，民营企业进出口增长17.4%，占进出口总额的比重为52.8%，比上年提高1.4个百分点。一般贸易进出口同比增长22.1%，占进出口总额比重为55.1%，比上年提高3.7个百分点。机电产品出口同比增长16.0%，占出口总额的比重为49.8%。全市实际使用外资543.26亿元，同比增长10.0%。

7. 金融市场运行稳健，中长期贷款增长稳定

2021年12月末，全市金融机构本外币存贷款余额13.64万亿元，同比增长11.6%。其中存款余额7.50万亿元、贷款余额6.14万亿元，同比分别增长10.6%和12.9%。企事业单位信贷力度加大，贷款增长13.2%，其中中长期货币信贷增长15.5%，保持较快增长势头。从行业分布看，租赁和商务服务业、交通运输仓储和邮政业新增贷款较多，同比分别增长16.3%和11.3%。

8. 居民收入稳步提高，民生保障坚实有力

2021年，全市城镇居民人均可支配收入74 416元，同比增长8.9%，两年平均增长6.9%。农村居民人均可支配收入34 533元，同比增长10.4%，两年平均增长9.3%。城乡居民收入比进一步缩小。2021年，全市城镇新增就业人数33.55万人，同比上升13.7%。城镇登记失业率为2.22%，同比下降0.31个百分点。惠民生设施投资不断增加，社会领域投资增长24.4%，两年平均增长30.2%，其中教育行业投资额同比增长达46.8%。

二、广州市房地产市场概况

1. 房地产开发投资情况

2021年1~12月，广州市房地产累计开发投资额为3 626.43亿元，同比增速10.1%。由于2020年上半年受疫情影响严重，投资额基数较小，2021年上半年同比增速最高达

43%。由图 4.16 可知，全年累计开发投资额稳定增长，每月增长额保持在 220 亿元以上，6~11 月市场复苏，增长额均超过 300 亿元。下半年同比增速趋于稳定，整体形势向好。

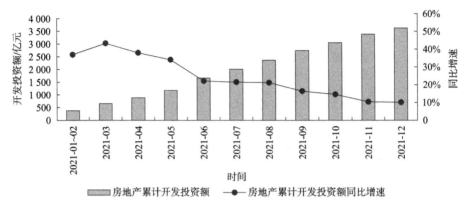

图 4.16　广州市 2021 年 1~12 月房地产累计开发投资额及同比增速

资料来源：广州市统计局

2. 房地产施工情况

2021 年 1~12 月，广州市商品房累计施工面积 12 750.78 万平方米，同比增速 7.35%，其中住宅累计施工面积为 7 416.82 万平方米，同比增速 7.11%。由图 4.17 可见，上半年商品房施工面积较上年有较大提高，下半年增速放缓，趋于稳定增长。其中住宅同比增速围绕 8% 波动，增长速度较快，略慢于商品房增速。二者整体呈快速增长趋势，可以看出随着施工企业复产复工，广州市房地产总体施工工程迅速恢复作业，逐步摆脱疫情影响。

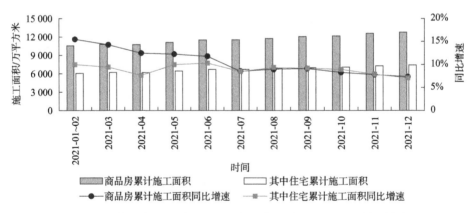

图 4.17　广州市 2021 年 1~12 月商品房累计施工面积及同比增速

资料来源：广州市统计局

2021 年 1~12 月，广州市商品房累计竣工面积为 1 093.13 万平方米，同比下降 21.35%，其中住宅累计竣工面积为 656.77 万平方米，同比下降为 28.9%。由图 4.18 可以看出，广州市 1~12 月商品房累计竣工面积仅 1~2 月实现同比增长，其中住宅累计竣工面积仅 1~2 月和 4 月实现同比增长，其他月份均不同程度下降。全年近半数竣工面积在年底完成。相比商品房竣工速度，住宅的同比增速下降幅度更大，说明疫情对商品房市场供应端带来的冲击仍未结束，施工效率有所下降。同时也应考虑到 2020 年房地产开发市场低迷，投资及施工量较低对当前造成的滞后影响。

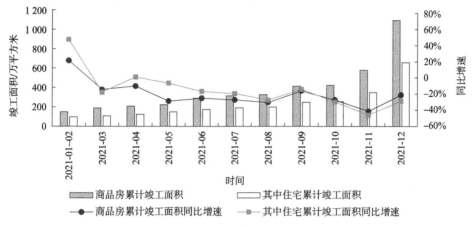

图 4.18 广州市 2021 年 1~12 月商品房累计竣工面积及同比增速

资料来源：广州市统计局

3. 房地产销售市场情况

2021 年 1~12 月，广州市商品房累计销售面积为 1 679.83 万平方米，同比增长 9.56%。其中，住宅销售面积为 1 267.57 万平方米，同比增长 8.15%（图 4.19）；办公楼销售面积为 104.06 万平方米；商业营业用房销售面积为 92.19 万平方米。全年销售分布较为平均，商品房和住宅销售市场平稳。主要由于 2020 年受疫情影响，基数较小，上半年的同比增速很高，房地产销售市场展现出较强活力，全年同比增速最高点出现在 2 月，随后商品房销售面积同比增速逐渐回落，并在下半年趋于平稳，稳定在 10% 左右。住宅销售同样强势，下半年住宅销售市场火热，单月销售额增速高于商品房整体市场行情。可以看出，广州市商品房销售市场逐步回暖，态势良好。如图 4.20 所示，商品房销售额态势与商品房销售面积基本保持一致。

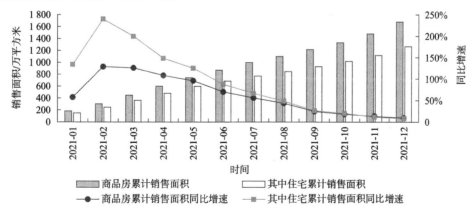

图 4.19 广州市 2021 年 1~12 月商品房累计销售面积及同比增速

资料来源：广州市统计局

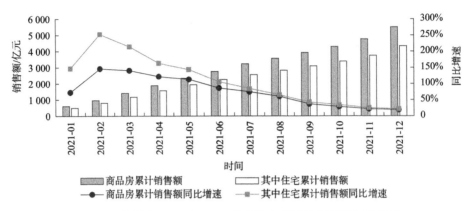

图 4.20　广州市 2021 年 1~12 月商品房累计销售额及同比增速

资料来源：广州市统计局

2021 年 1~12 月，全市商品房可售面积达 2 331.15 万平方米，同比增长 14.59%。其中住宅可售面积为 905.81 万平方米，同比增长 20.26%。从同比增速上看，由图 4.21 可知，全年住宅可售面积同比增长趋势与商品房整体趋势不同，上半年住宅可售面积相比上年增速较高，平均达到 19.5%，而商品房可售面积则相比上年有较大下跌，下半年二者趋于统一，逐步恢复到 10%~20% 的同比增速。从可售面积上看，2021 年销售市场活跃，而施工情况恢复缓慢，住宅可售面积全年呈下降趋势。商品房可售面积在 6 月出现突增，随后继续维持下跌趋势。广州市 2021 年房地产市场供应端压力较大。

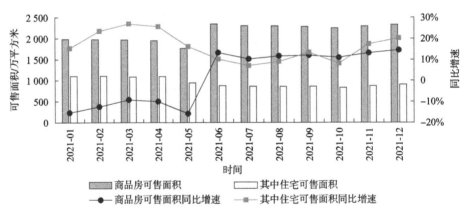

图 4.21　广州市 2021 年 1~12 月商品房可售面积及同比增速

资料来源：广州市统计局

4. 商品房交易价格情况

2021 年 1~12 月，广州市新建商品住宅价格指数同比增速于 6 月出现转折。1~6 月，新建商品房价格同比增速随销售市场活力恢复，环比价格指数也基本上逐步推高，下半年价格指数同比实现正增长，增速逐步放缓，环比变化从 8 月开始出现负增长。由图4.22 和图4.23 可知，二手住宅的价格指数趋势与新建商品住宅基本一致。交易价格基本保持平稳波动，相比上年呈上升趋势。

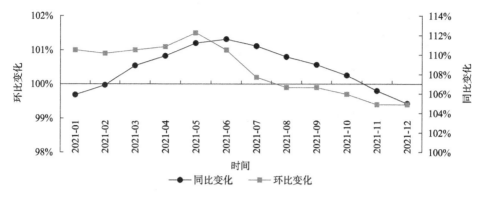

图 4.22　广州市 2021 年 1~12 月新建商品住宅价格指数
资料来源：广州市统计局

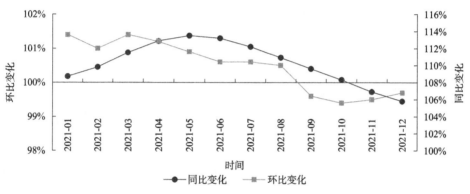

图 4.23　广州市 2021 年 1~12 月二手住宅价格指数
资料来源：广州市统计局

三、政策建议

广州市房地产开发投资增长良好，施工建设进度恢复迅速，商品房销售市场经短暂过热后迅速恢复稳定，房价呈小幅稳定增长趋势。

1. 坚持"房住不炒"，支持合理住房消费

在稳定房地产市场的基础上，房地产调控应支持合理住房消费。广州市作为粤港澳大湾区的经济核心城市之一，应及时完善更新购房限制政策和租赁制度。加大对居民自住和改善性住房需求的信贷支持力度。加大住房公积金支持职工购房力度。适当情况下，可为港澳居民提供与本地居民同等的购房待遇。加快珠三角城市群内部交通走廊、轨道交通建设，适应广州居民到周边城市购房的外溢需求。

2. 加快建设完善多层次保障性住房供应结构

加快建设完善多层次保障性住房供应结构。以解决新市民、青年人等群体的住房问题为主要出发点，充分发挥政府、企事业单位和社会组织等各类主体作用，多渠道筹集建设保障性住房，充分考虑广州市人口结构特点，不断完善符合广州实际的住房保障体

系。完善住房租赁制度，加快建设规则透明、体系完善、监管到位的住房租赁市场环境，加强房屋租赁信息收集。逐步提高中等偏下收入住房困难家庭的住房保障标准，帮助新市民、青年人等缓解住房困难。

3. 持续强化房地产金融监管，进一步完善财税制度

坚持房地产金融审慎态度，加强房地产金融管控。严格房地产企业"三线四档"融资管理和金融机构房地产贷款集中度管理，警惕经营贷、消费贷、信用贷违规用于购房，加强防控违规资金流入房地产市场，持续完善房地产金融管理长效机制。

4. 建立健全中长期调控机制，大力发展住房租赁市场

政府应积极引入多方投资大力发展租赁房建设，给予租赁房投资者相关税收优惠，努力实现租赁市场化，推进建立租赁住房和房产交易信息一体化系统。同时，政府应该稳步增加保障房、经适房和廉租房供应，进一步规范保障性住房的摇号制度，确保透明公正，逐级根据保障对象收入水平，制定与之对等的租金补贴政策，从而完成对应人群的住房保障。

第四节　深圳市 2021 年 1~12 月房地产市场分析

一、深圳市经济形势概况

2021 年深圳市认真贯彻落实党中央、国务院以及省委、省政府的决策部署，疫情防控和经济社会发展成果持续巩固，经济运行总体平稳。

1. 地区生产总值平稳增长

根据广东省地区生产总值统一核算结果，2021 年深圳市地区生产总值为 30 664.85 亿元，比上年增长 6.7%，两年平均增长 4.9%。其中，第一产业增加值为 26.59 亿元，同比增长 5.1%，两年平均增长 0.9%；第二产业增加值为 11 338.59 亿元，同比增长 4.9%，两年平均增长 3.4%；第三产业增加值为 19 299.67 亿元，同比增长 7.8%，两年平均增长 5.8%。

2. 工业增速有所提升

2021 年，全市规模以上工业增加值比上年增长 4.7%，两年平均增长 3.3%。超八成工业行业实现正增长，其中，通用设备制造业、电气机械和器材制造业增加值分别增长 15.3%、13.3%。主要高技术产品产量快速增长，其中，新能源汽车、工业机器人、智能手机、3D 打印设备分别增长 173.9%、60.5%、40.9%、21.2%。工业企业利润显著回升，全年全市规模以上工业企业实现利润总额 3 403.54 亿元，增长 23.7%。

3. 民生领域固定资产投资持续快速增长

2021 年深圳市固定资产投资同比增长 3.7%，两年平均增长 5.9%。其中，房地产开发项目投资同比下降 15.3%，非房地产开发项目投资同比增长 7.0%。分行业看，工业投资增长 27.1%，交通运输、仓储和邮政业投资增长 35.5%，科学研究和技术服务业投资增长 89.4%，教育投资增长 39.2%，卫生和社会工作投资增长 18.6%。

4. 消费市场活力继续释放

2021 年深圳市社会消费品零售总额 9 498.12 亿元，同比增长 9.6%，两年平均增长 1.9%。消费升级类商品保持较快增长，限额以上单位金银珠宝类、通信器材类、文化办公用品类、汽车类商品零售额分别增长 55.2%、49.4%、20.4%、10.8%。网上零售持续快速增长，限额以上单位通过互联网实现商品零售额同比增长 44.3%。

5. 货物进出口增势良好

据海关统计，2021 年深圳市进出口总额 35 435.57 亿元，同比增长 16.2%，两年平均增长 9.1%。其中，出口 19 263.41 亿元，同比增长 13.5%；进口 16 172.16 亿元，同比增长 19.5%。贸易结构不断优化。一般贸易进出口增长 16.9%，占进出口总额的比重为 49.4%；民营企业进出口增长 18.9%，占进出口总额的比重为 60.9%；机电产品出口同比增长 18.8%，占出口总额的比重为 80.2%。

6. 财政收支较快增长

2021 年深圳市地方一般公共预算收入 4 257.76 亿元，同比增长 6.6%。其中，税收同比增长 11.8%，占总预算收入的比重为 81.0%。全市地方一般公共预算支出 4 570.22 亿元，同比增长 9.4%。其中，卫生健康、教育等支出分别增长 15.8%、13.5%。

7. 金融机构存款余额持续较快增长

截至 2021 年 12 月末，全市金融机构（含外资）本外币存款余额 112 545.17 亿元，比上年增长 10.4%。金融机构（含外资）本外币贷款余额 77 240.78 亿元，增长 13.6%。

8. 居民消费价格温和上涨

2021 年深圳市居民消费价格同比上涨 0.9%。其中，食品烟酒价格同比上涨 0.1%，衣着价格同比上涨 0.3%，居住价格同比下降 0.1%，生活用品及服务价格同比上涨 1.7%。

二、深圳市房地产市场概况

1. 房地产开发投资增速大幅下降

由图 4.24 可以看到，2021 年初，深圳市房地产累计开发投资额同比增速高达 36.9%，随后持续下降，在 5 月后其同比变化由正转负。总体来看，相较于 2020 年，2021 年深圳市房地产累计开发投资额下降 15.4%。

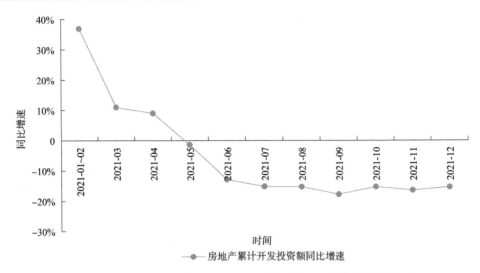

图 4.24　深圳市 2021 年 1~12 月房地产累计开发投资额同比增速

资料来源：深圳市统计局

2. 商品房施工面积增速下降

由图 4.25 可以看出，2021 年深圳市商品房累计施工面积为 10 497.10 万平方米，同比增长 8.6%，其中住宅累计施工面积为 5 323.28 万平方米，同比增长 11.1%。深圳市商品房累计施工面积正在稳定增加，同比增速有所下降。其中，住宅累计施工面积同比增速与商品房累计施工面积同比增速波动趋势基本一致。

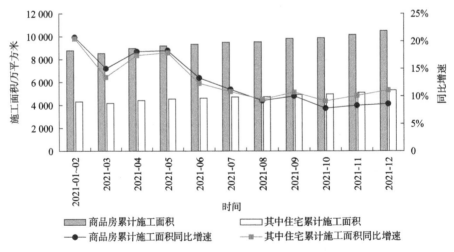

图 4.25　深圳市 2021 年 1~12 月商品房累计施工面积及同比增速

资料来源：深圳市统计局

3. 商品房累计竣工面积增速快速上升

由图 4.26 可以看到，2021 年深圳市商品房累计竣工面积为 675.31 万平方米，同比增速为 5.4%，其中住宅累计竣工面积为 377.45 万平方米，同比增速为 10.7%，随着疫情的好转，商品房累计竣工面积较上年同期有了大幅度的回升。

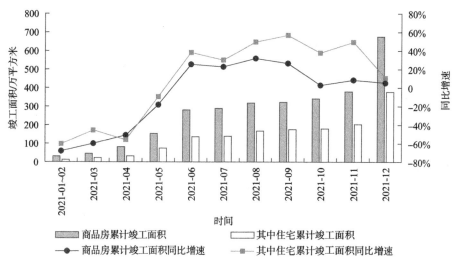

图 4.26　深圳市 2021 年 1~12 月商品房累计竣工面积及同比增速

资料来源：深圳市统计局

4. 商品房销售面积同比增幅大幅回落

由图 4.27 可以看到，2021 年深圳市商品房累计销售面积为 821.05 万平方米，同比下降 11.6%。由于疫情影响，2020 年初商品房累计销售面积大幅下降，从而导致 2021 上半年商品房累计销售面积同比增速较高，超过 50%。2020 年下半年疫情逐渐得到控制，商品房销售情况回暖，从而导致 2021 年下半年商品房累计销售面积同比增速较上半年大幅下降。

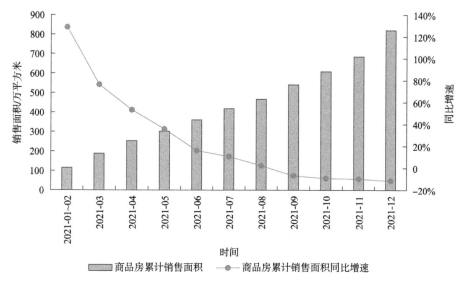

图 4.27　深圳市 2021 年 1~12 月商品房累计销售面积及同比增速

资料来源：深圳市统计局

5. 房屋价格同比增长，二手住宅价格环比下降

如图 4.28 所示，深圳市 2021 年各月份新建商品住宅与二手住宅价格相较 2020 年同期均有所提升，但新建商品住宅价格指数（同比）微弱上升，二手住宅价格指数（同比）呈现下降的趋势。如图 4.29 所示，新建商品住宅价格指数(环比)呈上升趋势,但在 10~12 月有所回落，而二手住宅价格指数（环比）则呈下降趋势。

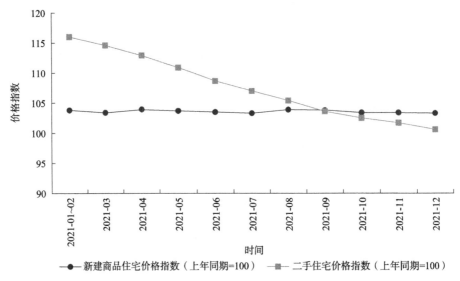

图 4.28　深圳市 2021 年 1~12 月房地产价格指数（同比）

资料来源：深圳市统计局

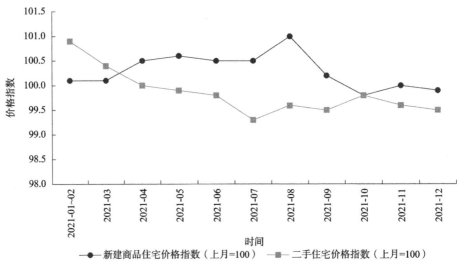

图 4.29　深圳市 2021 年 1~12 月房地产价格指数（环比）

资料来源：深圳市统计局

三、政策建议

1. 坚持"房住不炒"，完善住房供应和保障体系

加强保障性租赁住房建设，推动土地供应向租赁住房建设倾斜，单列租赁住房用地计划，探索利用集体建设用地和企事业单位自有闲置土地建设租赁住房。整顿租赁市场秩序，规范市场行为，对租金进行合理调控。同时继续推行"限购、限贷"政策，通过供需双向调节，稳地价、稳房价、稳预期，促进房地产市场平稳健康发展，有效防范化解房地产市场风险。此外，持续改善城中村居住环境和配套服务，打造整洁有序、安全舒适的新型社区，建立健全经济环保、符合合理需求的住房标准体系。

2. 加强二手房市场管控，保障购房者利益

在"房住不炒"的基调下，深圳市出台一系列调控政策，2021年上半年，二手房市场降温明显。11月，深圳对多个房地产市场相关政策征求意见，包括"非住改保"、正式上线二手房交易网签系统并发布相关使用的通知，以及鼓励开发企业探索7天无理由退房机制等；市场方面，新建商品房成交逐渐回暖，二手住宅成交止跌回弹。

相关部门应继续发挥"良性循环"的引导作用，完善二手房市场建设监管。合理调整过紧的金融政策，一方面适度放松对房企融资的管控，缓解房企债务压力；另一方面改善购房信贷环境，重点满足首套房、改善性住房按揭需求。

3. 引导房地产企业探索发展新模式，促进行业可持续发展

继续完善房地产税等政策，持续引导住房消费观念，扭转住房投资、炒房盈利的思想。同时，采取疏堵结合的方式，加快引导房企转型升级，从发展模式上防范和化解房地产金融风险。房地产开发企业应结合社会发展趋势、住房需求演变规律和企业自身优势，参与租赁业务、社区养老、老旧小区改造、物业管理服务等领域，实现多元化转型。

第五节　热点城市 2021 年 1~12 月房地产市场分析

在国内疫情得到初步的控制之后，大部分城市也得到了恢复，主要指标都逐步转正或是降幅收窄。本节主要分析成都市、杭州市、重庆市、西安市等城市的房地产市场运行情况，以此说明我国其他一些城市房地产市场运行所存在的问题。

一、成都市房地产市场运行情况

（一）成都市经济形势概括

2021年，面对复杂严峻的国际环境和国内疫情散发等多重挑战，成都市深入贯彻习近平总书记重要讲话和指示精神，认真落实中央、省、市各项决策部署，坚持稳中求进工作总基调，有力统筹推进疫情防控和经济社会发展，扎实做好"六稳"工作，全面落实"六保"任务，全市经济持续恢复，呈现总体平稳、稳中有进的发展态势，服务新发展格局迈出新步伐，高质量发展取得新成效，实现"十四五"良好开局。

根据四川省地区生产总值统一核算结果，2021年成都市实现地区生产总值19 916.98亿元，按可比价格计算，比上年增长8.6%，两年平均增长6.3%。分产业看，第一产业增加值582.79亿元，比上年增长4.8%，两年平均增长4.0%；第二产业增加值6 114.34亿元，比上年增长8.2%，两年平均增长6.2%；第三产业增加值13 219.85亿元，比上年增长9.0%，两年平均增长6.4%。

1. 三产保持稳中有升

2021年1~12月，成都市全市农作物长势良好，粮食总产量比2020年增长1.2%；主要经济作物产量稳定增长，初步统计，油料、蔬菜及食用菌、中草药材产量分别增长0.3%、3.5%、8.5%。生猪产能持续回升，生猪出栏416.9万头，较上年增长4.1%；存栏278.8万头，较上年增加7.2%。

2021年，成都全市规模以上工业增加值比上年增长11.4%，两年平均增长8.2%。重点行业支撑有力，增加值前十大行业呈"9升1降"态势，其中计算机通信和其他电子设备制造业增长21.8%，石油和天然气开采业同比增长21.2%，烟草制品业增加值比上年增长8.3%。重点企业生产增长较快，30户工业龙头企业产值增长30.7%。产品产量稳定增长，全市重点监测的主要工业产品产量增长面达52.2%，其中集成电路、光纤、新能源汽车产量分别较2020年同比增长31.4%、78.6%、112.2%。产品销售渠道持续畅通，全市规模以上工业产销率97.9%。

成都全市在1~12月第三产业增加值比上年增长9.0%，两年平均增长6.4%，对全市经济增长的贡献率达69.4%。现代服务业增势较好，信息传输、软件和信息技术服务业增加值比2020年增长22.4%，对经济增长的贡献率达13.9%；金融业增加值同比增长6.1%，12月末金融机构人民币存款较2020年增长了10.4%，贷款余额同比增长了13.7%。同时，生活服务业持续恢复，批发和零售业、住宿和餐饮业、交通运输仓储和邮政业增加值分别增长11.7%、19.0%、9.9%。龙头企业带动明显，1~12月规模以上30强服务业企业实现营业收入同比增长27.4%，对规模以上服务业营业收入增长的贡献率达59.1%。

2. 固定资产投资结构持续优化

2021年,成都全市固定资产投资比上年增长10.0%,两年平均增长9.9%。分产业看,第一产业投资同比增长10.3%,第二产业投资同比增长9.8%,第三产业投资同比增长10.0%。工业投资稳步回升,增长9.7%,其中工业技改投资增长17.7%,占工业投资的比重提升至60.3%。高技术制造业投资增长11.8%,占制造业投资的41.4%,较上年提高1.3个百分点。民生投资持续增长,公共服务投资较2020年增加了43.8%,其中卫生和社会工作投资增长89.0%。重点区域投资较快增长,四川天府新区成都直管区、成都东部新区、成都高新区投资分别同比增长16.3%、20.0%、13.7%。

3. 消费品市场加快恢复

截至第四季度,成都市实现社会消费品零售总额9 251.8亿元,比上年增长14.0%,两年平均增长5.5%,其中限额以上企业实现消费品零售额比上年增长13.6%。按经营单位所在地分,城镇消费品零售额8 868.1亿元,增长13.4%;乡村消费品零售额383.7亿元,增长27.4%。按消费类型分,餐饮收入1 619.2亿元,增长44.0%;商品零售7 632.6亿元,增长9.1%。商品零售稳定增长,16个限额以上商品门类中15个门类零售额实现正增长,其中限额以上汽车类、石油制品类、家用电器和音像器材类零售额分别较2020年同比增长8.8%、25.2%、19.7%。互联网零售快速增长,限额以上企业(单位)通过互联网实现商品零售额较上年增加22.7%,占限额以上商品零售额的比重达28.8%。消费结构持续改善,智能和节能环保类商品零售额保持较高增速,智能家用电器和音像器材类、新能源汽车零售额分别增长169.7%、122.1%。

4. 货物进出口较快增长

成都市在2021年全年实现进出口总额8 222.0亿元,比上年增加了14.8%,其中出口4 841.2亿元,同比增长17.9%;进口3 380.8亿元,同比增长10.7%。贸易结构继续优化,出口机电产品4 247.8亿元,与2020年相比增长了12.0%,其中笔记本电脑增长16.5%;一般贸易进出口总额占进出口总额比重为16.3%,较上年提高3.3个百分点。民营企业进出口增速较快,实现进出口总额1 828.3亿元,增长43.7%,占全部进出口总额的22.2%,占比较上年提升4.4个百分点。对"一带一路"沿线国家实现进出口额2 599.6亿元,较2020年增加了16.8个百分点。

5. 民生保障不断增强

2021年,成都市全市就业形势总体稳定,城镇新增就业26.43万人,城镇登记失业率2.88%,低于上年0.15个百分点。价格水平总体平稳,居民消费价格指数微增0.5%。居民收入持续增长,全体居民人均可支配收入45 755元,比上年增长8.7%,城镇居民、农村居民人均可支配收入52 633元、29 126元,分别增长8.3%、10.2%。城乡居民收入比缩小至1.81∶1。

总体来看，成都市在 2021 年经济持续稳定恢复，发展活力持续积蓄，稳中向好的态势继续保持。但经济运行仍然面临需求收缩、供给冲击、预期转弱等压力，经济社会高质量发展的基础还需进一步夯实，继续做好"六稳""六保"工作，持续改善民生，努力保持经济运行在合理区间。

（二）房地产开发投资情况

截至 2021 年 12 月，成都市房地产开发投资额较 2020 年同期上升了 10.4%，与前三季度的同比增速相比增加了 0.9 个百分点。其中，住宅的累计开发投资额同比增速为 12.8%。从 2 月以来，成都市房地产开发投资额同比增速整体呈现下降的趋势，2 月成都市房地产开发投资额同比增速超过 25%，到 5 月迅速下降至 14.0%，之后增速稳步下降（图 4.30）。此外，可以看出住宅累计开发投资额同比增速的变化趋势基本一致，但总体的增速超过房地产开发投资额的增速。这说明成都市政府对于房地产的投资中，住宅还是属于比较重要的部分。

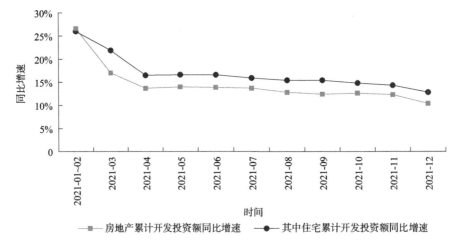

图 4.30　成都市 2021 年 1~12 月房地产累计开发投资额同比增速

资料来源：成都市统计局

（三）房地产施工建设情况

截至 2021 年 12 月，成都市商品房累计施工面积达到 19 542.1 万平方米，同比增速从 2 月开始平稳下降，除了 2 月和 3 月的同比增速在 10% 以上，其余的月份都处于 10% 以下。到 10 月，全市商品房累计施工面积较上年同期增长了 4.1%（图 4.31）。

如图 4.32 所示，从商品房竣工的情况上来看，截至 12 月，成都市商品房累计竣工面积 1 460.8 万平方米，较 2020 年同期增长了 2.9 个百分点。在 1~12 月，累计竣工面积的同比增速的波动较大，2~4 月处于迅速下降的阶段，从 44.4% 下降到了 20.2%。从 5 月开始，同比增速波动上升，并且在 8 月达到最高值，约为 55.8%。最后，9~12 月，同比增速逐渐下降，最后到达 12 月的 2.9%。从整体看，2021 年 1~12 月的同比增速都处于正值区间，且都在 2% 以上。

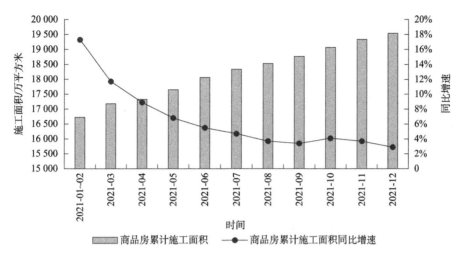

图 4.31　成都市 2021 年 1~12 月商品房累计施工面积及同比增速

资料来源：成都市统计局

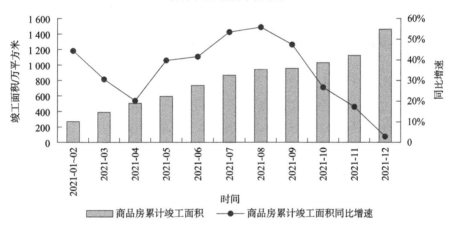

图 4.32　成都市 2021 年 1~12 月商品房累计竣工面积及同比增速

资料来源：成都市统计局

（四）商品房销售情况

截至 2021 年 12 月，成都市商品房成交面积为 488.5 万平方米，同比增速为 123.07%。其中，住宅成交面积 168.4 万平方米，较 2020 年增长了 42.44 个百分点。如图 4.33 所示，成都市商品房和住宅成交面积同比增速的波动趋势较大。1~2 月，商品房成交面积同比增速从 17.7% 陡然上升至 114.61%，之后呈下降趋势。最后在 12 月达到最大，增速达到了 123.07%。商品房成交面积同比增速在 5 月、6 月、8 月、9 月、11 月都处于负区间，说明与上年同期比较，商品房成交面积有所减少。住宅 2021 年的成交面积相较于 2020 年的变动趋势与商品房的趋势近似，大多数月份的同比增速都低于商品房。

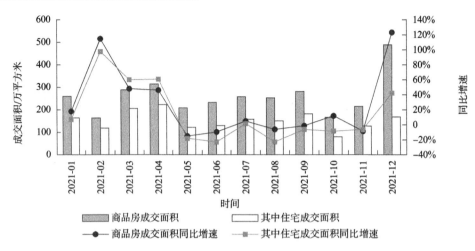

图 4.33　成都市 2021 年 1~12 月商品房成交面积及同比增速

资料来源：成都市统计局

　　图 4.34 为成都市 2021 年 1~12 月的商品房成交金额。综合来看，与成交面积相同，商品房成交金额也大体呈现先上升后下降的趋势。2021 年 12 月，成都市商品房成交金额为 527.73 亿元，同比增速为 93.98%。其中住宅成交金额为 294.76 亿元，同比增速为 59.59%。在 1~12 月中，大部分时间商品房的同比增速都处于正值区间，只有 6 月和 8 月的同比增速小于 0，说明 2021 年成都市商品房成交金额总体还是呈现上涨的趋势。

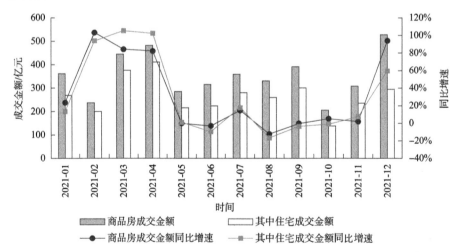

图 4.34　成都市 2021 年 1~12 月商品房成交金额及同比增速

资料来源：成都市统计局

　　如图 4.35 所示，2021 年 1~12 月成都市新建商品住宅销售价格指数和二手住宅销售价格指数整体呈现下降的趋势，且在 1~11 月，二手住宅销售价格指数都要高于新建商品住宅销售价格指数，只有在 12 月，新建商品住宅销售价格指数高于二手住宅销售价格指数。新建商品住宅销售价格指数在 1~12 月中，都大于 100%，说明在 2021 年 1~12 月，成都市的新建商品住宅价格较 2020 年同时期都有所上升。二手住宅销售价格指数在 1~11 月中与新建商品住宅销售价格指数变化趋势相近，而在 12 月，低于 100%，约为 97.9%。这说明在 12 月，二手住宅销售价格较 2020 年同期有所下降。

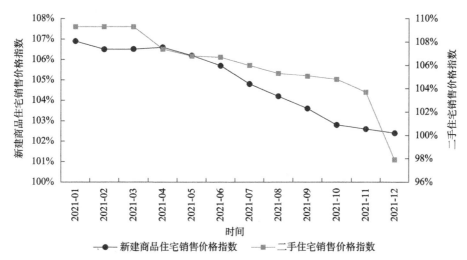

图 4.35 成都市 2021 年 1~12 月新建商品住宅与二手住宅销售价格指数（同比）

资料来源：国家统计局

（五）政策建议

2021 年 1~12 月，成都市房地产开发投资额较上年同期有所增长，整体市场房价稳中有升，有上行的趋势。

1. 逐步完善房地产税收政策，坚决遏制投机炒房

除了限购政策，成都市应完善配套政策以控制炒房问题。截至 2021 年 12 月，成都市新建与二手住宅的价格较 2020 年同期都有一定的增长，应给予房地产市场一个合理的下行趋势。因此，成都市政府应逐步完善房地产税收政策，从税收入手，增加居民持有多套房产的成本，抑制居民的购房需求，降低房价，实现"房住不炒"。

2. 积极推动土地供给侧结构性改革，缓和房地产市场的供需关系

成都市应遵循市场经济规律，在需求量不变的情况下，供给量的增多会让原有的房地产价格产生一定的下降。为了调节供给量的增加，降低房价，成都市可以尝试优化土地资源结构或提高土地资源的利用率，从而避免土地成本过高导致的住房供给不足和房价过热的问题。

3. 严格控制信贷政策，降低金融杠杆

成都市应继续严格控制信贷政策，并结合实际情况，在风险可控的情况下将购房贷款控制在合理的区间，降低房地产金融的杠杆，预防房市泡沫。银行对房地产行业的授信应该持审慎的态度，并实行严格的名单制，以控制相关的业务风险。

二、杭州市房地产市场运行情况

（一）经济形势概况

2021 年以来，面对错综复杂的内外发展环境和各类风险挑战，杭州市坚决落实党中央、国务院和省委、省政府各项决策部署，牢牢把握浙江高质量发展建设共同富裕示范区的重大契机，全面贯彻新发展理念，保持高质量发展定力，在抓好常态化疫情防控的基础上精准施策，全市经济运行稳定有序，进一步显现出较强的平衡性和高质量发展特征。根据杭州市统计局数据，从主要宏观经济指标来看，2021 年杭州市经济运行具有以下特点。

1. 经济运行总体趋稳，重点产业表现强劲

根据地区生产总值统一核算结果，2021 年全年，杭州市实现地区生产总值 18 109 亿元，按可比价格计算，同比增长 8.5%，高于全国 0.4%，两年平均增长 6.2%，高于全国 1.1%。分产业看，第一产业实现增加值 333 亿元，同比增长 1.8%，两年平均增长 0.6%；第二产业实现增加值 5 489 亿元，同比增长 8.6%，两年平均增长 5.4%；第三产业实现增加值 12 287 亿元，同比增长 8.7%，两年平均增长 6.8%。

2021 年全年，全市重点产业中，数字经济核心产业始终保持引领，实现增加值 4 905 亿元，同比增长 11.5%，两年平均增长 12.4%；人工智能产业、电子信息产品制造产业、物联网产业、文化产业增加值分别增长 26.9%、16.2%、12.1% 和 8.7%，均高于地区生产总值增速。

2. 农业生产总体平稳，粮食生产增量扩面

2021 年，全市农业生产总体平稳，农林牧渔业增加值 342 亿元，同比增长 2%，两年平均增速为 0.8%。主要农产品供应稳定，"非粮化"整治持续推进，粮食播种面积增长 0.6%，粮食产量 53 万吨，实现增长 4.2%。

3. 工业生产稳步增长，高新产业持续扩张

2021 年，全市规模以上工业增加值为 4 100 亿元，同比增长 10.6%，两年平均增速为 7.1%，实现 2015 年以来的最高增速。作为支柱产业，计算机、通信和其他电子设备制造业增加值同比增长 18.0%，两年平均增长 15.7%；医药制造业同比增长 18.1%，两年平均增长 12.6%。

2021 年以来，杭州市高新产业增势良好，规模以上数字经济核心产业制造业增加值同比增长 16.4%，高于规模以上工业增速 5.8%。新兴产品也呈现出强劲的增长态势，工业机器人、集成电路产量同比分别增长 54.1% 和 29.7%。

4. 服务业平缓趋稳，重点服务行业稳步复苏

2021 年全年，全市服务业增加值 12 287 亿元，同比增长 8.7%，两年平均增长 6.8%。

其中交通运输、仓储和邮政业增长 13.4%，两年平均增长 4.8%；批发零售业增加值同比增长 8.6%，两年平均增长 5.4%。

2021 年 1~11 月，全市规模以上服务业（不含批发零售、住宿餐饮、房地产开发及金融业）实现营业收入 15 230 亿元，同比增长 20.5%，两年平均增长 16.7%。

5. 消费价格温和上涨，生产者价格涨幅扩大

2021 年，全市居民消费价格同比上涨 1.3%。前三季度八大类商品"四升四降"，教育文化娱乐、交通通信、居住、衣着类价格分别上涨 9.9%、5.6%、1.5% 和 1.2%；其他用品及服务、食品烟酒、医疗保健、生活用品及服务类价格分别下降 3.9%、2.7%、0.2% 和 0.1%。12 月，居民消费价格环比下降 0.3%，同比上涨 2.6%，食品价格同比下降 2.1%，其中鲜菜价格上涨 14.3%，畜肉价格下跌 23%，非食品价格上涨 3.5%。

2021 年，全市工业生产者出厂价格同比上涨 4.9%；工业生产者购进价格同比上涨 13.0%。

6. 社会消费品零售总额增速全省领先，绿色、品质消费增长较快

2021 年，全市实现社会消费品零售总额 6 744 亿元，同比增长 11.4%，两年平均增长 3.7%。受疫情反弹影响，2021 年 12 月全市社会消费品零售总额增长 0.1%，增速较 11 月回落 8 个百分点，但高于全省平均 2.6 个百分点，增速仍居全省前列。

智能、环保、绿色类商品零售呈现出快速增长的态势，2021 年限额以上新能源汽车零售额增长 167%，占限额以上汽车零售比重由上年的 8.3% 提高到 21.3%。

7. 居民收入与经济增长基本同步，城乡收入差距逐渐缩小

2021 年，全市居民人均可支配收入 67 709 元，同比名义增长 9.4%，扣除价格因素，同比实际增长 8.0%。其中，城镇居民人均可支配收入 74 700 元，同比名义增长 8.8%，扣除价格因素，同比实际增长 7.4%；农村居民人均可支配收入 42 692 元，同比名义增长 10.3%，扣除价格因素，同比实际增长 8.9%。城乡居民收入比由上年的 1.77 缩小至 1.75，连续 11 年保持缩小趋势。

8. 投资稳步推进，高新技术产业投资增势良好

2021 年全年，全市固定资产投资同比增长 9.0%，高于全国平均水平 4.1%，两年平均增长 7.9%，高于全国平均水平 4.0%。其中，制造业投资同比增长 28.4%，两年平均增长 13.8%；房地产开发投资同比增长 1.5%，项目投资同比增长 3.4%；基础设施投资同比增长 8.2%，两年平均增长 7.9%。

高新技术产业投资的增长态势表现亮眼，2021 年 1~10 月同比增长 21.0%，较 2019 年同期增长 36.3%，两年平均增长 16.8%。其中，高新技术制造业投资同比增长 42.7%，两年平均增长 19.0%；高技术服务业投资同比增长 4.6%，两年平均增长 14.6%。2021 年，计算机通信电子设备制造业投资同比增长 72.9%。

9. 外贸结构持续优化，出口增长快于全国全省

2021 年，全市实现货物进出口总额 7 369 亿元，同比增长 23.7%。其中，出口 4 647

亿元，增长 25.9%，高于全国平均水平 4.7%，高于全省平均水平 6.2%；两年平均增长
13.4%，达到自 2012 年以来的最高增速。2021 年 1~11 月，高新技术产品出口增长 37.1%，
占出口比重达 18.8%。

从经营主体看，2021 年 1~10 月，全市民营企业货物出口 2 638.86 亿元，增长 26.2%，
占全市货物出口的 70.7%；外商投资企业货物出口 673.94 亿元，增长 19.0%；国有企业
货物出口 403.08 亿元，增长 24.8%。从主要出口市场看，对欧盟出口 942.15 亿元，增长
29.0%；对东南亚联盟出口 439.68 亿元，增长 28.0%；对俄罗斯出口 95.00 亿元，增长
23.8%；对美国出口 651.17 亿元，增长 18.7%；对非洲出口 148.93 亿元，增长 10.2%；
对日本出口 188.98 亿元，增长 2.5%；对"一带一路"沿线国家和地区出口 1 197.93 亿
元，增长 27.3%。

10. 财政收入持续增长，金融市场稳健运行

2021 年，全市财政总收入 4 562 亿元，同比增长 18.4%，两年平均增长 11.8%。一
般公共预算收入 2 387 亿元，同比增长 14%，两年平均增长 10.2%；其中税收收入 2 234
亿元，占一般公共预算收入的 93.6%。一般公共预算支出 2 393 亿元，增长 15.6%，两年
平均增长 10.7%。

2021 年末，全市金融机构本外币存款余额 61 044 亿元，增长 12.5%。其中非金融
企业存款余额增长 9.2%，住户存款余额增长 9.9%。年末全市金融机构本外币贷款余额
56 275 亿元，增长 13.0%，其中企（事）业单位贷款余额增长 14.5%，住户贷款余额增
长 10.9%。

总体来看，杭州市经济运行稳中加固、稳中向好，经济结构调整优化，高质量发展
特征不断显现。下阶段，要坚持以习近平新时代中国特色社会主义思想为指导，增强做
好经济工作的洞察力和预见性，落实落细各项工作举措，全力巩固经济向好势头，既要
抓好当下稳增长，又要着眼长远增动力，奋力开创"大杭州、高质量、共富裕"发展新
局，确保"十四五"开好局、起好步。

（二）房地产市场概况

1. 房地产开发建设情况

如图 4.36 所示，2021 年末，全市房地产开发企业商品房累计施工面积达到 13 291
万平方米，同比下降 0.1%。其中，住宅累计施工面积 6 811 万平方米，同比下降 2.1%。

从新开工面积来看，如图 4.37 所示，2021 年末，全市房地产开发企业商品房累计
新开工面积 2 447 万平方米，同比下降 30.9%。其中，住宅累计新开工面积 1 221 万平
方米，同比下降 42.1%。

从竣工情况来看，如图 4.38 所示，2021 年末，全市房地产开发企业商品房累计
竣工面积 1 733 万平方米，同比下降 3.7%。其中，住宅累计竣工面积 897 万平方米，
同比下降 3.9%。

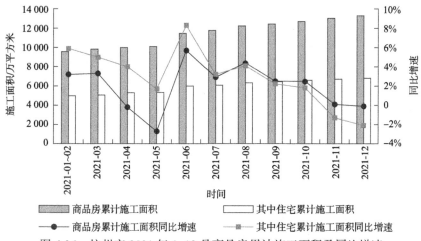

图 4.36 杭州市 2021 年 1~12 月商品房累计施工面积及同比增速

资料来源：杭州市统计局

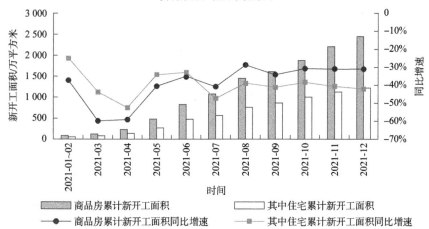

图 4.37 杭州市 2021 年 1~12 月商品房累计新开工面积及同比增速

资料来源：杭州市统计局

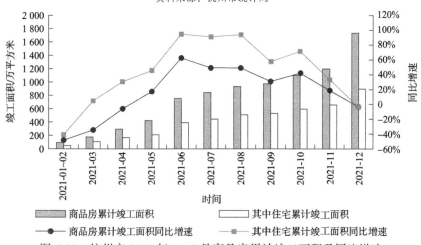

图 4.38 杭州市 2021 年 1~12 月商品房累计竣工面积及同比增速

资料来源：杭州市统计局

2. 商品房销售情况

如图 4.39 所示，2021 年全年，全市商品房累计销售面积为 2 236 万平方米，同比增长 31.6%。其中，住宅累计销售面积为 1 954 万平方米，同比增长 32.8%。

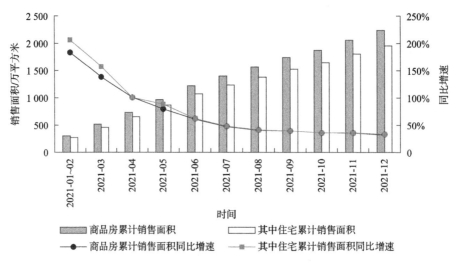

图 4.39　杭州市 2021 年 1~12 月商品房累计销售面积及同比增速

资料来源：杭州市统计局

如图 4.40 所示，2021 年全年，全市商品房累计销售额为 6 589 亿元，同比增长 43.4%。其中，住宅累计销售额为 5 820 亿元，同比增长 44.1%。

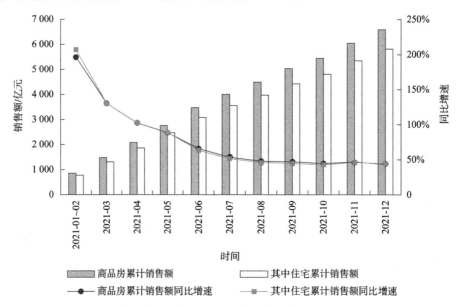

图 4.40　杭州市 2021 年 1~12 月商品房累计销售额及同比增速

资料来源：杭州市统计局

如图 4.41 所示,2021 年全年,全市新建商品房可售面积为 1 573 万平方米,同比下降 12.4%。其中,新建商品住宅可售面积为 652 万平方米,同比下降 27.9%。

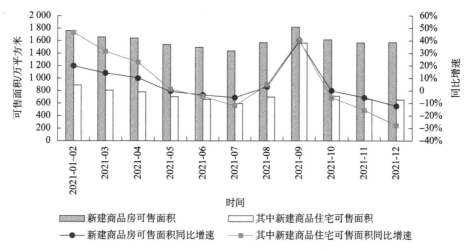

图 4.41　杭州市 2021 年 1~12 月新建商品房可售面积及同比增速

资料来源:杭州市统计局

3. 商品房交易价格

2021 年,杭州市新建商品住宅环比价格指数基本没有波动,同比价格指数从 1 月末的 104.2 经过小幅的升降回调至年末的 105.5,如图 4.42 所示。

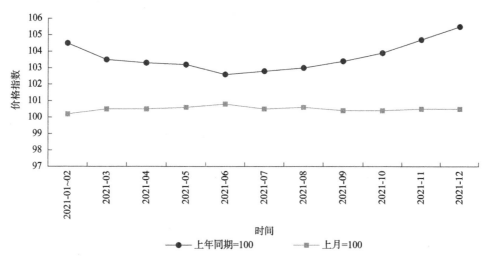

图 4.42　杭州市 2021 年 1~12 月新建商品住宅价格指数

资料来源:国家统计局杭州调查队

2021 年,杭州市二手住宅同比价格指数从 1 月末的 107.7 先小幅上升后下降至年末的 105.2,环比价格指数也从 1 月末的 100.7 经过小幅下降后回升至年末的 100.3,如图4.43 所示。

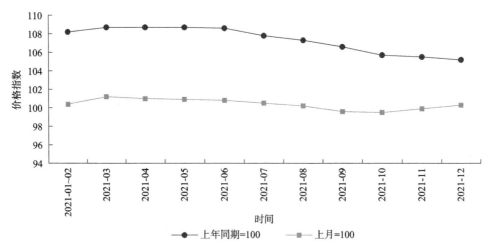

图 4.43　杭州市 2021 年 1~12 月二手住宅价格指数

资料来源：国家统计局杭州调查队

（三）政策建议

2021 年以来，杭州市经济稳中加固，稳中向好，强韧性高质量发展态势明显，高新技术产业发展强劲。但此前杭州市因落户门槛低且落户即可买房等一系列原因，房地产市场存在套利漏洞。2021 年 8 月，杭州市房地产市场平稳健康发展领导小组办公室发布《关于进一步加强房地产市场调控的通知》。未来，杭州市应继续坚持"房住不炒"的根本定位，参考一线城市经验，进一步加强住房限购，完善新建商品住房销售管理，规范市场秩序，从而促进房地产市场平稳健康发展。

三、重庆市房地产市场运行情况

（一）经济形势概况

2021 年以来，重庆市坚持以习近平新时代中国特色社会主义思想为指导，全面落实习近平总书记对重庆提出的重要指示要求和党中央决策部署，准确把握新发展阶段，深入践行新发展理念，积极融入新发展格局，着力推动高质量发展，持续巩固疫情防控和经济社会发展成果，经济运行呈现出高质量强韧性的发展态势。根据重庆市统计局数据，从主要宏观经济指标来看，2021 年重庆市经济运行具有以下特点。

1. 经济运行稳中向好，运行效益持续提升

根据地区生产总值统一核算结果，2021 年全市实现地区生产总值 27 894.02 亿元，按可比价格计算，同比增长 8.3%，两年平均增长 6.1%（两年平均增速是以 2019 年相应同期数为基数，并采用几何平均的方法计算而得，下同）。分产业看，第一产业实现增加值 1 922.03 亿元，同比增长 7.8%，两年平均增长 6.2%；第二产业实现增加值 11 184.94 亿元，同比增长 7.3%，两年平均增长 6.0%；第三产业实现增加值 14 787.05 亿元，同比增长 9.0%，两年平均增长 5.9%。

2. 农业生产总体平稳，畜牧业生产稳步增长

2021年全年，全市农业生产呈现稳步发展的态势，粮食总产量1 092.84万吨，同比增长1.1%；粮食总播种面积3 019.79万亩，同比增长0.5%。畜牧业发展总体良好，全市全年生猪出栏1 806.9万头，同比增长26.0%；年末生猪存栏1 179.8万头，同比增长9.0%。牛出栏57.2万头，同比增长3.0%；羊出栏454.7万只，同比增长1.1%；家禽出栏24 077.6万只，同比增长5.3%。

3. 工业生产形势稳定，高新产业加速发展

2021年全年，全市规模以上工业增加值同比增长10.7%，两年平均增速为8.2%。作为重庆市工业经济中的支柱产业，汽摩和电子两大产业增加值同比分别增长11.3%和17.3%，其中汽车产业同比增长12.6%，摩托车产业同比增长5.9%。

全年高技术制造业增加值同比增长18.1%，增速高于全市规模以上工业7.4%，占全市规模以上工业增加值的19.1%；战略性新兴制造业增加值同比增长18.2%，增速高于全市规模以上工业7.5%，占全市规模以上工业增加值的28.9%。新兴产品呈现出强劲的增长态势，新能源汽车、光缆、锂离子电池、集成电路、工业机器人同比分别增长2.5倍、25.5%、26.6%、13.4%、10.3%。

4. 规模以上服务业稳步复苏，现代服务业保持增长态势

2021年1~11月，全市规模以上服务业企业实现营业收入4 668.74亿元，同比增长19.9%，两年平均增长10.8%；实现营业利润333.23亿元，同比增长6.3%，两年平均增长7.2%；2021年全年第三产业增加值达14 787.05亿元，同比增长9.0%，两年平均增长5.9%。

1~11月，全市规模以上信息传输、软件和信息技术服务业营业收入同比增长26.1%，两年平均增长27.2%，增速快于规模以上服务业总体水平；租赁和商务服务业营业收入同比增长22.9%，两年平均增长14.6%。此外，得益于线上商务快速发展，快递服务业需求不断提高，全年快递业务收入达103.43亿元，同比增长24.6%，两年平均增长21.2%。

5. 消费价格小幅上涨，生产价格继续上涨

2021年全年，全市居民消费价格同比上涨0.3%。八大类商品"五升三降"，衣着、居住、生活用品及服务、交通和通信、教育文化和娱乐价格分别上涨1.4%、0.4%、0.7%、4.7%、1.7%，食品烟酒、医疗保健、其他用品和服务类价格分别下降2.2%、0.4%、2.7%。食品价格下降4.4%，其中，猪肉价格下降34.1%，拉动食品价格下行4.8个百分点，成为影响食品价格下行的主要因素。

全年全市工业生产者出厂价格同比上涨3.2%，工业生产者购进价格同比上涨7.2%。

6. 消费市场持续回暖，网上零售增势良好

2021年全年，重庆市全市实现社会消费品零售总额13 967.67亿元，同比增长18.5%，两年平均增长9.6%。按经营单位所在地分，城镇消费品零售额为11 987.17亿元，同比增长17.8%，两年平均增长9.1%；乡村消费品零售额为1 980.50亿元，同比增长23.2%，两年平均增长 13.0%。按消费类型分，商品零售 12 014.35 亿元，同比增长 17.0%，两年平均增长 9.0%；餐饮收入 1 953.32 亿元，同比增长 28.5%，两年平均增长 13.2%。

2021 年，全市限额以上商贸单位通过公共网络实现的零售额同比增长 27.3%，两年平均增长 35.9%，持续保持较快增速。

7. 居民收入稳步提升，城乡差距持续缩小

2021 年全年，重庆市全体居民人均可支配收入 33 803 元，同比增长 9.7%，两年平均增长 8.1%。其中，城镇常住居民人均可支配收入 43 502 元，同比增长 8.7%，两年平均增长 7.1%；农村常住居民人均可支配收入 18 100 元，同比增长 10.6%，两年平均增长 9.4%。全年城乡居民收入比为 2.40，比上年同期缩小 0.05。

总体来看，2021 年以来，重庆市全市经济运行持续恢复向好，显现出较好的发展韧性，高质量发展势头良好。下阶段，全市上下要继续深入贯彻落实党中央、国务院和市委、市政府决策部署，在做好常态化疫情防控的同时，围绕全年目标任务，坚持稳中求进工作总基调，大力推进改革创新，加快释放内需潜力，着力畅通经济循环，扎实推动经济高质量发展，确保"十四五"开好局、起好步。

（二）房地产市场概况

1. 房地产开发投资情况

如图 4.44 所示，2021 年，重庆市房地产累计开发投资额达 4 354.96 亿元，比上年增长 0.1%。其中，住宅投资 3 288.11 亿元，比上年增长 3.1%；办公楼投资 80.88 亿元，较上年下降 9.7%；商业营业用房投资 413.07 亿元，较上年下降 7.4%。住宅投资占房地产开发投资的比重为 75.5%。

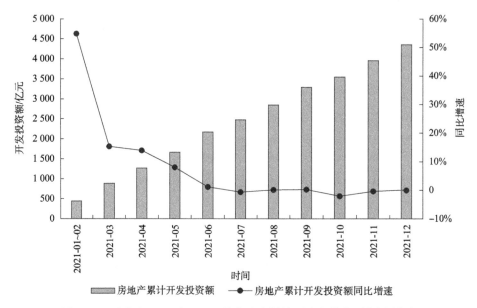

图 4.44　重庆市 2021 年 1~12 月房地产累计开发投资额及同比增速

资料来源：重庆市统计局

2. 房地产开发建设情况

如图 4.45 所示，截至 2021 年末，全市房地产开发企业商品房累计施工面积达 26 893.17 万平方米，同比下降 1.7%。其中，住宅累计施工面积 17 709.78 万平方米，同比下降 2.9%。

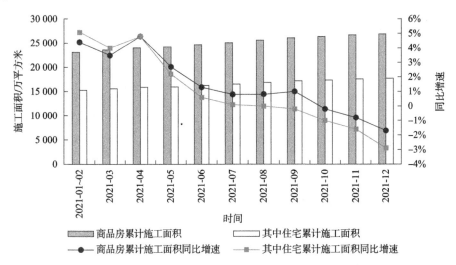

图 4.45 重庆市 2021 年 1~12 月商品房累计施工面积及同比增速

资料来源：重庆市统计局

从新开工面积来看，如图 4.46 所示，2021 年全年，重庆市房地产开发企业商品房累计新开工面积 4 873.36 万平方米，同比下降 18.1%。其中，住宅累计新开工面积 3 231.19 万平方米，下降 21.3%。

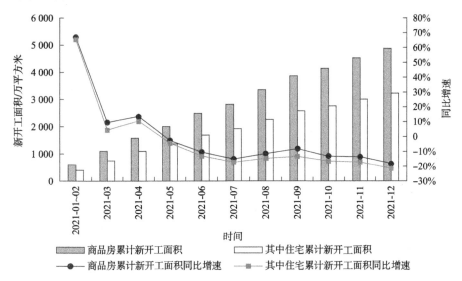

图 4.46 重庆市 2021 年 1~12 月商品房累计新开工面积及同比增速

资料来源：重庆市统计局

从竣工情况来看，如图 4.47 所示，全年全市房地产开发企业商品房累计竣工面积 4 196.21 万平方米，同比增长 11.2%。其中，住宅累计竣工面积 2 724.39 万平方米，增长 5.4%。

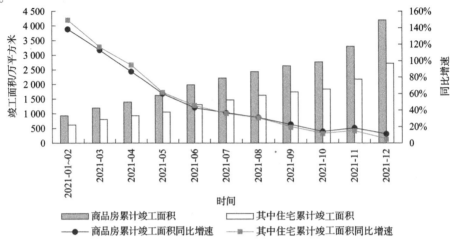

图 4.47　重庆市 2021 年 1~12 月商品房累计竣工面积及同比增速

资料来源：重庆市统计局

3. 商品房销售情况

如图 4.48 所示，2021 年，全市商品房累计销售面积为 6 197.71 万平方米，同比增长 0.9%。其中，住宅累计销售面积为 4 945.42 万平方米，同比增长 2.7%；办公楼累计销售面积为 110.45 万平方米，同比增长 3.5%；商业营业用房累计销售面积为 371.87 万平方米，同比下降 28.4%。

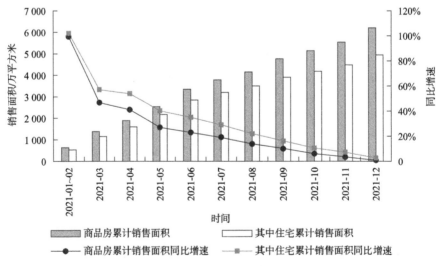

图 4.48　重庆市 2021 年 1~12 月商品房累计销售面积及同比增速

资料来源：重庆市统计局

如图 4.49 所示，2021 年全年重庆市商品房累计销售额为 5 391.26 亿元，同比增长 6.3%。其中，住宅累计销售额增长 11.5%，办公楼累计销售额下降 28.4%，商业营业用房累计销售额下降30.6%。

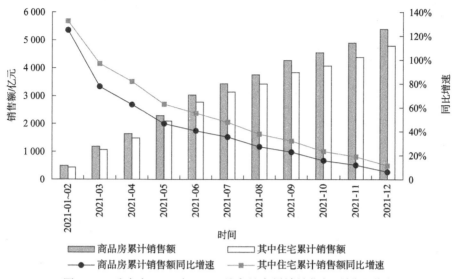

图 4.49　重庆市 2021 年 1~12 月商品房累计销售额及同比增速

资料来源：重庆市统计局

（三）政策建议

2021 年以来，重庆市经济稳步复苏，持续向好，年初再次上调房产税起征点，中心城区个人新购高档住房房产税起征点由 2020 年的 19 587 元/米² 上调至 22 106 元/米²。但受全国大环境及疫情反复影响，重庆市房地产市场持续冷淡，未来，重庆市应继续坚持"房住不炒"的根本定位，重提"因城施策、分类指导"的政策方针，健全房地产调控长效机制，地方调控松紧适度，因城施策，促进房地产市场平稳健康发展。

1. 规范住房租赁市场，加快形成租购并举新格局

要加快形成租购并举的新格局，帮助市民缓解住房困难，就需要加强对住房租赁市场的监管。针对住房租赁市场发展中存在的问题，2021 年 4 月，住房和城乡建设部、国家发展和改革委员会等部门联合发布了《住房和城乡建设部等部门关于加强轻资产住房租赁企业监管的意见》，后续应贯彻落实相关政策规定，加强从业管理，规范住房租赁经营行为，开展住房租赁资金监管，禁止套取使用住房租赁消费贷款，合理调控住房租金水平，妥善化解住房租赁矛盾纠纷，落实城市政府主体责任，促进住房租赁市场的稳健发展。

2. 推动城市更新改造，提高土地资源利用效率

城镇老旧小区改造是党中央、国务院做出的重大决策部署，是重大的民生工程和发展工程。重庆市委、市政府也对此高度重视，明确到 2025 年，力争基本完成 2000 年底前建成的需要改造的城镇老旧小区改造任务。未来重庆市要明确目标，坚持问题导向，完善统筹协调机制，积极促进相关工作政策的落地。落实以"两江四岸"为主轴、"一城、三谷、多中心组团式网络化"的中心城区城市空间布局，建设用地结构性、差异性供给，从而提高土地资源利用效率。

3. 促进川渝地区公积金互认互贷，打造川渝都市经济圈

2021年以来，重庆市和四川省共同设立了川渝高竹新区，总面积达262平方千米；川渝两地已实现税款跨省电子缴库，两地纳税人可以享受同城待遇；此外，渝昆高铁川渝段也已全面开工建设，希望后续促进川渝地区公积金实现互认互贷，助推川渝都市经济圈房地产市场的积极发展。

四、西安市房地产市场运行情况

（一）经济形势概况

2021年，西安市全市上下坚持以习近平新时代中国特色社会主义思想为指导，深入贯彻习近平总书记来陕考察重要讲话重要指示批示精神，坚持稳中求进工作总基调，扎实做好"六稳"工作，全面落实"六保"任务，经济持续稳定恢复，创新活力加速释放，转型升级深入推进，民生保障不断加强。面对岁末严重疫情冲击，广大人民群众众志成城，推动抗疫形势持续好转，经济社会发展大局稳定，高质量发展持续推进。

2021年，西安市实现地区生产总值10 688.28亿元，按可比价格计算，比上年增长4.1%，两年平均增长4.6%。分产业看，其中第一产业增加值308.82亿元，同比增长6.1%；第二产业增加值3 585.20亿元，同比增长0.9%；第三产业增加值6 794.26亿元，同比增长5.7%。

1. 农业经济稳中向好，粮食产量稳中有增

西安市全年农林牧渔业增加值比上年增长6.0%。粮食总产量141.92万吨，同比增长1.3%。蔬菜产量362.80万吨，同比下降0.2%。园林水果产量101.01万吨，同比增长4.3%。肉类产量4.93万吨，同比增长11.0%，其中猪肉产量3.40万吨，同比增长23.5%。禽蛋产量4.77万吨，同比下降7.7%。2021年末，西安市生猪存栏32.00万头，比上年末增长9.8%。

2. 工业生产持续发展，高技术制造业增势较好

2021年，西安市工业保持稳定增长，全市规模以上工业增加值同比增长5.7%，其中战略性新兴产业总产值同比增长27.6%，占规模以上工业总产值比重49.9%；高技术制造业总产值增长26.6%，占规模以上工业总产值比重35.5%。

从行业看，西安市制造业表现突出，整体发展迅速。35个大类行业中，20个行业产值增长。其中，计算机、通信和其他电子设备制造业产值同比增长33.8%，汽车制造业产值增长12.1%，电气机械和器材制造业产值增长38.2%。从规模看，大中型企业产值同比增长20.6%，小型企业产值增长4.0%。从经营产量看，高技术制造业和新兴产品增势较好。高技术制造业产值比上年增长26.6%，高于全市规模以上工业总产值增速。新能源汽车产量增长3.5倍，光纤产量增长10.6%，智能手机产量增长37.6%，集成电路圆片产量增长39.2%，3D打印设备产量增长44.4%。

3. 投资需求有所减弱，高技术投资保持增长

2021 年全年西安市固定资产投资（不含农户）同比下降 11.6%。

分产业看，第一产业投资同比下降 55.2%；第二产业投资同比下降 16.0%；第三产业投资同比下降 10.6%。

分领域看，西安市工业投资同比下降 15.8%；民间投资同比下降 4.7%；基础设施投资同比下降 18.1%。高技术领域投资较快增长，同比增长 3.2%。房地产开发投资同比下降 7.0%；商品房销售面积 1 856.73 万平方米，同比下降 27.0%。西安市整体投资需求有所减弱。

4. 市场消费小幅增长，升级类消费需求释放

2021 年全年西安市消费市场保持恢复回暖态势，受"十四运"的带动作用影响，消费需求不断释放，消费市场结构逐步优化。全市实现社会消费品零售总额 4 963.42 亿元，同比增长 0.8%。其中，全市限额以上企业（单位）消费品零售额 2 419.82 亿元，同比下降 3.8%。其中，通过公共网络实现的商品零售额 652.91 亿元，占全市限额以上零售额的 27.0%，同比增长 3.4%。

按经营单位所在地分，限额以上单位中，西安市城镇消费品零售额 2 413.30 亿元，同比下降 3.8%；乡村消费品零售额 6.52 亿元，同比下降 16.4%。

按消费类型分，限额以上单位中，商品零售 2 307.11 亿元，同比下降 4.6%；餐饮收入 112.71 亿元，同比增长 17.2%。

从商品大类看，汽车类零售额同比下降 2.8%；石油及制品类同比下降 8.4%；服装、鞋帽、针纺织品类同比下降 6.9%。升级类商品增长较快，金银珠宝类，体育、娱乐用品类，书报杂志类零售额同比分别增长 31.2%、24.7%、5.1%。

5. 消费价格小幅上涨，服务价格涨幅高于消费品价格

2021 年，西安市居民消费价格同比上涨 1.7%。其中，居民消费价格同比上涨 1.7%，涨幅比上年回落 0.4 个百分点。从具体类别看，食品烟酒类价格上涨 1.9%，衣着类上涨 1.1%，居住类上涨 2.0%，生活用品及服务类上涨 0.3%，交通和通信类上涨 2.8%，教育文化和娱乐类上涨 3.7%，其他用品和服务类上涨 1.5%，医疗保健类下降 1.7%。全市服务价格同比上涨 2.2%，消费品价格同比上涨 1.4%。

6. 对外贸易快速增长，进出口规模量级提升

2021 年，西安市全市进出口总值 4 399.96 亿元，同比增长 26.5%。其中，出口总值 2 361.92 亿元，增长 33.0%；进口总值 2 038.04 亿元，增长 19.8%。一般贸易进出口占进出口总值的 24.0%，占比同比提高 2.6 个百分点。对"一带一路"沿线国家和地区进出口总值增长 29.0%。

7. 金融市场总体平稳，新增贷款同比增多

截至 2021 年 12 月末，西安市金融机构人民币存款余额 28 059.03 亿元，同比增长 9.0%；较年初新增 2 328.51 亿元，同比少增 335.15 亿元。金融机构人民币贷款余额 29 124.00 亿元，同比增长 13.9%；较年初新增 3 564.97 亿元，同比多增 270.05 亿元。

总体来看，受经济形势严峻复杂、国内疫情散点多发等影响，西安市稳增长压力较大，但经济稳中向好、长期向好的基本面没有改变。同时，外部环境更趋复杂严峻，国内经济面临需求收缩、供给冲击、预期转弱三重压力，疫情的不确定性依然存在。在下一阶段，要坚持稳字当头、稳中求进，完整、准确、全面贯彻新发展理念，加快推进复工复产复商复市，科学统筹疫情防控与经济社会发展，以高质量发展为统揽，着力抓工业稳运行、抓项目扩投资、抓消费促回升、抓招商增动能，确保经济运行在合理区间，不断激发市场活力，释放内需潜力。

（二）房地产市场概况

1. 房地产开发投资增速持续下降

2021年，西安市房地产累计开发投资额据估算约为1 920.11亿元，同比增长-23.9%。如图4.50所示，全市固定资产投资同比增速与房地产开发投资同比增速保持下降趋势，7~8月西安市房地产开发投资同比增速略有反弹，但整体仍持续下跌，从9月开始由正转负，表明西安市房地产市场持续收紧。

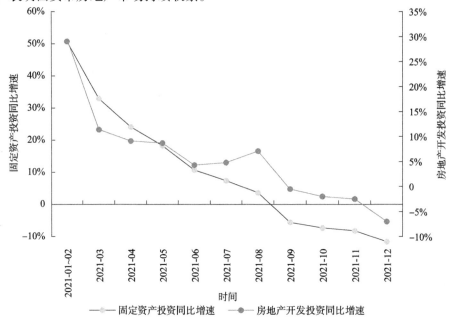

图4.50　西安市2021年1~12月固定资产投资及房地产开发投资同比增速

资料来源：西安市统计局

2. 房地产整体市场供大于求

2021年1~12月，西安市共推出各类用地438宗，共计4 447.89万平方米，同比减少18.78%；成交各类用地共计3 774.89万平方米，成交楼面均价2 967元/米^2。如图4.51所示，除1月、4月、10月、11月成交规划建设面积高于推出规划建设面积外，成交规划建设面积均低于推出规划建设面积，9月两者差额最大，达到478.75万平方米。西安市房地产市场表现出明显的供过于求现象。

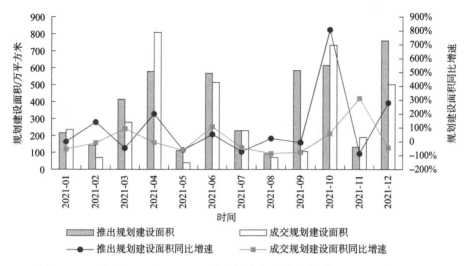

图 4.51 西安市 2021 年 1~12 月全市推出与成交规划建设面积及同比增速

资料来源：西安市统计局

3. 房地产开发建设情况

从新开工面积看，2021 年第一季度，西安市商品房累计新开工面积 812.98 万平方米，其中住宅累计新开工面积 519.87 万平方米。如图 4.52 所示，西安市商品房累计新开工面积同比增速在 2019 年持续升高，在 2020 年转为下降，显著受到疫情影响。2021 年第一季度，累计新开工面积同比增速明显回升。

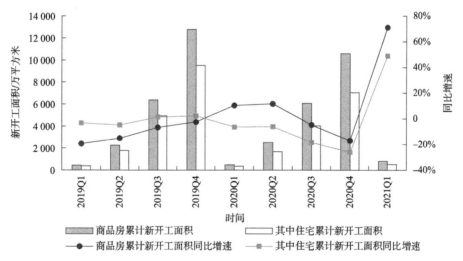

图 4.52 西安市 2019 年第一季度至 2021 年第一季度商品房累计新开工面积及同比增速

资料来源：西安市统计局

从竣工面积看，2021 年第一季度，西安市商品房累计竣工面积 78.65 万平方米，其中住宅累计竣工面积 75.10 万平方米。如图 4.53 所示，西安市商品房累计竣工面积同比增速同样受到疫情影响，以 2020 年第一季度为拐点，在近两年先升后降，且下降速度越来越慢。

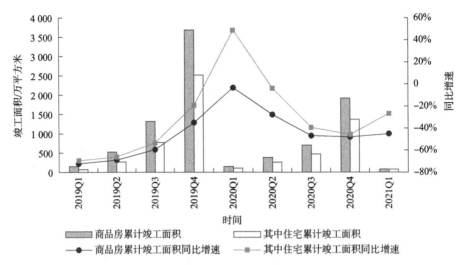

图 4.53　西安市 2019 年第一季度至 2021 年第一季度商品房累计竣工面积及同比增速

资料来源：西安市统计局

4. 商品房销售情况总体呈下降态势

2021 年 1~12 月，西安市商品房累计销售面积为 1 322.86 万平方米，同比下降 0.5%。其中，住宅累计销售面积为 963.57 万平方米，同比下降 6.6%。全市商品房销售情况较上年同期基本呈下降态势，销售面积及同比增速均有一定程度的回落。如图 4.54 所示，西安市商品房和其中住宅销售面积自 2 月大幅下降之后，持续在较低水平波动，只在 8~9月与上年同期相比呈现短暂回升。

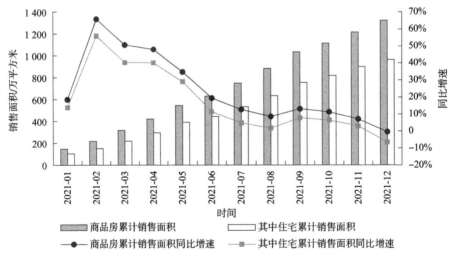

图 4.54　西安市 2021 年 1~12 月商品房累计销售面积及同比增速

资料来源：西安市统计局

如图 4.55 所示，商品房累计成交金额与累计销售面积变化趋势相似，大体呈现先上升后下降的走向。2021 年，西安市商品房累计成交金额为 2 151.43 亿元，同比增长 5.0%。其中，住宅累计成交金额为 1 578.37 亿元，同比增长 1.5%。西安市商品房累计成交金额同比增速全年为正值，说明房价水平有所上涨。

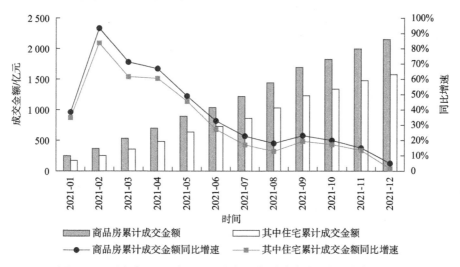

图 4.55　西安市 2021 年 1~12 月商品房累计成交金额及同比增速

资料来源：西安市统计局

5. 商品房价格指数

如图 4.56 所示，2021 年 1~12 月西安市新建商品住宅价格指数总体波动较大，1~8 月同比价格指数始终保持在 2.5% 以下，9 月骤然提升到 7.5%，之后一直保持较高水平。环比价格指数持续低迷，始终围绕在 0 上下发生小幅波动，9 月达到最高值 0.6%。

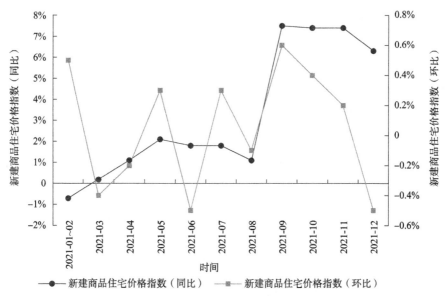

图 4.56　西安市 2021 年 1~12 月新建商品住宅价格指数

资料来源：西安市统计局

如图 4.57 所示，2021 年 1~12 月西安市二手住宅价格指数总体呈现出先上升后下降的趋势，同比价格指数由 2 月的 4.7%升至 7 月的最高点 7.9%，随后持续下降至 12 月的 5.6%。环比价格指数长期徘徊在正负临界值左右，除第四季度为负值外，其余均在 0 以上，且在 12 月略有反弹，但仍为负值。

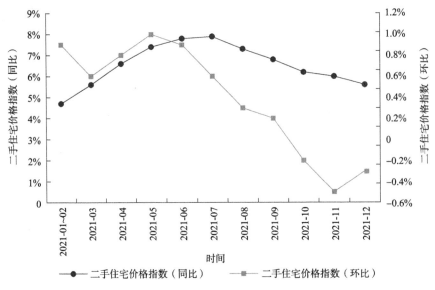

图 4.57　西安市 2021 年 1~12 月二手住宅价格指数

资料来源：西安市统计局

（三）政策建议

1. "房住不炒"调控基调不变，调控政策持续收紧

西安市应坚持"房住不炒"的定位，贯彻好"因城施策"调控措施，以稳房价为目标控制好房地产开发节奏，坚决抵制投机需求的房地产金融政策，从限购、限售、新房、二手房、物业服务管理、住房租赁市场等多维度整治楼市秩序，大力培育和发展住房租赁市场，完善保障性住房体系。

2. 加强房地产市场的供给侧结构性改革

进一步改革和完善土地供给制度，落实新增常住人口与土地挂钩的政策。针对西安市供求缺口较大的现状，合理调整土地供应及用地结构，提高住宅用地比例，合理确定保障房和商品住房占比，稳定住房价格。在常住人口多、置业需求大的区域，侧重性地增加住宅供地，同时加紧地铁建设，将更多的住房置业需求外溢至西咸新区、远郊区县等卫星城市，拉大城市骨架。

3. 调整新开发楼盘户型结构，增加中等面积户型供给

随着西安市房地产开发市场的不断发展，产品品质不断提升，大面积的产品成为主流，中小面积的住宅产品比例不断缩小至 10%以下，刚改户型除了为改善型家庭提供了更好的居住条件，也提高了门槛，挤压了大部分普通家庭的选择机会。在政策限制刚改家庭购房的情况下，供给端的房地产开发企业应顺应时势，增加中小户型的供给。

五、武汉市房地产市场运行情况

（一）武汉经济形势概况

武汉市 2021 年统筹常态化疫情防控和经济社会发展，很大程度上弥补了疫情所造成的经济社会损失，经济发展重新回到正常的轨道，取得了相对高速的经济增长。全年地区生产总值 17 716.76 亿元，同比增长 12.2%。按产业结构划分，其中第一产业增加值444.21 亿元，同比增长 13.2%；第二产业增加值 6 208.34 亿元，同比增长 12.1%；第三产业增加值 11 064.21 亿元，同比增长 12.3%。三次产业结构由 2020 年的 2.6：35.6：61.8调整为 2.5：35.0：62.5，二、三产业占比显著上升。武汉市经济水平显著回升，从工业领域看，2021 年，武汉市工业增加值 4 586.49 亿元，同比增长 14.1%，其中规模以上工业增加值同比增长 14.2%。武汉市全年全市固定资产投资总额增加 12.9%，其中工业固定资产投资总额增加 10.0%。

武汉市经济运行主要呈现以下特点。

1. 工业发展显著回暖，固定资产投资逐渐恢复

2021 年，武汉市各项工业指标显著回升，其中工业投资、基础设施投资、房地产开发投资分别同比增长 10.0%、3.9%、17.2%。从投资主体结构来看，民间投资同比增长 18.6%，占全市投资比重达 49.4%，在国民投资结构中的地位相较 2020 年有了一定的恢复。

2. 产业结构优化升级，高新产业显著增长

从产业结构来看，武汉市产业结构优化调整成果显著，产业能级迅速提升。武汉市统计局数据显示，2021 年，武汉市第三产业增加值同比增长 12.3%，对全市经济增长的贡献率达 62.5%；高技术制造业增加值同比增长 34.6%，高于规模以上工业 20.4 个百分点；高新技术产业增加值 4 786.1 亿元，比上年增长 16.4%，占地区生产总值比重 27.0%，比上年提高 1.2 个百分点。全年专利授权量 86 379 件，比上年增长 46.60%；发明专利授权量 18 553 件，增长 26.49%。每万人发明专利拥有量 60.02 件。PCT（patent cooperation treaty，专利合作条约）国际专利申请量 1 566 件，增长 12.74%。总体上武汉市高新技术产业在经济增长中的拉动作用日趋强劲。

3. 开放环境继续优化，对外贸易持续增长

2021 年，武汉市对外贸易受新冠肺炎疫情冲击有所缓解，进出口贸易总值持续回升。据武汉市统计局公布数据，2021 年，武汉市进出口总额达 3 359.4 亿元，同比增长 24.0%，高于疫情前的进出口水平。其中，出口 1 929.0 亿元，增长 35.7%；进口 1 430.4 亿元，增长 11.2%。

4. 民生保障力度持续加强，生活水平逐步提高

据武汉市统计局数据，2021 年，全市城镇新增就业 29.98 万人，年末城镇登记失业率 2.92%，比上年末下降 0.12 个百分点。从收支情况来看，2021 年城镇居民人均可支配收入 55 297 元，比上年增长 9.8%；农村居民人均可支配收入 27 209 元，增长 13.1%。从消费面上来看，武汉市 2021 年全年社会消费品零售总额 6 795.04 亿元，比上年增长 10.5%，全市居民消费价格比上年上涨 0.6%。

总体来看，武汉市 2021 年主要指标相较疫情前同期水平存在一定增长，国民经济得到有效恢复。然而，武汉市外部环境不稳定不确定因素仍然较多，世界范围内疫情防控水平仍呈现不均匀、不平衡的发展态势。同时，世界范围内经济复苏不均衡、美联储缩表预期、国际冲突加剧等因素加大了外部不确定性，因此应进一步关注外部环境变化给武汉市经济带来的影响；此外，国内经济恢复仍然不均衡，稳定恢复发展的基础仍需巩固。武汉市未来经济发展情况还需要持续关注。

（二）武汉市房地产市场概况

1. 房地产开发投资

2021 年第一季度，武汉市房地产开发投资很大程度上摆脱了疫情带来的负面冲击，呈现出强有力的恢复态势。第一季度全市房地产开发投资 583.51 亿元，比上年同期增长 327.48%，相较 2019 年同期增长 3.90%，其中，住宅开发投资 430.53 亿元，同比增长 350.72%，相较 2019 年同期增长 6.62%，房地产行业投资显著恢复，如图 4.58 所示。从资金来源面看，武汉市第一季度房地产资金链情况恢复较为良好，第一季度共融资 1 153.96 亿元，相较上年同期增长 289.38%，相较 2019 年同期增长 2.52%。其中国内贷款 259.36 亿元，同比增长 335.90%，相较 2019 年同期下降 22.64%，这可能代表着一种在我国房地产市场宏观调控政策趋紧的背景下，武汉市房地产厂商积极拓展融资渠道、转变经营策略的普遍趋势，如图 4.59 所示。

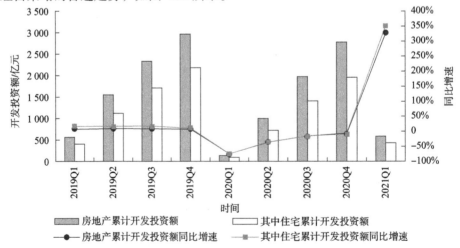

图 4.58　武汉市 2019 年第一季度~2021 年第一季度房地产累计开发投资额及同比增速

资料来源：武汉市统计局

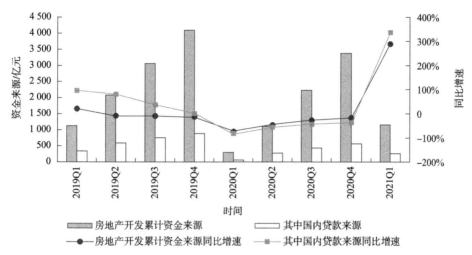

图 4.59　武汉市 2019 年第一季度~2021 年第一季度房地产开发资金来源及同比增速
资料来源：武汉市统计局

2. 商品房建设情况

从商品房建设层面来看，武汉市 2021 年商品房施工量明显好转。2021 年第一季度，武汉市商品房累计施工面积为 14 134.58 万平方米，同比增长 20.94%。其中，住宅累计施工面积为 9 636.45 万平方米，同比增长 18.15%，具体情况如图 4.60 所示。

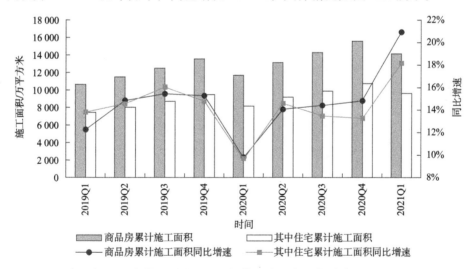

图 4.60　武汉市 2019 年第一季度~2021 年第一季度商品房累计施工面积及同比增速
资料来源：武汉市统计局

2021 年第一季度，武汉市商品房累计新开工面积为 607.70 万平方米，同比增长 390.71%，相较 2019 年同期下降 17.96%。其中，住宅累计新开工面积为 443.22 万平方米，同比增长 419.66%，相较 2019 年同期下降 11.69%。这表明新建房地产项目虽然相较疫情时明显好转，但尚未恢复至 2019 年疫情之前的水平。详情如图 4.61 所示。

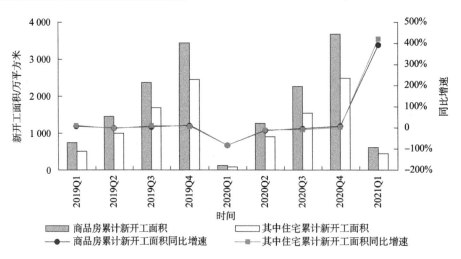

图 4.61　武汉市 2019 年第一季度~2021 年第一季度商品房累计新开工面积及同比增速

资料来源：武汉市统计局

2020 年的疫情对施工进度造成了较大冲击，2021 年商品房及其中住宅竣工面积相对 2020 年均出现了较大程度的收缩。截至 2021 年第一季度，武汉市商品房和其中住宅累计竣工面积分别为 138.36 万平方米和 100.93 万平方米，相较上年同期分别收缩 36.14% 和 40.81%，如图 4.62 所示。

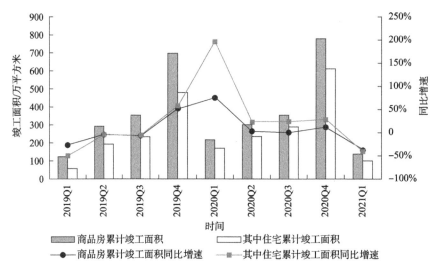

图 4.62　武汉市 2019 年第一季度~2021 年第一季度商品房累计竣工面积及同比增速

资料来源：武汉市统计局

3. 商品房交易情况

受 2020 年疫情影响，2021 年武汉市商品房交易量上半年实现了较大增长，但下半年出现了一定下滑，总体商品房交易量相较上年全年实现小幅增长。如图 4.63 所示，武汉市全年商品房累计销售面积为 2 552.24 万平方米，同比增长 18.34%。其中，上半年商品房累计销售面积 1 332.34 万平方米，同比增长 145.16%；下半年商品房累计销售面积

1 219.9 万平方米，同比下降 47.68%。

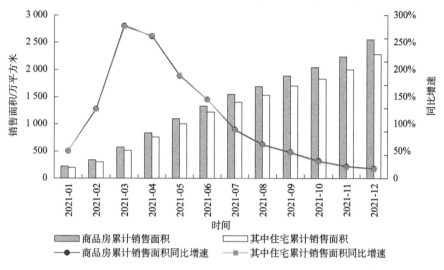

图 4.63　武汉市 2021 年 1~12 月商品房累计销售面积及同比增速

资料来源：武汉市统计局

2021 年，武汉市商品房累计销售额为 3 999.91 亿元，同比增长 30.68%。其中，住宅累计销售额为 3 637.44 亿元，同比增长 31.27%，且两者增速走势基本与商品房销售面积一致，呈现上半年快速增长，下半年较大收缩的趋势，如图 4.64 所示。

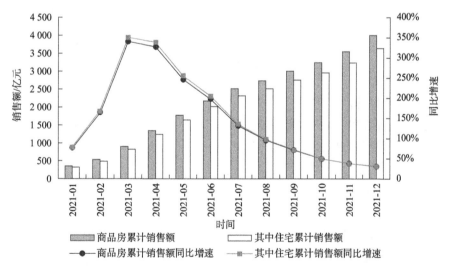

图 4.64　武汉市 2021 年 1~12 月商品房累计销售额及同比增速

资料来源：武汉市统计局

4. 商品房交易价格

如图 4.65 所示，2021 年武汉市商品房价格指数和其中住宅价格指数均呈现小幅波动，呈现上半年相对升高，下半年震荡走低的趋势。

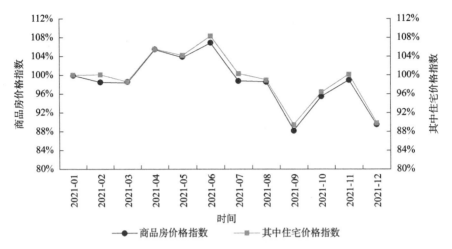

图 4.65　武汉市 2021 年 1~12 月商品房与住宅价格指数

资料来源：武汉市统计局

（三）政策建议

1. 大力推进共有产权房建设，发展保障性住房

从供给面来看，2021 年下半年商品房成交量均呈现显著性的下降趋势。这一方面体现了武汉市政府贯彻落实中共中央"房住不炒"精神，大力抑制商品房投机性需求的成果，但另一方面可能也体现出了居民需求面存在不足，可能导致居民合理的住房需求得不到满足。因此，武汉市政府应大力推进共有产权房、保障性住房建设，用以满足居民的合理住房需求，同时加快推进棚户区改造，盘活现有住房存量，提高居民居住质量。

2. 加快建设保障性租赁住房，统筹推进租购并举

受 2020 年疫情冲击，武汉市城乡居民收入受到一定影响。为保障较低收入人群合理的住房需求，提高人民生活水平，武汉市政府应当大力推进保障性租赁住房建设，确保保障性租赁住房供应量充足，严查保障对象申请资格，完善政策退出机制，使保障性租赁住房制度真正落实到位，保障居民最基本的生活水平。

3. 扎实做好房地产税收制度改革准备，保障政策平稳有序过渡

目前，我国房地产税收制度改革已经进入试点阶段。房地产税作为二次分配的重要手段以及地方财政的重要税收来源，应当引起地方政府的足够重视。此外，房地产税收制度改革作为我国税收制度改革的重要部分，与人民生活息息相关，如果应对不好，不仅会对居民生活水平造成较大影响，也会极大程度影响社会的和谐稳定。因此，武汉市政府应当逐步普及房地产税收有关知识，做好宣传工作；同时切实做好房地产税收制度落地的相关准备，确保各项工作过渡有序。

六、南京市房地产市场运行情况

（一）南京市经济形势概括

2021年，在市委、市政府的坚强领导下，全市上下坚持以习近平新时代中国特色社会主义思想为指引，坚持稳中求进工作总基调，地区生产总值等经济指标持续向好，为全面建设人民满意的社会主义现代化典范城市打下了坚实基础。2021年1~12月，南京市经济总量继续提升，全年实现地区生产总值16 355.32亿元，比2020年增长7.5%。分产业看，第一产业增加值303.94亿元，增长0.8%；第二产业增加值5 902.65亿元，较2020年增加了7.6%；第三产业增加值10 148.73亿元，较2020年增加了7.6%。三次产业结构调整为1.8∶36.1∶62.1。人均地区生产总值174 520元，按全年平均汇率计算，达到27 051美元。

1. 农业产值平稳增长

规模以上工业企业产销率达98.5%。南京市2021年全年农林牧渔业总产值504.01亿元，比上年增长2.9%。其中，农业产值271.53亿元，相比于2020年增加了5.4%；林业产值22.44亿元，同比增长了6.6%；农林牧渔专业及辅助性活动产值38.84亿元，增长了7.2%；渔业产值150.19亿元，与2020年相比增加了2.2%。相反，牧业产值21.02亿元，呈现出下降的趋势，变动幅度为25%。粮食生产实现"双增"。全年粮食播种面积204.88万亩，比2020年增长1.2%，增加2.5万亩。粮食总产量98.48万吨，同比增长了0.7%。

南京市全市现代农业较快发展。全年完成耕地质量提升片区项目建设31.46万亩，新增高标准农田5.1万亩，耕地质量提升综合示范区1万亩，设施蔬菜园艺1.58万亩，新培育家庭农场500家，新认定市级龙头企业63家。

2. 工业生产稳定恢复

在2021年，南京市全年规模以上工业增加值比上年增长10.0%。其中，国有控股企业增加值、股份制企业、外商及港澳台商投资企业、私营企业增长、大中型企业增长和微型企业分别增长了9.0%、9.9%、17.2%、9.6%、7.6%及17.6%。智能、绿色、高附加值产品产量增长较快，新能源汽车119.1%、工业机器人122.5%、集成电路45.4%、锂离子电池47.4%。

2021年1~12月，南京市产业结构继续优化。规模以上高技术制造业增加值比2020增长15.5%，占全市规模以上工业增加值比重为27.7%，比2020年提高2.2个百分点。工业企业营利能力提升。全年规模以上工业企业实现营业收入比上年增长19.6%，同时利润总额增长51.1%。分经济类型看，国有控股企业利润总额增长198.4%；股份制企业增长58.5%，外商及港澳台商投资企业增长46.8%；私营企业增长1.8%。规模以上工业企业营业收入利润率达7.2%，比上年提高1.6个百分点。

3. 消费品市场稳定复苏

2021 年 1~12 月，南京市消费品市场稳健复苏。2021 年全年批发和零售业增加值 1 449.69 亿元，比 2020 年增长 7.0%。社会消费品零售总额达到 7 899.41 亿元，同比增长 9.7%。其中，限额以上社会消费品零售总额 4 662.27 亿元，较 2020 年增长 14.8%。限额以上贸易单位中，粮油食品类、饮料类、日用品类、中西药品等日常消费类商品零售分别比上年增长 12.2%、17.9%、48.6%和 4.2%；与家庭装修等有关的建筑及装潢材料类、五金电料类、家具类等同比分别增长 39.3%、39.6%和 18.6%；智能手机、体育、娱乐用品、日用品类中可穿戴智能设备等零售额较 2020 年 1~12 月增长 23.2%、18.0%和 278.7%。同时，网络消费占比提升。限额以上批发零售、住宿餐饮业通过公共网络实现零售额同比增长 25.0%，占全市商品零售总额的比重为 22.4%，比上年提升 3.0 个百分点。无店铺零售额同比增加了 19.3%，其中网上商店零售额增长 20.4%。

4. 固定资产投资结构持续优化

2021 年 1~12 月，南京市完成固定资产投资 5 675.24 亿元，比 2020 年增长 6.2%。分领域看，工业投资增长 13.5%，其中高技术制造业增长 28.6%、工业技改投资与 2020 年相比增长 5.5%，两者在工业投资中的占比分别为 55.8%、48.72%。

房地产市场基本平稳。南京市全年完成房地产开发投资 2 719.80 亿元，比上年增长 3.4%。其中，住宅投资 1 932.13 亿元，较 2020 年增长 3.7%。1~12 月全市的商品房销售面积 1 510.95 万平方米，较 2020 年增长 14.1%，其中住宅销售面积 1 371.39 万平方米，增长率为 13.0%。年末商品房待售面积 274.39 万平方米，其中，商品住宅待售面积 117.26 万平方米，比上年减少 28.31 万平方米。新开工各类保障房 682 万平方米，基本建成保障房 324 万平方米，筹集保障性租赁住房 4 万套(间)、筹集市场化租赁住房 8 万套(间)。

5. 对外贸易增速较快

据海关统计，2021 年 1~12 月，南京市总体进出口总额 6 366.83 亿元，比 2020 年增长 19.2%。其中，出口 3 989.89 亿元，增长 17.4%；进口 2 376.94 亿元，增长 22.4%。从商品构成看，机电产品出口较 2020 年增长了 9.1%，高新技术产品出口下降 1.0%；高新技术产品进口同比增长 12.5%，农产品进口增长 33.1%，金属矿及矿砂进口增长幅度达到 86.6%。从贸易方式看，一般贸易进出口总额增长了 25.6%，加工贸易进出口总额同比减少了 5.7%。从企业主体看，国有企业进出口总额增长 23.9%，外商投资企业进出口总额增长 5.9%；民营企业进出口总额增长 28.1%。

6. 财政收支持续改善

2021 年 1~12 月,南京市全年实现一般公共预算收入 1 729.52 亿元,比上年增长 5.6%。其中，税收收入 1 473.31 亿元、增长 5.6%，税比 85.2%。全年一般公共预算支出 1 817.73 亿元，同口径增长 7%。其中，社会保障和就业支出比上年增长 7.3%，教育支出同比增长了 5.4%，科学技术支出较 2020 年 12 月增长 7.3%，卫生健康支出增长 24.4%。

同时，南京市的信贷规模持续扩大。年末金融机构本外币各项存款余额 44 708.68 亿元，比上年末增长 11.6%，比年初增加 4 652.23 亿元，同比多增 131.85 亿元。其中住户存款 10 830.65 亿元，比 2020 年 12 月增加 1 129.45 亿元。年末金融机构本外币各项贷款余额 43 305.40 亿元，比年初增加 5 115.41 亿元，增长 13.4%。其中住户贷款 15 469.76 亿元，比年初增加 2 015.36 亿元。

总体来看，南京市 2021 年经济发展呈现稳定恢复、稳中提质的态势。同时也要看到，当前外部环境复杂多变，经济稳定增长的基础仍不稳固、不均衡，经济持续稳定恢复的基础仍需巩固。下一步，要继续坚持稳中求进工作总基调，统筹好疫情防控和经济社会发展，努力保持经济运行在合理区间，确保完成 2022 年的经济社会发展目标任务。

（二）房地产开发投资情况

2021 年 1~12 月，南京市房地产累计开发投资额 2 719.8 亿元，与 2020 年同期相比增长 3.36%，保持本年以来房地产投资平稳快速增长态势。从全市来看，2 月以来，南京市房地产累计开发投资额同比增速整体呈现下降的趋势，2 月南京市房地产累计开发投资额同比增速为 41.8%，到 3 月急剧下降到 23.4%，在 6 月有所回升之后增速平稳下降，在 12 月下降至 3.36%（图 4.66）。

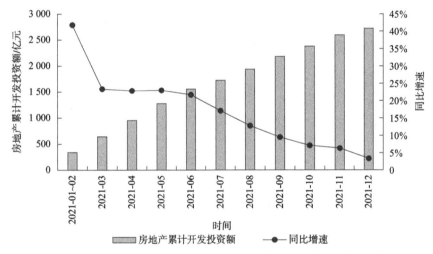

图 4.66　南京市 2021 年 1~12 月房地产累计开发投资额及同比增速

资料来源：南京市统计局

（三）房地产施工建设情况

如图 4.67 所示，2021 年 1~12 月，南京市商品房累计施工面积 8 597.29 万平方米，较 2020 年同期下降了 0.80%，其中住宅累计施工面积 5 398.41 万平方米，同比减少了 3.20%。2021 年以来，南京市商品房累计施工面积同比增速呈现波动上升的趋势，在前两个季度都处于负区间，在 7 月达到峰值，同比增速约为 6.6%。在 8~11 月，商品房累计施工面积同比增速都大于 0，12 月下降到 0 以下，而住宅累计施工面积的变动趋势大概相同，但与商品房累计施工面积同比增速相比，只有 7~9 月在正值区间。

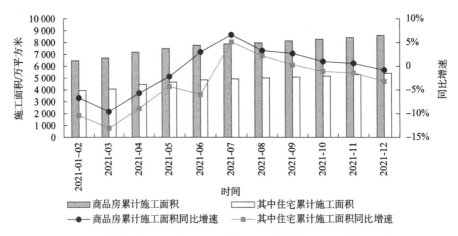

图 4.67　南京市 2021 年 1~12 月商品房累计施工面积及同比增速

资料来源：南京市统计局

如图 4.68 所示，截至 12 月，南京市商品房累计竣工面积为 1 136.18 万平方米，同 2020 年这一时期的数据相比，同比增速为−21.60%。2~3 月商品房累计竣工面积同比增速由 84.70% 猛烈下滑至 3.2%。在 4~12 月，除了 8 月的累计增速为 5.60%，保持在了正值范围内，其余都处于负值区间，并在 11 月达到同比增速的最低点，约为−29.90%。与住宅累计竣工面积同比增速相比，商品房的累计增速表现略好于住宅的累计增速。

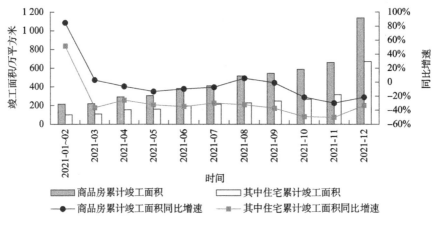

图 4.68　南京市 2021 年 1~12 月商品房累计竣工面积及同比增速

资料来源：南京市统计局

（四）商品房销售情况

如图 4.69 所示，2021 年 1~12 月，南京市房地产市场较 2020 年而言整体向好，同比增速都落在正值区间内，商品房累计销售面积为 1 510.95 万平方米，同比增长 14.10%。截至 12 月，不论是商品房累计销售面积还是其中住宅累计销售面积，其同比增速都处于正值区间，且都存在平缓的下降趋势。两者的同比增速相差不大，只有 6 月的同比增速出现明显差距：住宅累计销售面积同比增速大于商品房累计销售面积同比增速，领先的幅度约为6.90%。

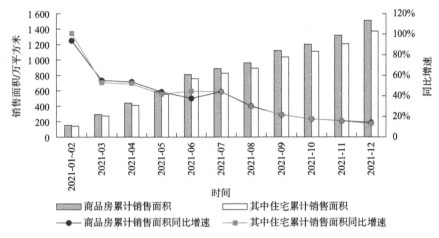

图4.69　南京市2021年1~12月商品房累计销售面积及同比增速

资料来源：南京市统计局

如图4.70所示，2021年前12个月南京市商品房累计销售额为4 063.84亿元，同比增长24.30%，其中住宅累计销售额为3 831.39亿元，同比增长25.40%。3月南京市商品房累计销售和住宅累计销售额的同比增速降幅较大，之后一直呈现平缓下降的趋势。1~12月的同比增速都处于正值区间。

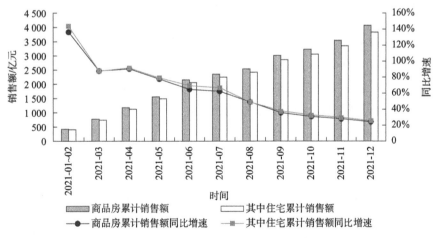

图4.70　南京市商品房累计销售额及同比增速

资料来源：南京市统计局

图4.71为2021年1~12月南京市新建商品住宅销售价格指数与二手住宅销售价格指数的折线图。从图4.71中可以看出，新建商品住宅销售价格指数的波动较大，分别在3月和7月出现了峰值，大约为106.3%和105.9%，其余时间都保持在105.0%左右；与之相反，二手住宅销售价格指数波动较小，大致呈现出缓慢上升的趋势，并且在10月达到

了最大值，约为 106.9%。由图 4.71 可知，在 2021 年，1~3 月、7 月、12 月的二手住宅销售价格指数低于新建商品住宅销售价格指数，两个指数的变化趋势并不相同。

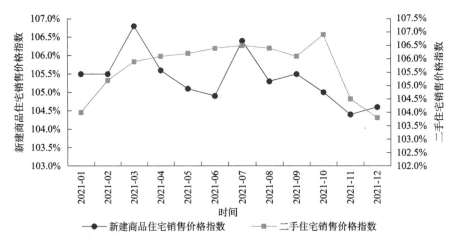

图 4.71 南京市 2021 年 1~12 月新建商品住宅与二手住宅销售价格指数（同比）

资料来源：国家统计局

（五）政策建议

2021 年 1~12 月，南京市房地产开发投资保持较快增长，商品房施工面积与竣工面积都有所回落，新建商品住宅与二手住宅的销售价格基本稳定。

1. 坚持实行购房与限购政策，坚持"房住不炒"

南京市政府已颁布刚性需求购房、离异人群限购及人才安居等购房政策，努力调控南京市房地产市场的供求平衡。通过数据可以看出，南京市 2021 年的商品房累计销售面积和金额的增长速度呈现下降趋势，且新建商品住宅与二手住宅销售价格指数基本处于104%~106%，说明南京市 2021 年整体房地产市场的需求有所下降，但是房价还是稳中有升。因此，在下一年中，南京市政府需要进一步出台房地产购买与限购政策，对房地产市场进行调控。

2. 完善租购并举政策，调节供求平衡

在住房租赁市场蓬勃发展的背景下，南京于 2017 年 7 月成为首批试点租购并举政策的城市之一。完善租购并举政策减少了城市旺盛的购房需求，转移了部分购房人口，可以平衡房地产市场的供求问题，防止一房难求、房价过热的情况出现。

3. 加强房地产金融监管，警惕房市泡沫

从"十四五"规划建议，到 2020 年底的中央经济工作会议，再到有关主管部门的多次表态，均释放出坚持房地产调控不动摇的信号。南京市应加强对房地产金融的调控。降低房地产贷款余额占比上限和个人住房贷款余额占比上限，将房地产领域的金融杠杆控制在合理范围内。

七、东莞市房地产市场运行情况

（一）东莞市经济形势概况

2021 年以来，面对新冠肺炎疫情带来的外部环境变化，东莞市坚持以习近平新时代中国特色社会主义思想为指导，深入学习贯彻党的十九大精神，坚持新发展理念。东莞市科学统筹疫情防控和经济社会发展，经济运行保持稳中有进、稳中向好的态势，主要经济指标运行保持在合理区间，匹配性指标支撑有力。2021 年全年，从主要宏观经济指标看，东莞市经济运行呈现以下特点。

1. 国民经济平稳增长

2021 年，东莞市地区经济总量继续保持平稳增长态势。地区增长总值 10 855.35 亿元，同比增长 8.2%。其中，第一产业增加值 34.66 亿元，增长 11.8%，对地区生产总值增长的贡献率为 0.4%；第二产业增加值 6 319.41 亿元，增长 10.5%，对地区生产总值增长的贡献率为 73.0%；第三产业增加值 4 501.28 亿元，增长 5.1%，对地区生产总值增长的贡献率为 26.6%，人均地区生产总值 103 284 元，增长 7.8%。

2. 工业增长态势趋稳

2021 年，东莞市规模以上工业增加值同比增长 10.6%。其中，国有控股企业增长 17.4%，外商及港澳台投资企业增长 11.0%，股份制企业增长 9.6%，集体企业增长 8.4%。分轻重工业看，轻工业增长 11.0%，重工业增长 9.8%。分企业规模看，大型企业增长 6.1%，中型企业增长 13.9%，小微型企业增长 12.8%。

3. 消费市场发展势头良好

2021 年，东莞市全市消费品零售总额 4 239.24 亿元，同比增长 13.3%。分地域看，城镇消费品零售总额 3 830.19 亿元，增长 13.5%；乡村消费品零售总额 409.05 亿元，增长 12.3%。分消费形态看，商品零售额 3 896.45 亿元，增长 13.3%；餐费收入 342.78 亿元，增长 13.4%。

4. 投资保持两位数较快增长

2021 年东莞市国民经济增长中，投资继续起到较强的拉动作用。2021 年全年，全市完成固定资产投资同比增长 8.2%。按产业投向计算，二、三产业在投资中起到决定性作用，第二产业投资同比增长 25.3%，第三产业投资同比下降 0.5%。按行业划分，工业投资、先进制造业投资、高技术产业制造业投资支撑作用增强，分别同比增长 25.3%、28.4%、24.3%。

5. 进出口保持较快增长

2021 年全年，东莞市外贸进出口总额 15 247.03 亿元，同比增长 14.6%，其中出口 9 559.82 亿元，同比增长 15.4%，进口 5 687.22 亿元，同比增长 13.3%，均保持较高增长水平。东莞市国际贸易增长动能加强，在国民经济中的拉动作用提高。

6. 居民消费品价格增长稳定

2021 年全年，东莞居民消费价格总水平（consumer price index，CPI）同比上涨 1.1%，八大类商品（服务）价格指数呈"六升二降"态势：食品烟酒类上涨 0.1%，教育文化和娱乐类上涨 2.0%，居住类上涨 0.4%，医疗保健类上涨 0.9%，交通和通信类上涨 4.6%，生活用品及服务类上涨 0.6%，其他用品和服务类下降 1.0%，衣着类下降 1.1%。

总体来说，2021 年，东莞经济一定程度上克服了疫情带来的外生冲击，经济增长保持稳中向好态势。东莞市将继续以市内重点产业为着力点，进一步加快构建新发展格局，巩固经济发展基础，寻求经济发展新动能，保持国民经济在合理区间内平稳运行，实现市内经济高质量发展。

（二）东莞市房地产市场概况

1. 房地产开发投资情况

截至 2021 年第一季度，房地产开发企业到位资金 556.75 亿元，与上年同期相比增加 140.99%。因疫情态势有所缓和，国内贷款到位资金显著回暖，相较疫情前水平有所上升。其中国内贷款来源累计 89.67 亿元，同比上涨 155.76%，表明东莞市房地产开发层面融资渠道有所恢复，如图 4.72 所示。

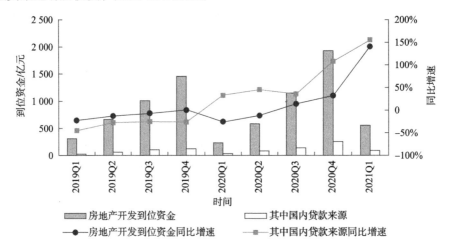

图 4.72　东莞市 2019 年第一季度至 2021 年第一季度房地产开发企业到位资金及同比增速

资料来源：东莞市统计局

2. 房地产开发建设情况

截至 2021 年第一季度，东莞市商品房累计施工面积达到 3 933.11 万平方米，相较上年同期增加约 14%；其中住宅累计施工面积达到 2 845.23 万平方米，较上年同期增长约 15%，小幅快于商品房累计施工面积同比增速。从开发层面来看，预计 2022 年相较 2021 年住房供应将有所好转，如图 4.73 所示。

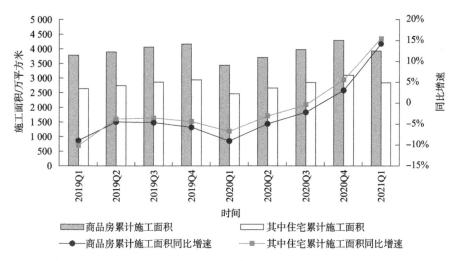

图 4.73　东莞市 2019 年第一季度至 2021 年第一季度商品房累计施工面积及同比增速

资料来源：东莞市统计局

从竣工情况上来看，2021 年第一季度，受疫情和商品房开发周期影响，2021 年商品房竣工量相较上年明显下降。从总量上来看，2021 年第一季度东莞市商品房累计竣工面积 50.46 万平方米，降幅达到 37.21%。其中住宅累计竣工面积约 38.43 万平方米，降幅约 12.38%，相较总量降幅相对较缓，如图 4.74 所示。

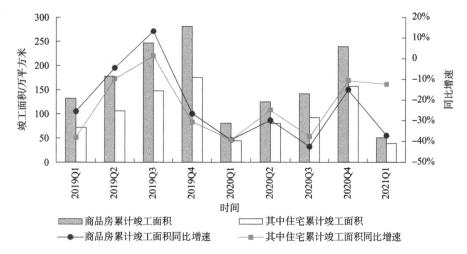

图 4.74　东莞市 2019 年第一季度至 2021 年第一季度商品房累计竣工面积及同比增速

资料来源：东莞市统计局

3. 房地产市场销售情况

受疫情影响，2021 年开年，东莞市商品房销售量同比大幅上涨，此后东莞市商品房销售量显著收缩。到下半年，东莞市商品房累计销售量同比转为负增长。全市全年商品房销售面积为 633.01 万平方米，同比下降 29.90%。其中住宅销售面积为 478.20 万平方米，同比下降 35.43%，如图 4.75 所示。

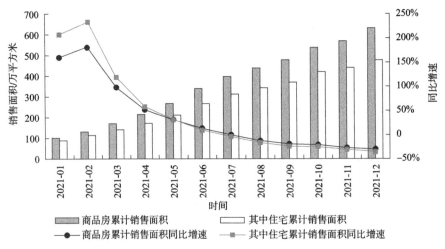

图 4.75 东莞市 2021 年 1~12 月商品房累计销售面积及同比增速

资料来源：东莞市统计局

2021 年，东莞市商品房销售额走势基本与商品房销售面积走势相同。全市全年商品房销售额共计 1 587.48 亿元，同比下降 20.66%。其中住宅销售额为 1 318.44 亿元，同比下降 26.48%，如图 4.76 所示。

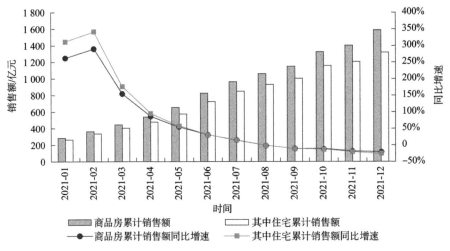

图 4.76 东莞市 2021 年 1~12 月商品房累计销售额及同比增速

资料来源：东莞市统计局

4. 商品房交易价格

受疫情和抑制投机性需求宏观调控相关政策影响，2021 年全年，东莞市房地产价格波动较大。从时间来看，在经历 2021 年 2 月的小幅下降后，2021 年 3 月东莞市商品房价格经历了 7 个月的低谷期，相较 1 月最高降幅达 24.3%。其中住宅价格保持波动上升趋势。随着 2021 年 10 月东莞市政府颁布住房交易参考价格制度，当月商品房和住宅价格均回归当年 1 月水平。11 月，东莞住房价格大幅回落，达到全年的最低水平，此后 12 月，东莞市住房价格再次反弹。总体来看，2021 年东莞市的住房价格波动较大，但住房调控政策的效果仍需进一步关注，如图 4.77 所示。

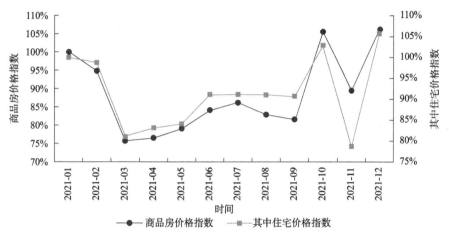

图 4.77　东莞市 2021 年 1~12 月商品房及住宅价格指数
资料来源：东莞市统计局

（三）政策建议

2021 年以来，由于疫情相较 2020 年有所缓解，东莞市政府在坚持"房住不炒"的背景下，切实做好因城施策、一城一策调控工作，将房地产市场价格控制在合理区间内。2021 年东莞市房地产市场价格虽整体呈现上涨态势，但下半年住房价格出现明显下降，与上年末价格水平相对持平。在未来，东莞市应继续发挥宏观调控作用，防止出现系统性金融风险，促进房地产市场平稳运行。具体措施如下。

1. 贯彻落实"房住不炒"理念，积极引导楼市平稳有序发展

贯彻落实中共中央"房住不炒"理念，加强预期引导，探索新的发展模式，切实做好因城施策、一城一策调控工作。抑制投机性购房需求，坚持租购并举，加快发展长租房市场，推进共有产权住房建设，因城施策促进房地产业良性循环和健康发展。

2. 切实推进二手住房交易参考价格制度，有效控制商品房价格

应进一步完善二手住房交易参考价格发布机制，畅通二手房交易信息渠道，保障二手房交易市场平稳有序发展。同时加大政策执行和监督力度，引导市场形成二手房交易价格合理预期，将住宅价格控制在合理区间内。既要防止出现系统性风险，又要保障合理住房需求，切实做好"六稳""六保"重要工作，确保房地产市场平稳有序发展。

宏观调控政策应继续从住房交易中介环节入手，确保二手住宅交易价格控制在合理区间内，防止价格虚高二手住房房源出现。政府相关部门应加大对于主要住房交易网站的巡查力度，按照政策规定依法要求下架价格虚高二手房源。对于恶意发布虚高二手房源的中介或有关机构，应积极依法予以惩戒。

3. 大力推进共有产权住房政策建设，保障住房合理需求

有效丰富东莞市住房保障形式，实现多主体、多渠道联动推进住房保障制度建设；加快推进共有产权住房建设试点工作，实现因地制宜、因城施策，统筹推进三限房政策，

把切实保障人民群众合理的住房刚性需求作为工作的重中之重,减轻承购家庭经济负担,改善居民住房居住环境,创新保障性住房的分配模式。

八、青岛市房地产市场运行情况

(一)经济形势概况

2021年,青岛市经济恢复取得明显成效,发展韧性和活力持续彰显,总体呈现稳中加固、稳中向好发展态势,"十四五"实现良好开局。据核算,2021年全年青岛市地区生产总值为14 136.46亿元,比上年增长8.3%,两年平均增长6.0%。其中,第一产业增加值为470.06亿元,比上年增长6.7%,两年平均增长4.6%;第二产业增加值为5 070.33亿元,比上年增长6.9%,两年平均增长4.9%;第三产业增加值为8 596.07亿元,比上年增长9.2%,两年平均增长6.6%。

1. 农业经济总体良好,粮食生产再获丰收

2021年,全市粮食喜获丰收,全年粮食总产量312.8万吨,比上年增加8.2万吨,增长2.7%,连续4年保持在300万吨以上。其中,夏粮产量143万吨,增长7.2%;秋粮产量169.8万吨,下降0.8%。生猪生产显著恢复,2021年末,生猪出栏262.2万头,同比增长28.6%。全年猪牛羊禽肉产量50.4万吨,同比增长4.9%;蔬菜总产量661.8万吨,同比增长0.9%。渔业生产平稳,全年水产品产量101.3万吨,增长0.2%。

2. 工业生产韧性增强,高技术制造业增势强劲

2021年,全市规模以上工业增加值同比增长8.1%,两年平均增长6.8%。多数行业和产品保持增长。分行业看,35个大类行业中,有31个行业同比实现增长,行业增长面为88.6%。分产品看,310种工业主要产品中有214种产品同比实现增长,增长面为69.0%,其中,通信及电子网络用电缆、金属集装箱、传感器产量分别增长91.4%、54.6%、17.6%。高技术制造业增加值同比增长17.1%,快于规模以上工业9个百分点,两年平均增长9.1%。

3. 消费需求温和回升,消费结构不断优化

2021年,全市社会消费品零售总额5 975.4亿元,同比增长14.8%,两年平均增长7.9%。按经营单位所在地分,城镇消费品零售额4 933.7亿元,同比增长14.9%;乡村消费品零售额1 041.8亿元,同比增长14.6%。按消费类型分,商品零售5 347.3亿元,增长14.1%;餐饮收入628.1亿元,增长21.3%。基本生活消费增势较好,限额以上单位粮油食品类、日用品类商品零售额同比分别增长20.5%和15.1%。升级类消费需求持续释放,限额以上单位可穿戴智能设备、智能家用电器和音像器材类商品零售额分别增长56.2%和32.5%。

4. 投资增长态势稳定,"四新"投资稳中向好

2021年,全市固定资产投资同比增长4.1%,两年平均增长3.6%。分产业看,第一产业投资增长20.7%,第二产业投资增长25.4%,第三产业投资下降1.8%。制造业投资持续发力，投资结构不断优化，2021年，制造业投资同比增长24.8%，占全市投资比重23.1%，对全市投资增长贡献率达115.6%。"四新"经济投资稳步增强，在建项目4 217个，同比增加260个。"四新"经济投资同比增长7.1%，两年平均增长10.2%；占全市投资比重为50.4%，同比提升1.4个百分点。

5. 对外开放持续推进，对外贸易量增质升

2021年，全市外贸进出口总值8 498.4亿元，连续5年创历史新高，同比增长32.4%，占全省进出口总值比重29.0%。其中，出口4 921.3亿元，增长27.0%；进口3 577.1亿元，增长40.7%。民营企业进出口增长34.9%，占全市进出口总值比重67.2%，占比提升1.3个百分点。传统新兴市场实现均衡增长，2021年，对前三大贸易市场东盟、美国和欧盟进出口同比分别增长43.1%、28.4%和19.1%；对"一带一路"沿线国家和地区、区域全面经济伙伴关系协定其他成员国进出口分别增长44.8%和35.4%。

6. 就业形势总体稳定，消费价格温和上涨

2021年，全市城镇新增就业38.13万人；政策性扶持创业5.67万人，同比增长6.5%。12月末，城镇登记失业率2.74%。保供稳价力度加大，价格保持温和上涨。2021年全年，居民消费价格同比上涨1.5%，涨幅比前三季度扩大0.2个百分点。12月，居民消费价格同比上涨1.8%，环比下降0.3%。其中，食品价格下降1.0%，非食品价格上涨2.4%；消费品价格上涨1.7%，服务价格上涨1.8%。

7. 居民收入持续增长，城乡收入差距缩小

2021年，全市居民人均可支配收入51 223元，同比增长8.6%，两年平均增长6.2%。按常住地分，城镇居民人均可支配收入60 239元，同比增长7.8%；农村居民人均可支配收入26 125元，同比增长10.4%。从收入来源看，全市居民人均工资性收入、经营净收入、财产净收入、转移净收入同比分别增长8.6%、10.0%、7.8%、7.4%。城乡居民人均收入比值2.31，比上年同期缩小0.05。

（二）房地产市场概况

1. 房地产开发投资情况

2021年1~12月青岛市房地产累计开发投资额为1 981.8亿元，同比下降3.1%。如图4.78所示，上半年累计开发投资额同比增速较为稳定，与全国和山东省增速接近，9~12月同比增速出现负增长，全年投资增速逐月放缓。受疫情影响，2020年上半年房地产各项指标基数较低，导致2021年上半年的同比增幅明显，第三季度动力不足，较上年出现较大下降。

2. 房屋建设情况

如图4.79所示，2021年1~12月，青岛市商品房累计施工面积为13 011.6万平方米，同比增长12.33%，其中累计新开工面积2 180.3万平方米，同比下降7.89%。除10月外，累计施工面积均实现平稳同比增长，新开工情况相比上年不乐观，全年同比增速均出现负增长。整体施工面积增长稳定，新开工面积较低，考虑到疫情冲击，存量房地产施工项目较多，新增开发投资量减少，房屋施工项目平稳复工，新增供应减少。

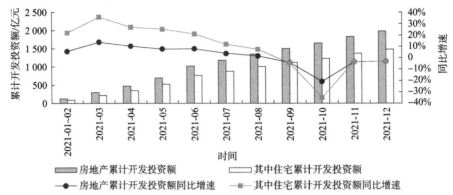

图 4.78　青岛市 2021 年 1~12 月房地产累计开发投资额及同比增速

资料来源：青岛市统计局

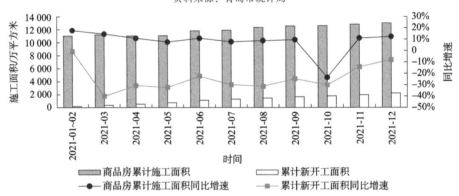

图 4.79　青岛市 2021 年 1~12 月商品房累计施工面积、新开工面积及其同比增速

资料来源：青岛市统计局

如图 4.80 所示，2021 年 1~12 月，青岛市商品房累计竣工面积为 1 656.9 万平方米，同比增速为 43.6%。受疫情影响，2020 年大量商品房竣工时间推迟，全市全年商品房累计竣工面积同比增速较高，2021 年上半年累计竣工面积相比上年翻倍，下半年同比增速仍保持高位。全市商品房施工迅速恢复，逐步消除了疫情带来的工期滞后情况。

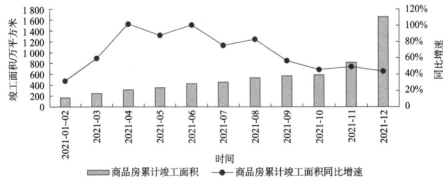

图 4.80　青岛市 2021 年 1~12 月商品房累计竣工面积及同比增速

资料来源：青岛市统计局

3. 房地产市场销售情况

如图 4.81 所示，2021 年全年青岛市房地产销售市场高开低走，维持增长态势，商品房累计销售面积 1 749.65 万平方米，同比下降 0.2%，商品住宅累计销售面积 1 495.1 万平方米，同比增速 0.92%。第一季度商品房累计销售面积同比增速高涨，2 月同比增速达 108.4%，随后逐步降低并趋于稳定。商品住宅占商品房销售面积 80% 以上，疫情初期渡过后，青岛市购房热度重新上涨。

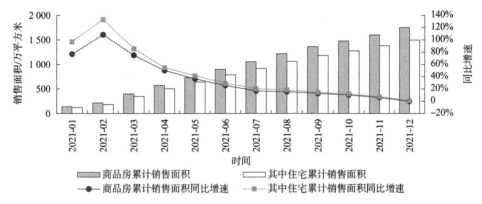

图 4.81 青岛市 2021 年 1~12 月商品房累计销售面积及同比增速

资料来源：青岛市统计局

如图 4.82 所示，2021 年 1~12 月青岛市商品房累计销售额 2 625.54 亿元，同比增速 7.77%，其中住宅累计销售额 2 196.26，同比增速 7.74%。全年商品房及其中住宅累计销售额相比上年保持快速增长，第一季度热度最高，商品房累计销售额同比增速 109.6%。房地产销售市场活力初显。

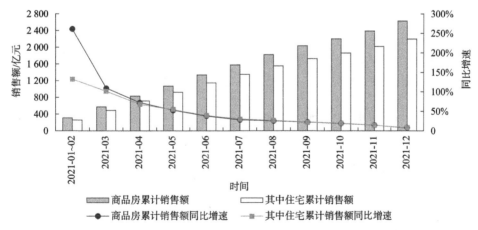

图 4.82 青岛市 2021 年 1~12 月商品房累计销售额及同比增速

资料来源：青岛市统计局

供应方面，从图 4.83 可以看出，2021 年青岛市商品房可售面积全年维持在 3 500 万平方米以上，截至 12 月，同比增长 8.19%，其中住宅可售面积保持在 2 000 万平方米左右，截至 12 月，同比增长 4.27%。全年商品房供应市场小幅波动，入夏后，青岛市商品房销售热度高涨，7~9 月可售面积同比增速较低。

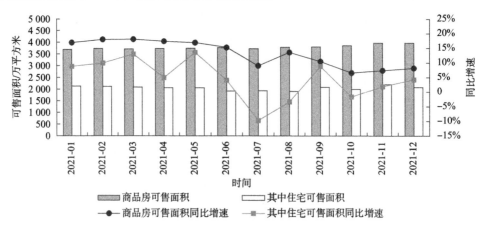

图 4.83　青岛市 2021 年 1~12 月商品房可售面积及同比增速

资料来源：青岛市统计局

4. 住宅销售价格指数

如图 4.84 所示，2021 年 1~12 月，青岛市新建商品住宅销售价格指数与二手住宅销售价格指数均逐月小幅增长。受青岛市老旧小区改造政策影响，新建商品住宅销售价格指数增幅连续三年高于二手住宅销售价格指数增幅。

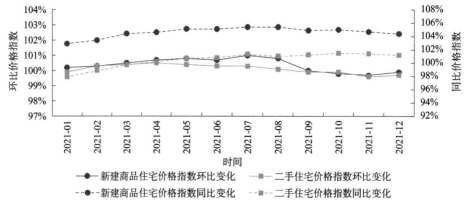

图 4.84　青岛市 2021 年 1~12 月新建与二手住宅销售价格指数

资料来源：国家统计局

（三）政策建议

2021 年，青岛市房地产开发投资增速放缓，施工面积和新开工面积较上年大幅下降，销售市场恢复较快，房地产市场稳定，价格指数小幅上涨，青岛市房地产调控政策在保证房地产市场稳定的情况下，较为有效地落实了"房住不炒"。

1. 坚持"房住不炒"和"三稳"调控目标不变

贯彻落实国务院房地产调控决策部署，建立房地产市场发展长效机制，坚持"房住不炒"和稳地价、稳房价、稳预期调控目标不变。2021 年以来全国房地产调控政策呈收紧态势，7 月 22 日国务院副总理韩正重申"房住不炒"的定位，为下半年房地产政策调控明确定调。青岛市政府应在继续实施限地价、控房价的基础上，健全市场准入机制，进一步创新和完善土地交易方式，加强购地资金来源审查，严格控制溢价率。

2. 加快完善住房保障体系，努力实现全体人民住有所居

加快建立以公租房、保障性租赁住房和共有产权住房为主体的住房保障体系。8 月 31 日，在国务院新闻办公室举办的以"努力实现全体人民住有所居"为主题的新闻发布会上，住房和城乡建设部提到加快建立以公租房、保障性租赁住房和共有产权住房为主体的住房保障体系，强调"十四五"期间，将以发展保障性租赁住房为重点，进一步完善住房保障体系，增加保障性住房的供给，努力实现全体人民住有所居。保障性租赁住房是解决人口净流入城市新市民、青年人等群体住房困难问题的重要举措。同时，健全人才引进及限购政策，增加保障性租赁住房在新建住宅面积中的比重，持续落实国家关于租赁住房供应、完善租赁住房的相关政策。

3. 有序恢复房地产开发市场，保证保障性住房供给

在坚持"房住不炒"和"三稳"调控目标不变的基础上，有序恢复房地产开发进度，提振房地产市场建设动力，保证保障性住房供应，增加保障性租赁住房在新建住宅面积中的比重，稳定房价，努力向"人人有房"目标前进。

九、哈尔滨市房地产市场运行情况

（一）经济形势概况

2021 年，哈尔滨市委、市政府统筹推进疫情防控和经济社会发展，扎实做好"六稳""六保"工作，全市经济运行呈现稳中加固、稳中有进、稳中向好的发展态势，经济基础持续巩固、内生动力不断增强。

2021 年 1~12 月，哈尔滨市实现地区生产总值 5 351.7 亿元，同比增长 5.5%，两年平均增长 3.0%。分产业看，第一产业完成增加值 628.2 亿元，增长 6.6%，两年平均增长 4.3%；第二产业完成增加值 1 239.2 亿元，增长 3.2%，两年平均增长 2.8%；第三产业完成增加值 3 484.3 亿元，增长 6.1%，两年平均增长 2.7%。

1. 工业生产稳中有增，多数行业保持增长

2021 年全年，哈尔滨市工业生产稳定增长，全市规模以上工业增加值同比增长 4.1%，两年平均增长 4.1%。

从大类行业看，哈尔滨市规模以上工业 38 个大类行业中 28 个行业大类增加值实现

正增长，行业增长面 73.7%。从产业看，四大主导产业同比增长 5.9%，高于全市规模以上工业增加值 1.8 个百分点，合计拉动规模以上工业增加值 4.3 个百分点，其中装备制造业、食品工业分别增长 14.5%、5.0%。从产品产量看，重点监测的 30 种产品产量中，19 种产品实现增长，增长面达 63.3%，其中电工仪器仪表、锂离子电池、发动机、发电机组分别增长 26.7%、1.2 倍、26.8%、16.8%。

2. 投资稳步回升，基础设施投资持续发力

2021 年，哈尔滨市固定资产投资同比增长 4.2%，两年平均增长 3.5%。

从产业看，第一产业投资增长 34.9%；第二产业投资增长 18.6%；第三产业投资增长 1.5%。从投资主体看，国有及国有控股投资增长 11.0%；港澳台及外商投资增长 65.1%；民间投资下降 7.6%。从投资领域看，房地产开发投资下降 14.6%，占全市固定资产投资 47.7%；基础设施投资增长 36.3%，占全市固定资产投资 33.3%；制造业投资增长 0.4%，占全市固定资产投资 7.3%。

3. 消费品市场总体趋稳，商品销售平稳增长

2021 年，哈尔滨市实现社会消费品零售总额 2 380.3 亿元，同比增长 7.0%，其中限额以上单位零售额同比增长 5.0%。

从商品类值看，限额以上单位 16 个商品类值中 11 个大类商品零售额实现正增长，增长面 68.8%。从行业类别看，限额以上单位批发业、零售业销售额分别增长 46.1%、7.4%；限额以上单位住宿业、餐饮业营业额分别增长 8.4%、23.8%。从网上销售看，全年限额以上单位通过公共网络实现商品零售额同比增长 15.6%，拉动限额以上单位零售额增长 2.0 个百分点。

4. 就业物价总体向好，居民收入稳步提高

2021 年，哈尔滨市城镇新增就业 9.96 万人，完成全年目标 129.4%。城镇登记失业率为 3.45%，低于预期目标（3.5%）0.05 个百分点。居民收入稳步提高，全市城镇居民人均可支配收入 42 745 元，同比增长 7.4%；全市农村居民人均可支配收入 21 512 元，同比增长 9.6%。工业生产者价格指数高位趋稳，工业生产者出厂价格指数同比上涨 5.8%。居民消费价格指数温和上涨，1~12 月居民消费价格指数同比上涨 0.6%，涨幅低于上年同期 0.8 个百分点。

5. 对外贸易质速双升，利用内外资实现双增

2021 年，哈尔滨市实现进出口总值 344.6 亿元，同比增长 35.0%。其中进口总值 173.3 亿元，增长 46.3%；出口总值 171.3 亿元，增长 25.2%。机电产品、高新技术产品出口总值分别增长 20.9%、36.7%，分别占出口总值 62.8%、32.1%。实际利用外资、内资双增长，全年全市实际利用外资 3.8 亿美元，增长 10.9%。稳外资的同时，全年全市新签约千万元及以上利用内资项目 306 个，同比增长 43.7%；实际利用内资 579.5 亿元，同比增长 52.3%。

6. 财政金融稳定增长，要素保障支撑持续改善

2021 年，哈尔滨市完成一般公共预算收入 365.8 亿元，同比增长 7.7%。金融存、

贷款运行稳健，截至 12 月末全市金融机构人民币存、贷款余额分别为 14 555.1 亿元、13 741.2 亿元，同比分别增长 5.9%、9.5%。工业用电量保持增长，2021 年以来工业用电量始终保持增长态势，全年全市工业用电量 112.5 亿千瓦时，同比增长 2.8%。货运量较快增长，全年完成货运总量 10 272.5 万吨，同比增长 12.4%，其中公路货运量 8 685.0 万吨，增长 16.3%。

总体来看，在一系列助企纾困政策和措施支撑带动下，哈尔滨市主要经济指标走势与全国全省基本保持一致，经济运行呈现稳定恢复增长的良好态势。但同时部分领域行业恢复仍需时日，经济稳增长基础尚需进一步巩固。哈尔滨市下一步需要坚持"稳字当头、稳中有进"，积极应对各项风险挑战，科学精准做好疫情防控工作，继续乘势而上，精准施策，保存量、扩增量，实现经济稳定增长。

（二）房地产市场概况

1. 房地产开发投资增速持续下降

2021 年，哈尔滨市固定资产投资和房地产开发投资增速总体保持下降趋势。如图 4.85 所示，6 月之后房地产开发投资增速降至负数，12 月达到最低值-14.6%。

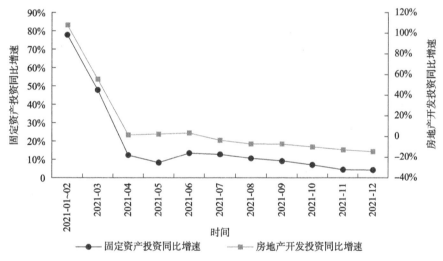

图 4.85　哈尔滨市 2021 年 1~12 月固定资产投资及房地产开发投资同比增速

资料来源：哈尔滨市统计局

2. 房地产开发建设情况

从施工面积看，2021 年第一季度，哈尔滨市商品房累计施工面积 9 570.94 万平方米，同比增长 11.4%；其中住宅累计施工面积 6 321.91 万平方米，同比增长 13.9%。如图 4.86 所示，哈尔滨市商品房累计施工面积同比增速在 2019 年稳步升高，在 2020 年迅速下降，在 2021 年第一季度出现显著回升。

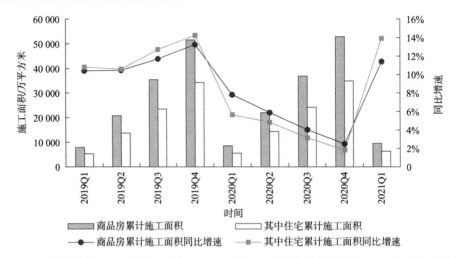

图 4.86 哈尔滨市 2019 年第一季度至 2021 年第一季度商品房累计施工面积及同比增速
资料来源：哈尔滨市统计局

从新开工面积看，2021 年第一季度，哈尔滨市商品房累计新开工面积 30.39 万平方米，同比下降 9.3%；其中住宅累计新开工面积 20.48 万平方米，同比下降 33.1%。如图4.87 所示，哈尔滨市商品房累计新开工面积同比增速在 2019 年持续升高，在 2020年转为下降，显著受到疫情影响。

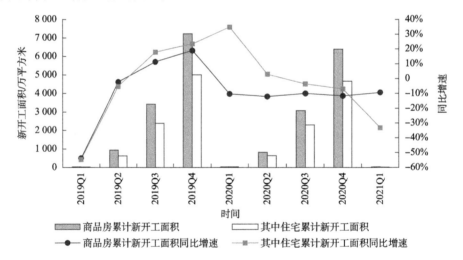

图 4.87 哈尔滨市 2019 年第一季度至 2021 年第一季度商品房累计新开工面积及同比增速
资料来源：哈尔滨市统计局

从竣工面积看，2021 年第一季度，哈尔滨市商品房累计竣工面积 3.81 万平方米，其中住宅累计竣工面积 3.1 万平方米。如图 4.88 所示，哈尔滨市商品房累计竣工面积同比增速从 2019 年第一季度开始持续下跌，2020~2021 年保持低位运行。

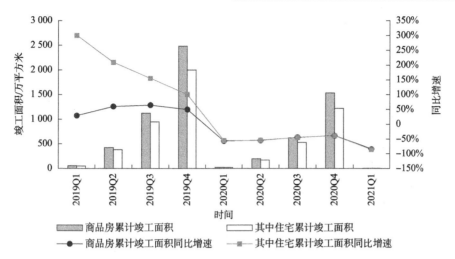

图 4.88　哈尔滨市 2019 年第一季度至 2021 年第一季度商品房累计竣工面积及同比增速

资料来源：哈尔滨市统计局

3. 商品住宅销售增速总体持续下降

2021 年，哈尔滨市商品住宅累计销售面积为 310.59 万平方米，其中 12 月实现销售面积 12.16 万平方米，同比下降 48.0%，环比下降 15.0%。如图 4.89 所示，商品住宅销售面积自 3 月以来持续下跌，仅 3~5 月累计销售面积同比增速在 0 以上，总体跌幅较大。

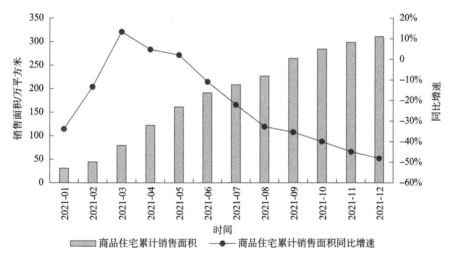

图 4.89　哈尔滨市 2021 年 1~12 月商品住宅累计销售面积及同比增速

资料来源：哈尔滨市统计局

2021 年 1~12 月，哈尔滨市商品住宅销售额则与商品住宅销售面积总体呈现出相似趋势，商品住宅累计销售额为 366.62 亿元，其中 12 月实现销售额 16.62 亿元，同比下降 40.3%，环比增长 4.8%。如图 4.90 所示，全市商品住宅累计销售额同比增速在 3 月上升至峰值 12.0%，随后持续下跌转负。

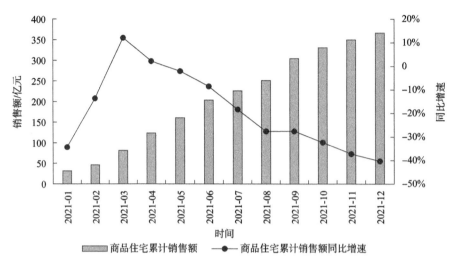

图 4.90　哈尔滨市 2021 年 1~12 月商品住宅累计销售额及同比增速

资料来源：哈尔滨市统计局

4. 商品房价格指数低位波动

如图 4.91 所示，2021 年哈尔滨市新建商品住宅价格指数总体呈现出下降趋势，同比价格指数及环比价格指数均在正负临界值上下长期徘徊。从 7 月开始，同比和环比价格指数持续下降，到 12 月，同比价格指数跌至 -1.8%，环比价格指数跌至 -0.8%。

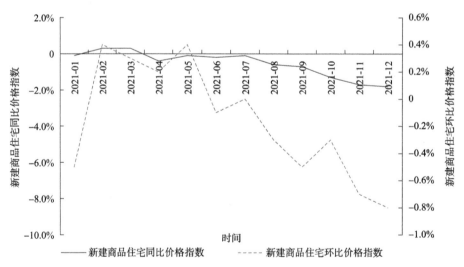

图 4.91　哈尔滨市 2021 年 1~12 月新建商品住宅价格指数

资料来源：国家统计局

如图 4.92 所示，2021 年哈尔滨市二手住宅同比价格指数始终为负，先降后升，波动较大，由 4 月的 -6.5% 触底反弹升至 10 月的 -0.7%。环比价格指数在 0 附近波动，且波动幅度小，在 8 月由正转负，波动下降至 12 月的 -1.0%。

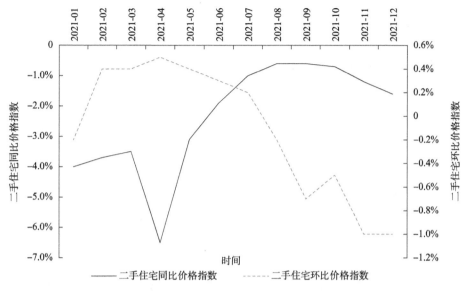

图 4.92 哈尔滨市 2021 年 1~12 月二手住宅价格指数

资料来源：国家统计局

（三）政策建议

1. 完善房地产市场管理机制

建立房地产市场信息披露机制，定期发布价格及销售情况等重要信息，帮助房企和消费者及时掌握市场信息，避免盲目跟风。同时建立房地产市场价格预警机制，逐步形成反映房地产真实供求状况的价格指标体系，更好地发挥市场功能，正确引导居民合理消费和心理预期。辅以房地产市场价格目标调控机制，研究确立以房价为核心的目标调整机制，加强引导房企正确认识政策调控力度，保持良性发展。

2. 调整和优化土地供应结构

强化土地供应监管，应由土地、房产、规划、统计和银行等多部门定期沟通加强信息共享，对房地产开发、市场销售、需求预期、资金供求等因素进行综合监测分析，科学确定土地投放的规模和节奏。不断调整和优化土地供应结构，使土地供应保证房地产呈现低端有保障、中端有支持、高端有市场。对于商品房库存去化周期大于 24 个月（或18 个月）的区域，应立即停止供地，相反则增加土地供应，平衡市场需求，提高商品房交易量。

3. 参照其他城市先进经验落实限价政策

提高商品房预售价格备案严肃性，避免房价大幅波动造成系统性恐慌。在限高价的同时也要注意限低价，对严重背离区域市场平均成交价格的项目，停止预售许可审批；真正实行"一房一价"监管，对已获取预售许可证项目，每套房均给予实时价格监控，销售备案价格波动控制，从而实现稳房价、减弱消除系统性恐慌、提升购房者及市场信心。

第五章 2021 年房地产金融形势分析

第一节 房地产业融资渠道分析

2021 年，国内统筹疫情防控已成为常态化形势，但全球疫情和世界经济形势依然严峻复杂，国内外防输入任务仍然艰巨繁重，给我国经济发展继续带来风险和挑战，房地产市场调控政策整体仍将保持连续性和稳定性，行业基调保持一致性，长期来看，房地产周期属性淡化，"房住不炒"仍是"十四五"政策底线。2021 年 1 月，中国人民银行工作会议提出落实房地产长效机制，实施好房地产金融审慎管理制度，完善金融支持住房租赁政策体系。2021 年 2 月，中国银行保险监督管理委员会发布会议提出建立房地产融资全方位、全口径的统计体系，银行房地产风险暴露金额超过了净资本一定的比例，必须采取有关措施。

一、商业性房地产贷款

2021 年 1~12 月，全国房地产开发投资 147 602.08 亿元，同比名义增长 4.4%，增速比 1~11 月下降 1.6 个百分点。其中，住宅投资 111 173.00 亿元，增长 6.4%，增速比 1~11 月下降 1.7 个百分点。住宅投资占房地产开发投资的比重为 75.32%。

如图 5.1 所示，2021 年 1~12 月房地产累计开发投资额和住宅累计开发投资额同比增速持续放缓。房地产投资同比增速从年初达到高位开始逐渐减弱，连续 12 个月下降。同时，2020 年起，房地产投资增速持续增加，得益于房企冲量、加速推盘积极性较高，疫情逐渐得到控制后部分城市形成一定涨价预期，居民对房价和促销相对敏感，带动地产销售数据的持续高增，项目投资逐渐乐观。

2021 年 1~12 月，房地产开发企业资金来源 201 132.21 亿元，其中，国内贷款 23 295.79 亿元，占总资金的 11.58%，累计同比降低 18.4%；利用外资 107.36 亿元，占总资金的 0.05%，累计同比降低 53.4%；自筹资金 65 427.69 亿元，占总资金的 32.53%，累计同比降低 5.8%；其他资金，包括单位自有资金、定金及预收款等在内的资金来源 112 301.37 亿元，占总资金的 55.83%，累计同比上升 0.94%。同 2020 年同期开发资金来源相比较，在累计同比方面，其他资金出现小幅上涨，国内贷款、利用外资和自筹资金均出现小幅下降。

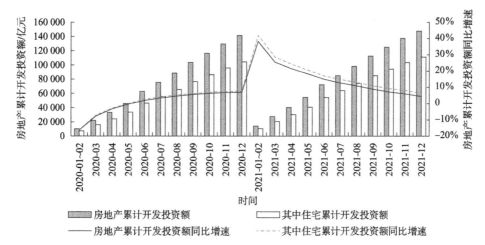

图 5.1 全国 2021 年 1~12 月房地产累计开发投资额及同比增速

资料来源：Wind 数据库

如表 5.1 和表 5.2 所示，疫情对房地产开发投资的影响持续显现，各资金来源同比增速持续下降，2021 年全年各资金来源累计同比增速持续下行，全年下行幅度较大。

表 5.1 2021 年 1~12 月房地产开发资金主要来源情况　　　　　单位：亿元

时间	总投资	国内贷款	利用外资	自筹资金	其他资金
2021-01~02	30 559.75	5 201.07	10.24	8 268.19	17 080.25
2021-03	47 464.73	7 221.66	11.31	13 014.92	27 216.84
2021-04	63 542.47	9 042.95	16.60	17 166.52	37 316.40
2021-05	81 380.26	10 872.84	25.15	22 686.45	47 795.82
2021-06	102 898.03	13 464.96	41.85	30 153.11	59 238.09
2021-07	118 970.45	15 401.83	44.29	35 532.66	67 991.68
2021-08	134 363.70	16 917.90	53.00	40 773.17	76 619.63
2021-09	151 485.92	18 769.81	59.12	47 211.79	85 445.21
2021-10	166 596.59	20 147.99	71.92	52 617.43	93 759.25
2021-11	183 361.71	21 640.29	89.60	59 377.73	102 254.10
2021-12	201 132.21	23 295.79	107.36	65 427.69	112 301.37

资料来源：Wind 数据库

表 5.2 2020 年 1 月至 2021 年 12 月房地产开发资金主要来源累计同比增速

时间	总投资	国内贷款	利用外资	自筹资金	其他资金
2020-01~02	−17.50%	−8.60%	−77.20%	−15.40%	−22.15%
2020-03	−13.80%	−5.90%	−42.50%	−8.80%	−19.57%
2020-04	−10.40%	−2.50%	−31.60%	−5.20%	−15.89%
2020-05	−6.10%	−0.50%	15.30%	−0.80%	−10.70%

续表

时间	总投资	国内贷款	利用外资	自筹资金	其他资金
2020-06	−1.90%	3.50%	8.00%	0.80%	−5.13%
2020-07	0.80%	4.90%	29.90%	3.30%	−1.80%
2020-08	3.00%	4.00%	24.50%	3.60%	2.27%
2020-09	4.40%	4.00%	−9.50%	5.90%	3.72%
2020-10	5.50%	5.10%	−15.20%	6.50%	4.95%
2020-11	6.60%	5.40%	−4.70%	7.90%	6.10%
2020-12	8.10%	5.70%	9.30%	9.00%	8.23%
2021-01~02	51.20%	14.40%	−14.00%	34.20%	79.98%
2021-03	41.40%	7.50%	−41.00%	21.00%	69.31%
2021-04	35.20%	3.60%	−28.30%	15.40%	59.64%
2021-05	29.90%	1.60%	−26.50%	12.80%	50.25%
2021-06	23.50%	−2.40%	−9.10%	11.90%	39.18%
2021-07	18.20%	−4.50%	−44.40%	10.90%	29.82%
2021-08	14.80%	−6.10%	−47.50%	9.30%	24.27%
2021-09	11.10%	−8.40%	−36.90%	6.10%	19.82%
2021-10	8.80%	−10.00%	−35.40%	5.10%	16.42%
2021-11	7.20%	−10.80%	−41.70%	4.80%	13.59%
2021-12	4.20%	−12.70%	−44.10%	3.20%	9.17%

资料来源：Wind 数据库

整体看来，其他资金在房地产开发投资来源中占比较上年高出 0.94%，弥补了房地产开发投资的资金缺口。然而房地产开发行业缺乏金融产品，难以抵御外来冲击。为了保证房地产行业的持续发展，我国房地产开发行业应该参考借鉴发达国家的宝贵经验，立足我国房地产开发行业实际情况，开拓思维进行创新，拓宽房地产开发企业的融资渠道以获得充足的开发资金。

二、股市融资

对于上市房企，股市融资是重要资金来源，主要为权益性融资，包括配股、增发、可转换公司债券、优先股等。2021 年中国人民银行金融市场下半年工作会议上提出宏观审慎压力测试工作稳步推进。《系统重要性银行附加监管规定（试行）》完成公开征求意见，研究拟定系统重要性银行名单，出台房地产贷款集中度管理制度。会议要求，2021 年中国人民银行系统要持续加强宏观审慎管理，健全宏观审慎政策框架，适时发布宏观审慎政策指引，分步开展宏观审慎压力测试，建立逆周期资本缓冲评估机制并开展年度评估，实施好房地产金融审慎管理制度。

房地产行业的严监管提高了企业融资门槛，使得行业内融资出现分化，资金流向向财务稳健、综合实力更强的房企倾斜。随着各级地方政府积极倡导推进城市化进程，城市更新需求在不断增加，同时产业的变迁升级带来的人口和财富也将推动不同区域房地产业务的发展。2021年，上市房企聚焦深耕的范围集中在能级较高、基本面较优、需求支撑力更强的城市群或城市，以求提升市场竞争力，夯实品牌影响力。万科A、中国恒大、碧桂园、融创中国、中国海外发展、保利地产、华润置地、龙湖集团、新城控股、富力地产等10家沪深房地产上市公司荣获"2020中国房地产上市公司综合实力TOP10"。

三、房地产信托

2021年以来房地产市场调控政策持续收紧，调控内容亦更加细化，调控机制不断完善。自"7.22会议"中定调下半年房地产调控方向以来，中央和地方调控均愈发频繁。

近年来，信托业积极配合国家在房地产调控方面的各项金融政策，持续压缩房地产信托业务的规模，调整优化结构，升级业务模式。在"房住不炒"的政策定位下，有关部门对房地产行业的管控持续加码，融资条件也不断收紧，同时房地产企业违约事件频发，信托公司在房地产领域的资金投入持续收紧。截至2021年第四季度末，投向房地产领域的信托资金总额为6 089.59亿元，较上年同期降幅达34.43%；房地产业信托降至占比26.24%，同比下降4.15个百分点。

房地产行业调控升级有助于防范金融资源过度集中，避免由此带来的资源浪费和潜在系统性金融风险。同时，房地产信托业务规模和占比的压降，有助于信托公司积极推动业务转型，避免资金投放过度集中于房地产领域，将更多资金投入经济转型升级的重点领域，更好地发挥信托服务实体经济高质量发展的职能。

如图5.2所示，2021年下半年，房地产信托发行规模和数量均出现下降趋势。同时，如图5.3所示，房地产信托产品平均收益率2021年下半年呈现波动上升的趋势。房地产调控的目标不会有所变化，对金融风险的态度持续从严，2021年10月，部分房企爆雷事件持续发酵，大部分信托公司都暂停或收缩了在地产板块的布局，只有少量存续的信托产品还在持续募集。2021年12月，房地产信托发行规模占整体信托发行规模的比重为18.5%，与6月相比，下降了16.17%，严监管政策在一定程度上限制了资金向房地产行业集中。

房地产行业融资层面持续释放积极信号。自2021年9月以来，监管层针对房地产行业密集发声，政策基调逐渐软化。中共中央政治局12月6日召开会议，会议强调，要推进保障性住房建设，支持商品房市场更好满足购房者的合理住房需求，促进房地产业健康发展和良性循环。同时，中国人民银行决定于2021年12月15日下调金融机构存款准备金率0.5个百分点，共计释放长期资金约1.2万亿元。房地产开发投资的韧劲不减，并将在高位维持平稳，房价或呈现窄幅波动态势。从整体环境看，库存去化进入尾声、市场流动性整体充裕、资金利率低、房企在"五道红线"下有加大销售力度回笼资金的动力，都利于房地产市场维持高热度。保障性租赁住房和城镇老旧小区将成为长效机制建

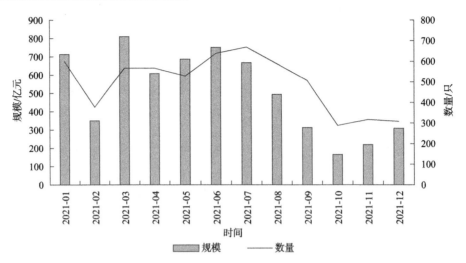

图 5.2　2021 年 1~12 月房地产信托产品发行规模和数量

资料来源：用益信托工作室

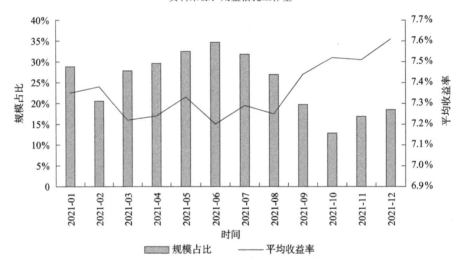

图 5.3　2021 年 1~12 月房地产信托产品规模占比和平均收益率

资料来源：用益信托工作室

立的主要抓手，预计在财政货币金融政策的支持下，租赁住房和城镇老旧小区改造将为房地产投资注入新动能，对建筑工程投资形成较强支撑。

房地产行业是国民经济的重要支撑，健康合理的房地产业有助于国民经济的持续健康发展。房地产信托一直以来是信托公司的主要业务，也是信托业务收入的主要来源，短期内不可能完全萎缩。投资者投资房地产信托时应持谨慎的态度。首先应该注意资金投放区域及项目，一般而言，一线城市或比较好的二线城市，特别是前期房地产泡沫不太高的二线城市，安全性较高，同时需要关注租赁住房和城镇老旧小区改造的项目及地区；其次是看融资方，首选全国性、品牌好的、经营稳健的开发商；最后还要看信托公司采取的风控措施是否严密和有力；等等。

第二节 房地产企业经营状况分析

2021年以来，我国房地产调控政策不断升级，从中央层面来看，继续坚定不移地坚持"房住不炒"的定位，落实稳地价、稳房价、稳预期的目标不变。从地方层面来看，因城施策向更加精细化方向发展，调控重点逐渐从一、二线热点城市下沉至部分热点三、四线城市，从重点针对新房市场逐渐转向二手房市场。同时，2021年房地产企业信贷环境继续收紧，更多房企将走向主动"降负"，寻求高质量发展之路。

一、房地产企业盈利状况分析

净利润是衡量企业经营效益的一个重要指标，它表现的是企业在一个会计年度中的最终经营成果。因此，本节通过净利润指标对截至2021年12月31日房地产上市企业的盈利状况进行分析。根据2021年已公布财报的112家境内房地产上市企业净利润披露数据，得到2021年净利润分布，如图5.4所示。此外，2021年全年净利润为正的企业有85家，2020年是96家；净利润为负的企业则有27家，2020年前三季度是17家。2021年净利润为正的房地产上市企业占比达76.0%，较2020年同期的85.7%有所下降。可以看到，2021年与2020年相比，房地产企业发展压力增大。究其原因，第一，可能是因为受到新冠肺炎疫情的影响；第二，在我国2021年持续收紧的政策环境下，房地产企业受拿地受限、销售承压、融资受阻等多重压力叠加的影响，导致2021年房地产企业面临流动性紧张、销售模式困难、资不抵债、停工风险等问题，企业发展受到明显限制。

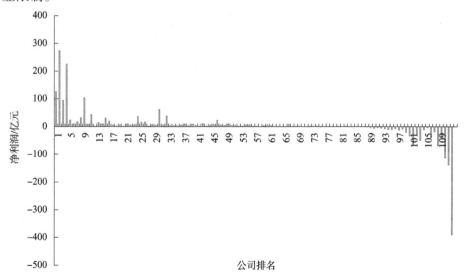

图5.4 境内房地产上市企业2021年净利润分布

图中企业按照每股收益由高到低排序

资料来源：同花顺数据库

图 5.5 为 2021 年净利润排名前 10 位的境内房地产上市企业，可以看出其盈利状况呈现不同程度的变动。可以看到，在 2021 年中，排名前 10 的房地产企业中，有 8 家净利润同比增速为负值，分别为保利发展、万科 A、新城控股、招商蛇口、金地集团、绿地控股、华侨城 A 和金科股份。其中，利润同比增速下降最为明显的是华侨城 A，同比下降 70.05%；其次是绿地控股、金科股份及万科 A，同比下降 58.8%、48.78% 及 45.75%；降幅较小的是新城控股、招商蛇口、金地集团及保利发展，同比下降 17.42%、15.35%、9.5% 及 5.39%。排名前 10 的房地产企业中，只有 2 家净利润同比增速为正值，分别为陆家嘴和华发股份，同比增长 7.45% 和 10.09%。就房地产上市企业盈亏面来看，2021 年净利润同比上升的企业有 40 家，同比下降的企业有 72 家，净利润同比上升的企业占 35.7%。

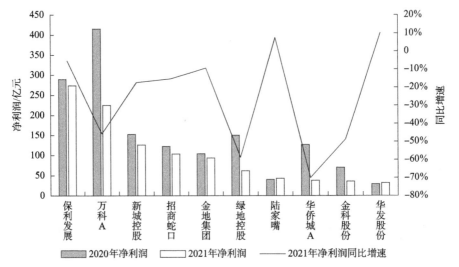

图 5.5　2021 年净利润排名前 10 位的房地产企业净利润及同比增速

图中企业按照每股收益由高到低排序

资料来源：同花顺数据库

二、房地产企业营利能力分析

营业利润率是销售收入扣减商品销售成本和一些营业费用后的余额占销售收入的比例，它衡量了营业利润占营业收入的比重，反映了企业营利能力的高低。因此，我们以营业利润率为主要指标分析了已公布相关数据的 112 家房地产上市企业经营状况，如图 5.6 所示。相比 2020 年，2021 年我国 67.0% 的房地产上市企业营业利润率有所下降，部分房地产出现增减幅较大的态势，如巴士在线的营业利润率较 2020 年上涨 507.55%，美好置业的营业利润率较 2020 年下降 3 841.93%。总体来看，房地产上市企业营业利润率上升与下降的家数之比是 38∶74，营业利润率上升企业占 33.9%。

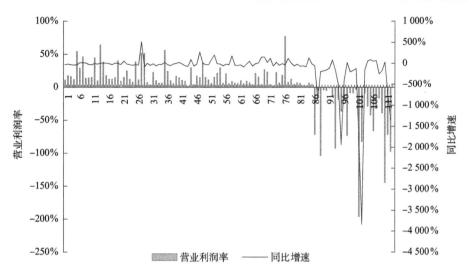

图 5.6 2021 年房地产企业营业利润率及同比增速

图中企业按照每股收益由高到低排序

资料来源：同花顺数据库

净资产收益率又称股东股权益报酬率或净资产利润率，是税后利润除以净资产的百分比，该指标反映股东权益的收益水平，用来衡量企业运用自由资产获得净收益的能力，反映了企业自有资本的利用效率。本章用净资产收益率衡量企业营利能力，如图 5.7 所示，2021 年 112 家房地产上市企业的摊薄净资产收益率，同比上升与下降的企业家数之比为 33：79。房地产行业整体摊薄净资产收益率上升与下降企业家数较 2020 年变化较大。

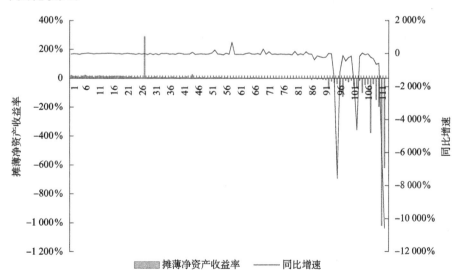

图 5.7 2021 年房地产企业摊薄净资产收益率及同比增速

图中企业按照每股收益由高到低排序

资料来源：同花顺数据库

投资者通常根据每股收益，衡量普通股的获利水平以及投资者对该股票的未来预期情况。图 5.8 为 2021 年 112 家房地产上市企业的每股收益及同期变动情况。2021年度房地产上市企业每股收益分布区间为−10.17~5.59元/股，分布区间较 2020年的−3.25~6.17 元/股有所扩大，房地产企业分化状况较为明显。

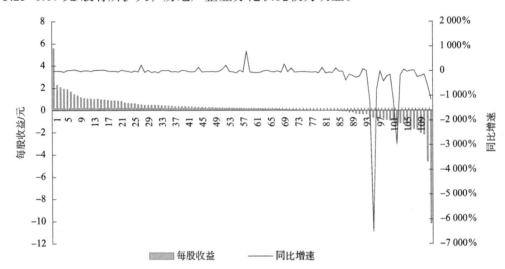

图 5.8　2021 年房地产企业每股收益及同比增速

图中企业按照每股收益由高到低排序

资料来源：同花顺数据库

表 5.3、表 5.4 分别为 2021 年、2020 年每股收益排名前十的房地产企业。相较于 2020 年同期，2021 年各房地产上市企业每股收益略有上升。传统大型房地产企业的每股收益普遍上涨较慢甚至出现下降，而中小型房地产企业成长速度很快，房地产企业股权收益差距继续缩小，说明房地产企业表现出平均权益持稳及趋同的态势。

表 5.3　2021 年每股收益排名前十的房地产企业　　　　　　　　　单位：元

企业	每股收益
新城控股	2.61
南京高科	1.583
万科 A	1.436
深物业 A	1.299 8
保利发展	1.13
绿地控股	0.87
华发股份	0.87
合肥城建	0.856 6
金科股份	0.8
中国国贸	0.77

资料来源：同花顺数据库

表5.4　2020年每股收益排名前十的房地产企业　　　　　　单位：元

企业	每股收益
新城控股	2.11
华夏幸福	1.47
万科A	1.74
南京高科	0.32
保利地产	1.11
金地集团	0.99
宁波联合	0.72
广宇发展	0.67
荣盛发展	0.83
绿地控股	0.61

资料来源：同花顺数据库

三、房地产企业资金链状况分析

房地产企业的资金状况变化对房地产及关联行业贷款风险、房地产信托兑付风险等产生显著影响。

资产负债率是衡量企业负债水平及风险程度的重要指标，一般认为资产负债率的适宜水平是40%~60%，但不同行业的资产负债率水平各有不同。对于房地产企业而言，前期投资非常大，正常的范围在60%~70%，最高不得超过80%。如果资产负债率过高，企业的经营就会面临巨大的风险，从长期来看，可能会导致企业资不抵债，最终破产。目前房地产行业企业平均资产负债率出现逐渐增长的趋势，如图5.9所示，2019~2021年资产负债率处于63.93%~65.20%区间，2019年资产负债率先升后降，2020~2021年资产负债率呈波动上升趋势。

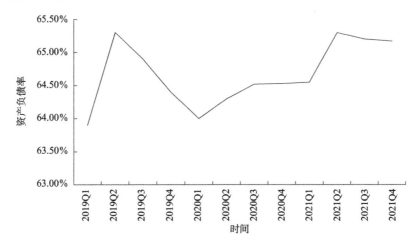

图5.9　2019~2021年房地产上市企业平均资产负债率情况

资料来源：同花顺数据库

速动比率反映了企业的短期偿债能力，一般用来衡量企业流动资产可以立即变现用于偿还流动负债的能力。图5.10为2019~2021年公布的112家房地产上市企业平均速动比率，由图可知，2019年以来，房地产行业的平均速动比率整体呈现先升后降的趋势，2020年第二季度开始呈现波动下降趋势，说明其短期偿债能力逐步下降。在2021年内，连续四季度持续下降，由第一季度的0.78，下降到第四季度的0.71。整体来说，房地产行业企业速动比率呈现下降趋势，短期偿债能力逐步减弱，在资金流不足的情况下抵御破产风险的能力在逐渐减弱。

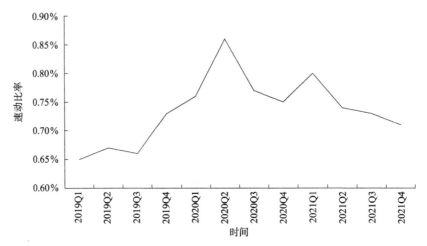

图5.10　2019~2021年房地产上市企业平均速动比率情况

资料来源：同花顺数据库

流动比率是流动资产与流动负债的比率，用来衡量企业流动资产可以变现用于偿还短期负债的能力，图5.11为2019~2021年公布的112家房地产上市企业平均流动比率，由图可知，2020年以来，房地产企业的平均流动比率呈现波动下降的趋势，短期偿债能力下降。

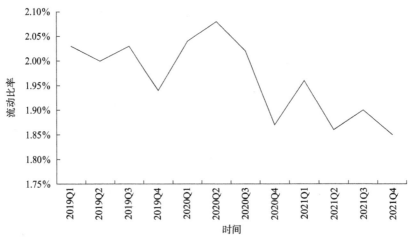

图5.11　2019~2021年房地产上市企业平均流动比率情况

资料来源：同花顺数据库

每股经营净现金流量是企业经营活动所产生的现金流入与经营活动的现金流出的差额占总流通股本的比值。该指标主要反映平均每股所获得的现金流量，是上市企业在维持期初现金流量的情况下，有能力发给股东的最高现金股利金额，反映企业在实际经营中运用资本创造现金的能力。图5.12为2020~2021年房地产上市企业平均每股经营净现金流量。2020年第四季度，房地产企业每股经营活动产生的现金流量净额实现由负转正，2020年第四季度达到年度最高值为0.73元/股。然而2021年第一季度，平均每股净现金流量均为负值，但后两季度又持续增长至正值，2021年第四季度达到近两年最高值为1.14元/股，这表明目前的房地产市场运用自有资本进行经营活动产生的现金流量净额有所回升。

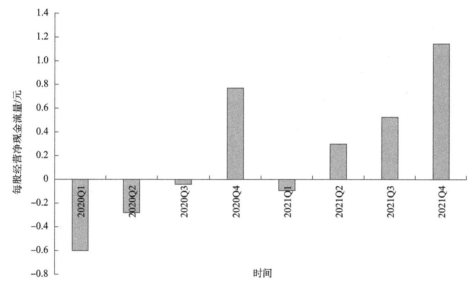

图5.12　2020~2021年房地产上市企业平均每股经营净现金流量

资料来源：同花顺数据库

总体来说，2021年房地产企业的整体销售与盈利较2020年相比有所下降，存在大型房地产企业利润上升空间不足，中小型企业的利润率下降等问题。另外，房地产上市企业的每股收益区间较2020年同期有所扩大，分化状况较为明显。2021年，房地产企业的偿债能力和资金链状况较2020年有所下降，考虑到我国金融监管持续强化和信贷环境持续收紧，房地产企业更加需要关注自身的长短期偿债能力和资金链状况。

第三节　房地产金融产品运行分析

2021年，为维持房地产行业平稳健康发展，以管控房地产企业有息负债增长和房地产行业杠杆水平的"三道红线"政策在房地产行业全面实行，房地产融资环境持续不断收紧，商业银行房贷规模持续不断收缩。在传统融资渠道受限的情况下，如何开拓新的低风险融资渠道，从而确保房地产投资项目顺利有序进行，是当前房地产企业所关注的一大热点问题。因此，应对我国当前的房地产金融产品运行情况进行分析与探讨。

2021年，我国银行发行住房抵押贷款支持证券60只，同比上年（54只）数量上有所上升。发行总额为4 766.88亿元，同比上年发行总额增加694.25亿元，增幅高达17%。我国有27家银行参与个人住房抵押贷款支持证券发行，较2020年（19家）有较大幅度的上升（表5.5），个人住房抵押贷款支持证券发行总金额最高的是中国建设银行，共发行28只证券，其证券发行总额为1 887.39亿元，占当前全部总额的39.59%，其中5只证券位于住房抵押贷款支持证券发行总额的前十名之列，单只证券平均发行额达107.41亿元。其次是中国工商银行，共发行19只证券，总金额为1 125.92亿元，占当前全部总额的23.62%，其中4只证券位于住房抵押贷款支持证券发行总额前十名之列，单只证券发行额最高达136.93亿元，为当前2021年住房抵押贷款支持证券发行总额排行首位。中国建设银行与中国工商银行两者发行额之和占总发行额的比重高达63.21%，较2020年的70.03%有所下降。

表 5.5　2021 年住房抵押贷款支持证券发行总额前十名一览表

项目名称	发起机构	发行总额/亿元	计息起始日	法定到期日	发行人	主承销商
工元乐居2021-3	中国工商银行	136.93	2021-05-19	2044-01-26	中海信托	中信证券，兴业证券，中国银行
工元乐居2021-1	中国工商银行	134.92	2021-03-26	2044-01-26	中海信托	海通证券，中国建设银行，中信建投证券
工元乐居2021-2	中国工商银行	134.47	2021-04-09	2044-01-26	中海信托	光大证券，中国银河，兴业银行
建元2021-15	中国建设银行	132.28	2021-11-18	2046-01-26	建信信托	中国银河，招商证券，兴业证券，中国工商银行，海通证券
建元2021-13	中国建设银行	131.58	2021-10-22	2049-07-26	建信信托	国泰君安，汇丰银行（中国），中金公司，招商证券，渣打银行（中国）
兴元2021-1	兴业银行	131.34	2021-03-18	2043-06-23	兴业信托	中金公司，招商证券，中信建投证券，中国工商银行，中国银行，兴业证券
建元2021-14	中国建设银行	130.52	2021-11-11	2047-06-26	建信信托	中国银行，国开证券，华泰证券，中金公司，中国银河
建元2021-12	中国建设银行	129.77	2021-09-28	2044-06-26	建信信托	中国银河，招商证券，国泰君安，东方投行，华泰证券
建元2021-11	中国建设银行	129.14	2021-09-24	2052-08-26	建信信托	中信建投证券，中金公司，国泰君安，中国银河
工元乐居2021-4	中国工商银行	125.40	2021-08-06	2044-01-26	中海信托	中国农业银行，国泰君安，华泰证券

资料来源：Wind 数据库

2021年住房抵押贷款支持证券发行金额主要集中于中国建设银行与中国工商银行，且我国整体住房抵押贷款支持证券发行总金额同比上年大幅上升，中国建设银行与中国工商银行相较其他发行机构发挥了重要作用，对相关主体有较大的影响力。证券的发行都由多个金融机构合作承销，其中，中国银行、中信建投证券、中国银河和国泰君安是承销商中的主力，参与了多只个人住房抵押贷款支持证券的承销。

以 2007 年发行的建元 2007-1 和 2014 年发行的邮元 2014-1 为例，介绍个人住房抵押贷款支持证券的发行和运行情况。

一、建元 2007-1 个人住房抵押贷款支持证券

1. 证券发行情况

建元 2007-1 债券全称为建元 2007 年第 1 期个人住房抵押贷款支持证券，是中国建设银行发起的 2007 年第 1 期个人住房抵押贷款支持证券，发行规模为 416 068.37 万元。建元 2007-1 分为 07 建元 1A、07 建元 1B、07 建元 1C、07 建元次级四个等级，分层占比分别为 86.10%、8.56%、1.98%、3.36%（表 5.6）。

表 5.6　建元 2007-1 个人住房抵押贷款支持证券初始发行情况

债券简称	评级	评级机构	发行金额/万元	发行利率	分层比例
07 建元 1A	AAA	联合资信	358 234.86	4.77%	86.10%
07 建元 1B	A	联合资信	35 615.45	6.07%	8.56%
07 建元 1C	BBB	联合资信	8 238.15	9.75%	1.98%
07 建元次级			13 979.91		3.36%

资料来源：Wind 数据库

该项目采用信托交易结构，中国建设银行股份有限公司作为发起机构和贷款服务机构，中诚信托有限责任公司作为受托机构和资产支持证券的发行机构，中国工商银行股份有限公司为其资金保管机构，联合资信评估股份有限公司为其信用评估机构，如表 5.7 所示。

表 5.7　建元 2007-1 个人住房抵押贷款证券发行相关机构

机构	名称
发起机构	中国建设银行股份有限公司
贷款服务机构	中国建设银行股份有限公司
发行机构	中诚信托有限责任公司
受托机构	中诚信托有限责任公司
主承销商	中国国际金融股份有限公司
资金保管机构	中国工商银行股份有限公司
信用评估机构	联合资信评估股份有限公司
会计师事务所	毕马威华振会计师事务所（特殊普通合伙）

资料来源：Wind 数据库

建元 2007-1 初始起算日资产池中抵押贷款的总体特征如表 5.8 所示，统计了初始资产池在初始起算日的资产笔数与金额特征、利率和期限特征以及其他特征。所有加

权平均和百分比数据的计算均以初始资产池在初始起算日的所有抵押贷款的本金余额
为基础。

表 5.8 建元 2007-1 初始起算日资产池中抵押贷款总体特征

项目特征	数据
入池总笔数/笔	12 254.00
入池总金额/万元	416 068.37
单笔贷款最高合同金额/万元	298.00
单笔贷款平均合同金额/万元	39.30
单笔贷款最高未偿本金余额/万元	284.25
单笔贷款平均未偿本金余额/万元	33.95
单笔贷款最高年利率	7.83%
加权平均贷款年利率	5.95%
加权平均合同期限/月	222.00
加权平均贷款剩余期限/月	199.00
加权平均账龄/月	23.00
加权平均借款人年龄/岁	35.00

资料来源：Wind 数据库

2. 基础资产分析

个人住房抵押贷款支持证券以住房抵押贷款为资产池，资产池中抵押贷款的不同期限长度决定着其所对应的由不确定性所带来的风险大小，这也直接影响着不同期限的资产证券化产品所对应的收益率大小。建元 2007-1 个人住房抵押贷款支持证券基础资产在贷款发放时的期限分布如表 5.9 所示。

表 5.9 建元 2007-1 资产池中抵押贷款期限分布

贷款期限/年	贷款余额/万元	贷款余额占比	贷款笔数/笔	贷款笔数占比
6~10	87 959.97	21.14%	3 050.00	24.89%
11~15	92 833.01	22.31%	3 097.00	25.27%
16~20	142 205.23	34.18%	3 677.00	30.01%
21~25	30 103.50	7.24%	817.00	6.67%
26~30	62 966.67	15.13%	1 613.00	13.16%

资料来源：Wind 数据库

由表 5.9 可知，建元 2007-1 个人住房抵押贷款支持证券资金池中，贷款期限为 6~10 年的贷款笔数占比为 24.89%，贷款期限为 16~20 年的贷款余额占比和贷款笔数占比最高，分别为 34.18% 和 30.01%。

建元 2007-1 个人住房抵押贷款支持证券资产池中的抵押贷款合同金额分布如表 5.10

所示。抵押贷款合同金额方面，贷款合同数额在小于 50 万元和 50~100 万元的合同金额占比最高，分别为 56.90%和 30.38%，占总体合同金额的 87.28%。抵押贷款笔数方面，贷款笔数小于 50 万元和 50~100 万元的贷款笔数占比最高，分别为 78.84%和 17.87%，占总体贷款笔数的 96.71%。其次，合同金额在 250~300 万元的抵押贷款的合同金额占比和贷款笔数占比最低，分别为 1.33%和 0.20%。

表 5.10　建元 2007-1 资产池中抵押贷款合同金额分布

抵押贷款合同金额/万元	合同金额/万元	合同金额占比	贷款笔数/笔	贷款笔数占比
<50	274 036.30	56.90%	9 661.00	78.84%
50~100	146 300.87	30.38%	2 190.00	17.87%
100~150	30 742.79	6.38%	254.00	2.07%
150~200	13 239.70	2.75%	76.00	0.62%
200~250	10 846.50	2.25%	49.00	0.40%
250~300	6 427.90	1.33%	24.00	0.20%

资料来源：Wind 数据库

二、邮元 2014-1 个人住房抵押贷款支持证券

1. 证券发行情况

邮元 2014-1 债券全称为邮元 2014 年第 1 期个人住房抵押贷款支持证券，是交银国际信托有限公司发行的 2014 年第 1 期个人住房抵押贷款支持证券，发行规模为 681 423.77 万元。邮元 2014-1 分为 14 邮元 1A、14 邮元 1B、14 邮元 1C 三个等级，分层占比分别为 87.99%、7.00%、5.01%（表 5.11）。

表 5.11　邮元 2014-1 个人住房抵押贷款支持证券初始发行情况

债券简称	评级	评级机构	发行金额/万元	发行利率	分层占比
14 邮元 1A	AAA	中诚信/中债资信	599 600.00	5.80%	87.99%
14 邮元 1B	A A⁻	中债资信 中诚信	47 700.00	6.79%	7.00%
14 邮元 1C	无评级		34 123.77		5.01%

资料来源：Wind 数据库

中国邮政储蓄银行股份有限公司作为发起机构，交银国际信托有限公司作为受托机构，中国邮政储蓄银行股份有限公司将相关信贷资产委托给交银国际信托有限公司设立邮元2014-1个人住房抵押贷款证券化信托。交银国际信托有限公司将发行以信托财产为支持的资产支持证券，并向投资者发行。邮元2007-1个人住房抵押贷款证券发行相关机构如表5.12所示。

表 5.12 邮元 2007-1 个人住房抵押贷款证券发行相关机构

机构	名称
发起机构	中国邮政储蓄银行股份有限公司
贷款服务机构	中国邮政储蓄银行股份有限公司
发行机构	交银国际信托有限公司
受托机构	交银国际信托有限公司
主承销商	中信证券股份有限公司
资金保管机构	中信银行股份有限公司
信用评估机构	中债资信评估有限责任公司 中诚信国际信用评级有限责任公司
会计师事务所	普华永道中天会计师事务所（特殊普通合伙）

资料来源：Wind 数据库

邮元 2014-1 初始起算日资产池中抵押贷款的总体特征如表 5.13 所示，统计了初始资产池在初始起算日的资产笔数与金额特征、利率和期限特征以及其他特征。所有加权平均和百分比数据的计算均以初始资产池在初始起算日的所有抵押贷款的本金余额为基础。

表 5.13 邮元 2014-1 初始起算日资产池中抵押贷款总体特征

项目特征	数据
入池总笔数/笔	23 680.00
入池总金额/万元	681 423.77
借款人户数/户	23 680.00
单笔贷款最高合同金额/万元	300.00
单笔贷款平均合同金额/万元	33.98
单笔贷款最高未偿本金余额/万元	284.13
单笔贷款平均未偿本金余额/万元	28.78
单笔贷款最高年利率	6.98%
加权平均贷款年利率	5.88%
加权平均合同期限/月	213.36
加权平均贷款剩余期限/月	181.92
加权平均账龄/月	31.44
加权平均借款人年龄/岁	37.30

资料来源：Wind 数据库

2. 基础资产分析

个人住房抵押贷款支持证券以住房抵押贷款为资产池，住房抵押贷款的期限分布直接影响着资产证券化产品风险与收益的大小。邮元 2014-1 住房抵押贷款支持证券资金池的期限分布如表 5.14 所示。

表 5.14　邮元 2014-1 住房抵押贷款支持证券资金池期限特征

贷款合同期限/年	合同金额/万元	金额占比	贷款笔数/笔	笔数占比
0~5 年	5 851.40	0.73%	127.00	0.54%
6~10 年	118 471.72	14.72%	4 138.00	17.47%
11~15 年	184 163.06	22.88%	5 978.00	25.24%
16~20 年	398 533.36	49.52%	11 403.00	48.15%
21~25 年	97 725.40	12.15%	2 034.00	8.60%

资料来源：Wind 数据库

由表 5.14 可知，邮元 2014-1 个人住房抵押贷款支持证券资金池中，贷款合同期限为 0~5 年的合同金额占比及贷款笔数占比最低，分别为 0.73%和 0.54%。贷款期限为 16~20 年的合同金额占比及贷款笔数占比最高，分别为 49.52%和 48.15%。

邮元 2014-1 个人住房抵押贷款支持证券资产池中的贷款利率分布如表 5.15 所示。贷款利率在 5.6%~6.0%与 6.6%~7.0%两个区间的合同金额占比最高，分别为 51.50%和 27.67%，贷款数量占比分别为 48.92%和 29.02%，这说明中利率水平与高利率水平的资金占比及贷款数量占比较高。其次，利率分布在 5.1%~5.5%与 6.1%~6.5%两个低利率区间的金额占比较低，分别为 4.55%和 7.06%，贷款数量占比分别为 5.53%和 6.45%。

表 5.15　邮元 2014-1 资产池贷款利率分布

贷款利率	合同金额/万元	合同金额占比	贷款数量/笔	贷款数量占比
4.6%~5.0%	74 192.77	9.22%	2 388.00	10.08%
5.1%~5.5%	36 624.06	4.55%	1 310.00	5.53%
5.6%~6.0%	414 410.78	51.50%	11 585.00	48.92%
6.1%~6.5%	56 803.48	7.06%	1 527.00	6.45%
6.6%~7.0%	222 713.85	27.67%	6 870.00	29.02%

资料来源：Wind 数据库

三、房地产投资信托基金（REITs）

1. 2021 年 REITs 发行情况

作为一种集合投资计划，REITs 在新加坡和中国香港的房地产市场发展较为成熟。我国的 REITs 发展仍处于起步阶段。REITs 主要在公开市场募集，其直接融资的性质确保融资规模较大，与房地产业的资金要求相匹配。2020 年是中国公募 REITs "元年"，中国证券监督管理委员会、国家发展和改革委员会陆续发布相关政策，从基础设施领域大力推进公募 REITs 试点工作。我国首批 9 只基础设施公募 REITs 产品于 2021 年 6 月

21 日在沪深交易所挂牌上市，标志着我国公募 REITs 市场的正式诞生。

由于目前我国公募 REITs 市场以基础设施为主，且市场刚刚成立，故而本节仍以 2021 年各机构发行的类 REITs 项目进行分析，发行情况如表 5.16 所示。

表 5.16　2021 年类 REITs 项目发行一览表

项目名称	原始权益人	发行总额/亿元	次级占比	发行起始日	法定到期日	发行机构	交易场所
金茂华福-申万-金茂商业卓越1号资产支持专项计划	天津金茂信和投资管理有限公司	11.18	15.03%	2021-01-21	2044-12-20	华福证券有限责任公司	上海市
中联元联-前海开源-苏州生物医药产业园资产支持专项计划	苏州工业园区生物产业发展有限公司	26.50	30.00%	2021-05-18		前海开源资产管理有限公司	上海市
中联首创证券-首创钜大奥特莱斯二期资产支持专项计划	珠海横琴恒盛华创商业管理有限公司	32.68	20.44%	2021-05-28		首创证券股份有限公司	深圳市
建信资本-招商创融-步步高资产支持专项计划	步步高商业连锁股份有限公司	7.80	9.62%	2021-06-30	2040-06-22	建信资本管理有限责任公司	深圳市
申万宏源-世博发展集团大厦资产支持专项计划	上海世博发展（集团）有限公司	3.78	0.26%	2021-07-15	2040-07-30	申万宏源证券有限公司	上海市
国开-北京保障房中心公租房资产支持专项计划	北京保障房中心有限公司	4.00	5.00%	2021-08-25	2040-10-15	国开证券股份有限公司	上海市
海通-中交四公局京津冀一体化 PPP 项目资产支持专项计划	中交第四公路工程局有限公司	6.45	5.00%	2021-09-03	2032-10-31	上海海通证券资产管理有限公司	上海市
中联元联-华泰-苏州恒泰二期资产支持专项计划	苏州恒泰控股集团有限公司	10.00	30.00%	2021-09-09	2027-09-09	华泰证券（上海）资产管理有限公司	上海市
天风-得胜资产支持专项计划	天风创新投资有限公司	16.50	27.27%	2021-09-16	2042-09-16	天风（上海）证券资产管理有限公司	上海市
中信证券-韵达物流基础设施1号资产支持专项计划	上海韵达货运有限公司	6.31	12.89%	2021-09-27		中信证券股份有限公司	深圳市
中信建投-长沙悦方 ID Mall 资产支持专项计划	渤海汇金证券资产管理有限公司	28.50	36.14%	2021-10-14		中信建投证券股份有限公司	深圳市
东方汇添富-城创-上海建工优质物业第1期资产支持专项计划	上海宏慧创想众创空间管理有限公司	18.55	9.97%	2021-10-26	2027-10-24	汇添富资本管理有限公司	上海市

续表

项目名称	原始权益人	发行总额/亿元	次级占比	发行起始日	法定到期日	发行机构	交易场所
招商创融-长安万科广场资产支持专项计划	东莞市万科房地产有限公司	12.00	31.67%	2021-10-27		招商证券资产管理有限公司	深圳市
中信建投-国家电投-中国电力能源基础设施投资和皖资产支持专项计划（类REITs）	华电金泰（北京）投资基金管理有限公司	25.76	0.04%	2021-11-26	2041-10-26	中信建投证券股份有限公司	上海市
中金-中能建投风电绿色资产支持专项计划（专项用于碳中和）	中国能源建设集团投资有限公司	8.34	7.79%	2021-12-10	2038-12-10	中国国际金融股份有限公司	上海市

资料来源：Wind 数据库

2021 年共发行类 REITs 项目 18 个，较上年减少了 5 个，发行总额为 290.73 亿元，与上年相比，大幅下降了 100.78 亿元。2021 年 18 个类 REITs 平均发行额为 16.15 亿元，比上年下降 1.5 亿元；次级占比均值为 15.59%，较上年下降 9.47%。整体看来，REITs 发行金额与整体次级占比较上年均大幅下降，风险有所下降。

以次级占比最高的中信建投-长沙悦方 ID Mall 资产支持专项计划（简称中信悦方 2021）为例，介绍不动产投资信托 REITs 发行情况。

2. 中信悦方 2021 不动产投资信托发行情况

中信悦方 2021 不动产投资信托发行总额为 28.5 亿元，共分为 A1、B1 和 C1 三个等级，其中 A1 级和 B1 级占比分别为 49.26% 和 14.60%，C1 级占比为 36.14%（表 5.17）。

表 5.17 中信悦方 2021 不动产投资信托发行情况

债券名称	档次	分层比例	发行金额/万元	当期票息	信用支持
21 信驿 A	A1	49.26%	140 400	5.20%	50.74%
21 信驿 B	B1	14.60%	41 600	6.00%	36.14%
21 信驿 C	C1	36.14%	103 000	0	0

资料来源：Wind 数据库

从产品分级看，该 REITs 分为三级，差异化设置较为合理，可满足不同投资者的风险偏好需求。其中次级占比高达 36.14%，说明该产品对未来预期的不确定性较高，属于高风险高收益产品。中信悦方 2021 REITs 原始权益人为渤海汇金证券资产管理有限公司，发行机构为中信建投证券股份有限公司。

3. 海外 QDII-REITs 投资

美国是全球最大的商业地产市场，证券化程度高、市场容量大、具有良好的投资价值。自 1960 年美国 REITs 诞生以来，取得了迅猛的发展。目前，国内共有 5 只投资海外

QDII-REITs 基金：诺安全球不动产、鹏华美国房地产、嘉实全球房地产、广发美国房地产和上投摩根富时 REITs。诺安全球不动产、鹏华美国房地产、嘉实全球房地产均是主动投资产品，上投摩根富时 REITs 为跟踪全球发达市场 REITs 指数的被动投资产品，广发美国地产为跟踪 MSCI 美国 REITs 指数的被动投资产品。具体见表 5.18。

表 5.18　QDII-REITs 产品一览

代码	基金简称	基金规模/亿元	2021 年涨幅	成立以来累计涨幅	成立时间
320017	诺安全球不动产	0.32	29.03%	75.10%	2011 年 9 月 23 日
206011	鹏华美国房地产	1.16	24.81%	35.96%	2011 年 11 月 25 日
070031	嘉实全球房地产	0.68	24.73%	76.23%	2012 年 7 月 24 日
000179	广发美国房地产	2.92	32.71%	95.23%	2013 年 8 月 9 日
005613	上投摩根富时 REITs	6.27	28.12%	33.95%	2018 年 4 月 26 日

资料来源：Wind 数据库

由表 5.18 可以看出，截至 2021 年 12 月 31 日，5 只国内海外 QDII-REITs 均大幅上涨，所有产品的上涨幅度均大于 20%，其中，广发美国房地产 2021 年涨幅最高，达到 32.71%。相较 2020 年，由于疫情逐渐得到控制，海外房地产市场有所改善。但由于海外疫情还未稳定，未来 QDII-REITs 产品的收益仍存在较大的不确定性。

第四节　货币政策调整及对房地产企业影响分析

为支持实体经济发展，促进综合融资成本稳中有降，2021 年央行分别于 7 月和 12 月全面下调了两次存款准备金率，调整后，大型金融机构存款准备金率为 11.50%，中小金融机构存款准备金为 8.50%（表 5.19）。在后疫情时期，我国将继续实行稳健的货币政策，不搞大水漫灌，兼顾内外平衡，保持流动性合理充裕，保持货币供应量和社会融资规模增速同名义经济增速基本匹配，加强跨周期调节。支持中小企业、绿色发展、科技创新，为高质量发展和供给侧结构性改革营造适宜的货币金融环境。

表 5.19　存款准备金率历次调整

公布时间	生效日期	大型金融机构			中小金融机构		
		调整前	调整后	调整幅度（个百分点）	调整前	调整后	调整幅度（个百分点）
2021 年 12 月 6 日	2021 年 12 月 15 日	12.00%	11.50%	-0.50	9.00%	8.50%	-0.50
2021 年 7 月 9 日	2021 年 7 月 15 日	12.50%	12.00%	-0.50	9.50%	9.00%	-0.50
2020 年 4 月 3 日	2020 年 5 月 15 日				10.00%	9.50%	-0.50
2020 年 4 月 3 日	2020 年 4 月 15 日				10.50%	10.00%	-0.50
2020 年 1 月 1 日	2020 年 1 月 6 日	13.00%	12.50%	-0.50	11.00%	10.50%	-0.50

续表

公布时间	生效日期	大型金融机构			中小金融机构		
		调整前	调整后	调整幅度（个百分点）	调整前	调整后	调整幅度（个百分点）
2019 年 9 月 6 日	2019 年 9 月 16 日	13.50%	13.00%	−0.50	11.50%	11.00%	−0.50
2019 年 1 月 4 日	2019 年 1 月 25 日	14.00%	13.50%	−0.50	12.00%	11.50%	−0.50
2019 年 1 月 4 日	2019 年 1 月 15 日	14.50%	14.00%	−0.50	12.50%	12.00%	−0.50
2018 年 10 月 7 日	2018 年 10 月 15 日	15.50%	14.50%	−1.00	13.50%	12.50%	−1.00
2018 年 6 月 24 日	2018 年 7 月 5 日	16.00%	15.50%	−0.50	14.00%	13.50%	−0.50
2018 年 4 月 17 日	2018 年 4 月 25 日	17.00%	16.00%	−1.00	15.00%	14.00%	−1.00
2016 年 2 月 29 日	2016 年 3 月 1 日	17.00%	16.50%	−0.50	13.50%	13.00%	−0.50
2015 年 10 月 23 日	2015 年 10 月 24 日	17.50%	17.00%	−0.50	14.00%	13.50%	−0.50
2015 年 8 月 26 日	2015 年 9 月 6 日	18.00%	17.50%	−0.50	14.50%	14.00%	−0.50
2015 年 6 月 27 日	2015 年 6 月 28 日	18.50%	18.00%	−0.50	15.00%	14.50%	−0.50
2015 年 4 月 19 日	2015 年 4 月 20 日	19.50%	18.50%	−1.00	16.00%	15.00%	1.00
2015 年 2 月 4 日	2015 年 2 月 5 日	20.00%	19.50%	−0.50	16.50%	16.00%	−0.50
2012 年 5 月 12 日	2012 年 5 月 18 日	20.50%	20.00%	−0.50	17.00%	16.50%	−0.50
2012 年 2 月 18 日	2012 年 2 月 24 日	21.00%	20.50%	−0.50	17.50%	17.00%	−0.50
2011 年 11 月 30 日	2011 年 12 月 5 日	21.50%	21.00%	−0.50	18.00%	17.50%	−0.50
2011 年 6 月 14 日	2011 年 6 月 20 日	21.00%	21.50%	0.50	17.50%	18.00%	0.50
2011 年 5 月 12 日	2011 年 5 月 18 日	20.50%	21.00%	0.50	17.00%	17.50%	0.50
2011 年 4 月 17 日	2011 年 4 月 21 日	20.00%	20.50%	0.50	16.50%	17.00%	0.50
2011 年 3 月 18 日	2011 年 3 月 25 日	19.50%	20.00%	0.50	16.00%	16.50%	0.50
2011 年 2 月 18 日	2011 年 2 月 24 日	19.00%	19.50%	0.50	15.50%	16.00%	0.50
2011 年 1 月 14 日	2011 年 1 月 20 日	18.50%	19.00%	0.50	15.00%	15.50%	0.50
2010 年 12 月 10 日	2010 年 12 月 20 日	18.00%	18.50%	0.50	14.50%	15.00%	0.50
2010 年 11 月 19 日	2010 年 11 月 29 日	17.50%	18.00%	0.50	14.00%	14.50%	0.50
2010 年 11 月 9 日	2010 年 11 月 16 日	17.00%	17.50%	0.50	13.50%	14.00%	0.50
2010 年 5 月 2 日	2010 年 5 月 10 日	16.50%	17.00%	0.50	13.50%	13.50%	0.00
2010 年 2 月 12 日	2010 年 2 月 25 日	16.00%	16.50%	0.50	13.50%	13.50%	0.00
2010 年 1 月 12 日	2010 年 1 月 18 日	15.50%	16.00%	0.50	13.50%	13.50%	0.00
2008 年 12 月 22 日	2008 年 12 月 25 日	16.00%	15.50%	−0.50	14.00%	13.50%	−0.50
2008 年 11 月 26 日	2008 年 12 月 5 日	17.00%	16.00%	−1.00	16.00%	14.00%	−2.00
2008 年 10 月 8 日	2008 年 10 月 15 日	17.50%	17.00%	−0.50	16.50%	16.00%	−0.50
2008 年 9 月 15 日	2008 年 9 月 25 日	17.50%	17.50%	0.00	17.50%	16.50%	−1.00

续表

公布时间	生效日期	大型金融机构			中小金融机构		
		调整前	调整后	调整幅度（个百分点）	调整前	调整后	调整幅度（个百分点）
2008 年 6 月 7 日	2008 年 6 月 25 日	16.50%	17.50%	1.00	16.50%	17.50%	1.00
2008 年 5 月 12 日	2008 年 5 月 20 日	16.00%	16.50%	0.50	16.00%	16.50%	0.50
2008 年 4 月 16 日	2008 年 4 月 25 日	15.50%	16.00%	0.50	15.50%	16.00%	0.50
2008 年 3 月 18 日	2008 年 3 月 25 日	15.00%	15.50%	0.50	15.00%	15.50%	0.50
2008 年 1 月 16 日	2008 年 1 月 25 日	14.50%	15.00%	0.50	14.50%	15.00%	0.50
2007 年 12 月 8 日	2007 年 12 月 25 日	13.50%	14.50%	1.00	13.50%	14.50%	1.00
2007 年 11 月 10 日	2007 年 11 月 26 日	13.00%	13.50%	0.50	13.00%	13.50%	0.50
2007 年 10 月 13 日	2007 年 10 月 25 日	12.50%	13.00%	0.50	12.50%	13.00%	0.50
2007 年 9 月 6 日	2007 年 9 月 25 日	12.00%	12.50%	0.50	12.00%	12.50%	0.50
2007 年 7 月 30 日	2007 年 8 月 15 日	11.50%	12.00%	0.50	11.50%	12.00%	0.50
2007 年 5 月 18 日	2007 年 6 月 5 日	11.00%	11.50%	0.50	11.00%	11.50%	0.50
2007 年 4 月 29 日	2007 年 5 月 15 日	10.50%	11.00%	0.50	10.50%	11.00%	0.50
2007 年 4 月 5 日	2007 年 4 月 16 日	10.00%	10.50%	0.50	10.00%	10.50%	0.50
2007 年 2 月 16 日	2007 年 2 月 25 日	9.50%	10.00%	0.50	9.50%	10.00%	0.50
2007 年 1 月 5 日	2007 年 1 月 15 日	9.00%	9.50%	0.50	9.00%	9.50%	0.50

资料来源：Wind 数据库

截至 2021 年 12 月尚未出台新的下调基准利率的政策。在 2015 年，一年存款基准利率由 2014 年末的 3.00%下调至 1.50%，下调了 1.5 个百分点。贷款基准利率由 2014 年末的 6.00%下调至 4.35%，下调了 1.65 个百分点（表 5.20）。根据货币政策调控需要，2015 年的 5 次基准利率调整，有助于发挥中长期政策利率作用，引导金融机构降低贷款利率和社会融资成本。2021 年基准利率总体趋于平稳，这表明，目前的货币政策是合适的，尽管随着时间的推移，货币政策刺激的需求会更少，但央行应在未来调整政策利率方面保持谨慎。

表 5.20　利率历次调整

数据上调时间	存款基准利率			贷款基准利率		
	调整前	调整后	调整幅度（个百分点）	调整前	调整后	调整幅度（个百分点）
2015 年 10 月 24 日	1.75%	1.50%	−0.25	4.60%	4.35%	−0.25
2015 年 8 月 26 日	2.00%	1.75%	−0.25	4.85%	4.60%	−0.25
2015 年 6 月 28 日	2.25%	2.00%	−0.25	5.10%	4.85%	−0.25
2015 年 5 月 11 日	2.50%	2.25%	−0.25	5.35%	5.10%	−0.25
2015 年 3 月 1 日	2.75%	2.50%	−0.25	5.60%	5.35%	−0.25

续表

数据上调时间	存款基准利率			贷款基准利率		
	调整前	调整后	调整幅度（个百分点）	调整前	调整后	调整幅度（个百分点）
2014 年 11 月 22 日	3.00%	2.75%	−0.25	6.00%	5.60%	−0.40
2012 年 7 月 6 日	3.25%	3.00%	−0.25	6.31%	6.00%	−0.31
2012 年 6 月 8 日	3.50%	3.25%	−0.25	6.56%	6.31%	−0.25
2011 年 7 月 7 日	3.25%	3.50%	0.25	6.31%	6.56%	0.25
2011 年 4 月 6 日	3.00%	3.25%	0.25	6.06%	6.31%	0.25
2011 年 2 月 9 日	2.75%	3.00%	0.25	5.81%	6.06%	0.25
2010 年 12 月 26 日	2.50%	2.75%	0.25	5.56%	5.81%	0.25
2010 年 10 月 20 日	2.25%	2.50%	0.25	5.31%	5.56%	0.25
2008 年 12 月 23 日	2.52%	2.25%	−0.27	5.58%	5.31%	−0.2
2008 年 11 月 27 日	3.60%	2.52%	−1.08	6.66%	5.58%	−1.08
2008 年 10 月 30 日	3.87%	3.60%	−0.27	6.93%	6.66%	−0.27
2008 年 10 月 9 日	4.14%	3.87%	−0.27	7.20%	6.93%	−0.27
2008 年 9 月 16 日	4.14%	4.14%	0.00	7.47%	7.20%	−0.27
2007 年 12 月 21 日	3.87%	4.14%	0.27	7.29%	7.47%	0.18
2007 年 9 月 15 日	3.60%	3.87%	0.27	7.02%	7.29%	0.27
2007 年 8 月 22 日	3.33%	3.60%	0.27	6.84%	7.02%	0.18
2007 年 7 月 21 日	3.06%	3.33%	0.27	6.57%	6.84%	0.27
2007 年 5 月 19 日	2.79%	3.06%	0.27	6.39%	6.57%	0.18
2007 年 3 月 18 日	2.52%	2.79%	0.27	6.12%	6.39%	0.27
2006 年 8 月 19 日	2.25%	2.52%	0.27	5.85%	6.12%	0.27
2006 年 4 月 28 日	2.25%	2.25%	0.00	5.58%	5.85%	0.27
2004 年 10 月 29 日	1.98%	2.25%	0.27	5.31%	5.58%	0.27
2002 年 2 月 21 日	2.25%	1.98%	−0.27	5.85%	5.31%	−0.54

资料来源：Wind 数据库

第六章　2022 年房地产市场预测

展望 2022 年，我国房地产调控将保持基本稳健，差别化调控政策灵活适度，房地产行业融资环境将逐步趋稳，城市更新、保障性住房与租赁住房建设等为房地产开发投资提供一定支撑，新型城镇化持续推进，城市群和都市圈发展提速，人口政策放松，均为房地产市场提供了需求支撑，2022 年房地产市场有望保持稳定发展。

第一节　房地产市场影响因素分析

一、房地产市场长期影响因素分析

（一）"十四五"规划建议持续指导

2021 年 3 月 13 日，《中华人民共和国国民经济和社会发展第十四个五年规划和 2035 年远景目标纲要》正式对外发布，对房地产方面的内容着墨较多，核心在于通过实施房地产市场平稳健康发展长效机制，促进房地产与实体经济均衡发展，坚持"房住不炒"的定位，加快建立多主体供给、多渠道保障、租购并举的住房制度，让全体人民住有所居、职住平衡。

作为中国经济的"压舱石"和稳定剂，房地产市场发展与中国经济发展一脉相承。2020 年，中国 GDP 首次突破 100 万亿元，同比增长 2.3%，成为全球唯一实现经济正增长的主要经济体。在此基础上，中国房地产市场表现超预期，2020 年，全国商品房销售面积 17.6 亿平方米，比 2019 年增长 2.6%，商品房销售额 17 万亿元，同比增长 8.7%。

"十四五"期间，城镇化、城市群和都市圈将为中国地产行业发展注入强大动力，随着人口进一步流动，中国未来有持续的居住、办公和商业需求，城镇化发展潜力依然存在较大空间。

（二）新型城镇化建设布局

新型城镇化不仅是人口的城镇化，也是人口、土地、产业更好结合的城镇化，是破除户籍制度壁垒、增加土地流转能力，增强城市集聚效应的城镇化，是房地产发展的基础。2021 年 4 月，国家发展和改革委员会印发了《2021 年新型城镇化和城乡融合发展重点任务》，深入实施以人为核心的新型城镇化战略，以城市群、都市圈为依托促进大中小城市和小城镇协调联动、特色化发展，使更多人民群众享有更高品质的城市生活；放开放宽除个别超大城市外的落户限制，全面取消城区常住人口300万人以下的城市落户限制，为"十四五"开好局、起好步提供有力支撑。

"十四五"时期，我国常住人口城镇化率将由2019年末的60.6%进一步提升至2025年末的65.0%，户籍制度改革或将成为城市房地产市场的"助推剂"。2021~2025年常住人口城镇化率约有4个百分点的增长空间，大约5600万人将由农村迁移至城镇，其间有望带动更多增量购房需求，进而给房地产市场提供坚实的需求支撑。在户籍方面，自2021年开始，城市落户限制逐步放开，城区常住人口300万人以下城市落实全面取消落户限制政策，实行积分落户政策的城市确保社保缴纳年限和居住年限分数占主要比例，户籍制度改善脚步逐步加快。

从人口的角度而言，"十四五"时期将优化生育政策，全国出生人口整体降幅或将明显收窄，再加上全面提升国民素质及教育水平，高等教育毛入学率将由2020年的54.4%提升至2025年的60%，大批高校毕业生有望转化为房地产市场潜在置业需求，并有较强购买力支撑，"十四五"时期房地产市场仍有强劲需求支撑。

（三）城市群与都市圈双发展

未来基本上已经形成继续推进新型城镇化，重点发展城市群和大力推动城市更新的发展格局。城市群作为支撑全国经济增长、促进区域协调发展、参与国际竞争合作的重要平台，是未来非常重要的城市布局方向。经过15年的发展，目前中国已经形成了19个城市群，包括422个大中小城市，占中国城市总数的63.4%，其中，直辖市4个；地级市191个，占中国地级市总数的66.3%；县级市231个，占中国县级市总数的62.8%；小城镇11 787个，占中国小城镇总数的60.1%。可见城市群在中国区域经济格局中的地位，它已成为中国解决区域发展不平衡、不充分问题的重要载体和着力点。

在少子、老龄化背景下，未来房地产市场将更加分化，需求向大都市圈、大城市群集中，中国正进入都市圈、城市群时代。"十四五"规划提出要推动区域协调发展，推进京津冀协同发展、长江经济带发展、粤港澳大湾区建设、长三角一体化发展，城市群、都市圈同城化建设将是未来财政预算支出和基建投资的新领域，随着未来政策引导，中心城市、城市群的经济和人口承载能力将进一步增强，对于长三角、珠三角、京津冀、成渝、长江中游等吸引人口最多、城镇人口增加最快的核心城市群及都市圈来说，房地产市场发展存在明显优势，配套的房地产市场将有较大的需求带动空间。

二、房地产市场短期影响因素分析

（一）宏观经济高质量发展

2021年，国际形势发生新的复杂变化，新冠肺炎疫情全球大流行同世界"百年未有之大变局"叠加共振，中国发展面临的外部环境的不稳定性、不确定性更加凸显。初步核算，2021年全年GDP为1 143 670亿元，按不变价格计算，同比增长8.1%，两年平均增长5.1%。分季度看，第一季度同比增长18.3%，第二季度增长7.9%，第三季度增长

4.9%，第四季度增长 4.0%。国民经济总体保持恢复态势，结构调整稳步推进，推动高质量发展取得新进展。

在消费、投资和净出口三大需求中，消费需求持续释放，2021 年，最终消费支出对经济增长贡献率为 65.4%，拉动 GDP 增长 5.3 个百分点。投资需求方面基本稳定，受"十四五"规划重大项目陆续开工，"两新一重"基础设施建设稳步推进的影响，2021 年，资本形成总额对经济增长贡献率为 13.7%，拉动 GDP 增长 1.1 个百分点。净出口增势良好，尽管 2021 年以来外部环境更趋复杂严峻，但外贸进出口继续保持较快增长，全年货物和服务净出口对经济增长贡献率为 20.9%，拉动 GDP 增长 1.7 个百分点。就业形势基本稳定，居民消费价格温和上涨，居民收入与经济增长基本同步，城乡居民人均收入相对差距持续缩小。

由于新冠肺炎疫情影响，面对严峻的国内外经济形势，2021 年全年新增人民币贷款 19.95 万亿元，同比增加 3 150 亿元；全年社会融资规模增量 31.35 万亿元，按可比口径计算，比 2020 年少 3.44 万亿元。2021 年 12 月末 M2 余额为 238.29 万亿元，同比增长 9%；M1 余额为 64.74 万亿元，同比增长 3.5%；M0 余额为 9.08 万亿元，同比增长 7.7%。

总体来看，2021 年在新冠肺炎疫情全球流行的趋势下，国内依然稳定保证疫情传播基本阻断，为经济的稳定恢复创造了良好的条件。全年经济稳定恢复，民生福祉持续提升。

（二）房地产市场供给

2021 年受新冠肺炎疫情影响，企业资金端压力较大，开工积极性减弱，房地产企业累计土地购置面积下滑，但房地产开发投资全年保持正增长。2021 年，房地产开发企业土地购置面积为 21 590 万平方米，同比下降 15.5%。全国房地产开发投资 147 602.08 亿元，同比增长 4.4%，其中，住宅投资同比增长 6.4%，比固定资产投资高 1.5 个百分点。2021 年，全国流拍、撤牌地块共计 5 175 宗，流拍撤牌率 19.4%，同比上升 4.2%。受市场情绪回落及去化压力增加下房企推盘积极性不足等因素影响，2021 年重点 20 城商品住宅新批准上市面积同比小幅下降，下半年同比降幅超 10%。据统计，全年 20 个代表城市商品住宅月均新批上市面积约 2 002 万平方米，同比下降 4.2%，其中 2021 年第三季度同比下降 13.4%，第四季度同比下降 18.4%。预计 2022 年，随着房企资金压力及销售去化压力的进一步显现，房地产开发投资和新开工面积很难有明显改善，整体新开工规模或将延续调整态势。

（三）房地产市场需求

受疫情冲击，2021 年上半年全国房地产市场显著调整，而后受益于国内疫情防控快速取得战略性成果，以及信贷、地方"因城施策"、供应等因素改善持续发挥的积极效应，需求快速释放，上半年商品房销售面积同比增长 28%，有效对冲了疫情的影响。2021 年下半年以来，调控持续显效，市场明显降温，商品房销售面积和销售额同比连续下降。根据统计局数据，2021 年，全国商品房销售面积 179 433.41 万平方米，同比增速 1.9%。

分城市看，2021 年 12 月，70 个大中城市商品住宅销售价格环比总体延续第四季度以来的下降态势，同比涨幅回落。其中，一线城市在加大供地背景下房地产市场成交规模保持稳定，新建商品住宅销售价格环比下降 0.1%，同比上涨 4.4%；二手住宅销售价格环比上涨 0.1%，同比上涨 5.3%。二线城市新建商品住宅环比下降 0.3%，同比上涨 2.8%；二手住宅销售价格环比降低 0.3%，同比上涨 1.5%。三线城市新建商品住宅销售价格环比下降 0.3%，同比上涨 0.9%；二手住宅销售价格环比下降 0.5%，同比持平。

预计 2022 年，房地产调控政策将持续保持市场信心稳定，对市场情绪回暖起到一定改善作用。在销售面积回落叠加销售均价平稳运行的预期下，预计一线城市供给端或出现改善，土地成交量稳定增长，从而带动成交面积不断提升，成交规模有望保持稳定发展。二线城市随着信贷环境和市场情绪恢复，全年成交规模有望进一步提升。三、四线城市则受到销售下行压力和需求有限的影响，价格进入调整期。

（四）房地产市场调控政策

2021 年以来，中央牢牢坚持"房子是用来住的、不是用来炒的"定位，紧紧围绕稳地价、稳房价、稳预期目标，贯彻落实房地产长效机制要求，促进房地产市场平稳运行。

在管好银行业资金闸门方面，持续完善房地产开发贷款、个人按揭贷款监管要求。中国银行保险监督管理委员会、住房和城乡建设部、中国人民银行联合印发《关于防止经营用途贷款违规流入房地产领域的通知》，遏制"经营贷"违规流入房地产领域。2021年 1 月至今，北京、上海、杭州、深圳、成都等城市相继发文，明确要求坚持金融审慎监管，防止消费贷、经营贷等资金违规流入房地产。

在"因城施策"方面，积极落实差别化房地产信贷政策。各地开展个人住房信贷管理自查，并且监管覆盖范围不断扩大，监督检查力度稳步增加。多个城市住房限购、限售政策进一步完善，同时部分城市公积金贷款放宽，落户门槛降低，调控政策因地制宜的精细化特征得到充分体现。

在严厉惩治违法违规行为方面，持续 3 年开展全国性房地产专项检查，对发现的违规行为"零容忍"，对 5 家违规开展房地产融资业务的银行罚款 3.66 亿元。

此外，始终稳妥做好对住房租赁市场的金融支持。推动保险资金支持长租市场稳健发展，推进房地产投资信托基金试点，整顿规范住房租赁市场秩序。

第二节　房地产市场预测

基于以上对房地产市场长期和短期影响因素的分析，假定在 2022 年宏观经济趋于稳步增长，新冠肺炎疫情负面影响得到大幅缓解，并且房地产市场调控政策灵活适度的背景下，运用经济计量预测模型分别对房地产开发投资、需求、供给和价格四个方面分别进行预测，以下对预测结果分四个部分做详细介绍。

一、房地产开发投资预测

2021年1~12月，房地产累计开发投资额为147 602.08亿元，同比增长4.4%。预计2022年房地产累计开发投资额为152 102.1亿~155 352.1亿元，区间均值153 727.1亿元；预计同比增长3.0%~5.3%，区间均值4.1%；增幅较2021年或将调整-1.4~0.9个百分点（图6.1）。

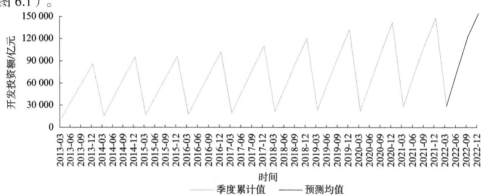

图6.1　2013~2021年全国房地产累计开发投资额及2022年预测

资料来源：Wind数据库

二、房地产需求预测

2021年1~12月，全国商品房累计销售面积为179 433.41万平方米，同比增长1.9%。预计2022年全国商品房累计销售面积为175 947.8万~181 255.9万平方米，区间均值178 601.9万平方米；预计同比增长-1.9%~1.0%，区间均值-0.5%；增幅较2021年或将下降0.9~3.8个百分点（图6.2）。2021年1~12月，全年商品房累计销售额为181 929.95亿元，同比增长4.8%。预计2022年全年商品房累计销售额为189 047.5亿~194 556.1亿元，区间均值191 801.8亿元；预计同比增长3.9%~6.9%，区间均值5.4%；增幅较2021年或将调整-0.9~2.1个百分点（图6.3）。

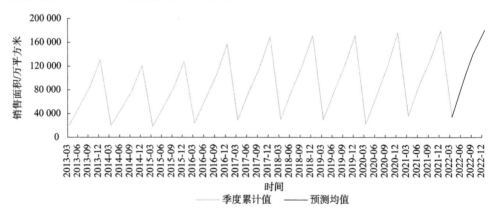

图6.2　2013~2021年全国商品房累计销售面积及2022年预测

资料来源：Wind数据库

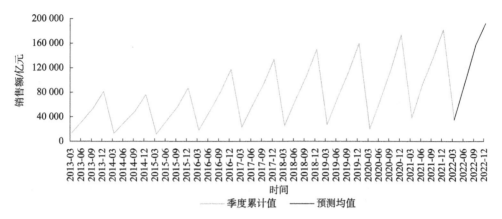

图 6.3　2013~2021 年全国商品房累计销售额及 2022 年预测
资料来源：Wind 数据库

三、房地产供给预测

2021 年 1~12 月，全国房地产累计新开工面积为 198 895.05 万平方米，同比下降 11.4%。预计 2022 年全国房地产累计新开工面积为 180 721.7 万~188 121.7 万平方米，区间均值 184 421.7 万平方米；预计同比增长-9.1%~-5.4%，区间均值为-7.3%；降幅较 2021 年或将收窄 2.3~6.0 个百分点（图 6.4）。

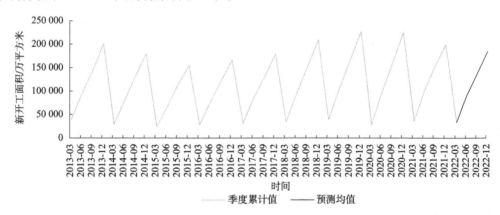

图 6.4　2013~2021 年全国房地产累计新开工面积及 2022 年预测
资料来源：Wind 数据库

四、房地产价格预测

2021 年全国商品房平均销售价格为 10 139.13 元/米^2，同比增长 2.84%。预计 2022 年全国商品房平均销售价格为 10 429.9~10 733.8 元/米^2，区间均值 11 581.8 元/米^2；预计同比增长 2.9%~5.9%，区间均值 4.4%，房价增幅趋于稳定（图 6.5）。

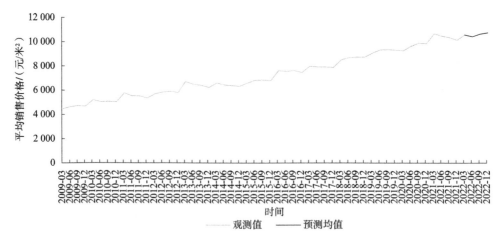

图 6.5 2009~2021 年全国商品房平均销售价格及 2022 年预测
资料来源：Wind 数据库

第三节 2022 年房地产调控政策建议

2021 年，在"百年未有之大变局"和"百年未有之大疫情"交织叠加、全球经济可持续均衡复苏之路艰难曲折的背景下，房地产政策仍坚持"房住不炒"的总基调，以稳地价、稳房价、稳预期为目标，坚持"租购并举，因城施策"。房地产金融监管持续从严，疫情防控有序推进，房地产金融化、泡沫化趋势被有效遏制，下半年以来，中央和地方调控均愈发频繁，调控内容更加细化，调控机制不断完善。我国保持宏观政策连续性、稳定性、可持续性，避免政策出现"急转弯"；强调"房住不炒"定位不变，实现"三稳"，解决好大城市住房突出问题；金融监管持续从严，市场调控趋于常态化，"去杠杆"贯穿全年；贷款市场报价利率改革潜力持续释放，促进企业综合融资成本稳中有降；"两集中"供地土拍规则持续细化，土地供需格局加速改善；完善住房保障措施和统筹区域发展规划，支持非居住存量房屋改建，促进房地产市场平稳健康发展。整体而言，2021 年房地产政策调控效果显著，市场总体发展保持稳健，长效管理机制正在逐步完善。放眼未来，房地产市场继续坚持"房住不炒"总基调，因城施策，稳调控、强监管。

表 6.1 为 2021 年 1~12 月与房地产市场发展相关的重要事件及其主要内容，按照时间顺序梳理如下。

表 6.1 2021 年房地产政策重要事件

日期	重要事件	主要内容
2021 年 1 月 15 日	国务院新闻办公室新闻发布会	中国人民银行金融市场司司长表示，在房地产金融调控方面将重点开展以下工作：一是加强房地产金融调控，牵头各部门加强对各类资金流入房地产的情况监测，引导商业银行房地产贷款合理增长，推动金融资源更多流向制造业、小微企业等重点领域和薄弱环节；二是实施房地产金融审慎管理制度，形成重点房地产企业资金监测和管理规则等；三是完善住房租赁金融政策，近期将就相关政策公开征求社会意见

续表

日期	重要事件	主要内容
2021年 1月26日	农业农村部发布《农村土地经营权流转管理办法》	土地经营权流转应当坚持农村土地农民集体所有，农户家庭承包经营的基本制度，保持农村土地承包关系稳定并长久不变；土地经营权流转应当因地制宜、循序渐进，把握好流转集中规模经营的度，流转规模应当与城镇化进程和农村劳动力转移规模相适应；受让方应当依照有关法律法规保护土地，禁止改变土地的农业用途，禁止闲置、荒芜耕地，禁止占用耕地建窑、建坟，或者擅自在耕地上建房、挖沙、采石、采矿、取土等，禁止占用永久基本农田发展林果业和挖塘养鱼
2021年 2月18日	自然资源部发布住宅用地分类调控文件	要求二十二个重点城市住宅用地实现"两集中"，一是集中发布出让公告，且2021年发布住宅用地公告不能超过三次；二是集中组织出让活动
2021年 2月21日	中共中央、国务院发布《关于全面推进乡村振兴加快农业农村现代化的意见》	推进以人为核心的新型城镇化，促进大中小城市和小城镇协调发展，把县域作为城乡融合发展的重要切入点；推进以县城为重要载体的城镇化建设，有条件的地区按照小城市标准建设县城，推动在县城就业的农民工就地市民化，增加适应进城农民刚性需求的住房供给；加强宅基地管理，稳慎推进农村宅基地制度改革试点，探索宅基地所有权、资格权、使用权分置有效实现形式
2021年 3月13日	《中华人民共和国国民经济和社会发展第十四个五年（2021~2025年）规划和2035年远景目标纲要》正式公布	加快培育和发展住房租赁市场，有效盘活存量住房资源，有力有序扩大城市租赁住房供给，完善长租房政策，逐步使租购住房在享受公共服务上具有同等权利；有效增加保障性住房供给，完善住房保障基础性制度和支持政策，以人口流入多、房价高的城市为重点，扩大保障性租赁住房供给，着力解决困难群体和新市民住房问题
2021年 3月26日	中国银行保险监督管理委员会、住房和城乡建设部、中国人民银行发布《关于防止经营用途贷款违规流入房地产领域的通知》	从加强借款人资质核查、加强信贷需求审核、加强贷款期限管理、加强贷款抵押物管理、加强贷中贷后管理、加强银行内部管理等方面，督促银行业金融机构进一步强化审慎合规经营，严防经营用途贷款违规流入房地产领域。同时要求进一步加强中介机构管理，建立违规行为"黑名单"，加大处罚问责力度并定期披露
2021年 3月31日	国家发展和改革委员会、住房和城乡建设部下达保障性安居工程第二批中央预算	下达保障性安居工程2021年第二批中央预算内投资计划422.33亿元，用于支持城镇老旧小区改造和棚户区改造配套基础设施建设
2021年 4月6日	住房和城乡建设部等十六部门联合印发《关于加快发展数字家庭 提高居住品质的指导意见》	强调应深度融合数字家庭产品应用与工程设计，强化宜居住宅和新型城市基础设施建设，提升数字家庭产品消费服务供给能力，提高便民服务水平，适应消费升级趋势和疫情防控常态化要求，不断满足人民日益增长的美好生活需要
2021年 4月7日	国务院新闻办公室就贯彻落实"十四五"规划纲要，加快建立现代财税体制有关情况举行发布会	提出"十四五"期间将进一步完善综合与分类相结合的个人所得税制度，积极稳妥推进房地产税立法和改革
2021年 3月30日	中国人民银行、中国银行保险监督管理委员会等四部门发布《关于金融支持海南全面深化改革开放的意见》	允许符合条件的非居民按实需原则在海南自由贸易港内购买房地产，对符合条件的非居民购房给予汇兑便利；在房地产长效机制框架下，支持海南在住房租赁领域发展房地产投资信托基金（REITs），鼓励银行业金融机构创新金融产品和服务，支持住房租赁市场规范发展
2021年 4月9日	住房和城乡建设部召开六个城市座谈会（北京、上海、广州、深圳、福州、南宁）	住房和城乡建设部副部长倪虹指出，要求大力发展保障性租赁住房，城市人民政府要把发展保障性租赁住房，解决新市民、青年人住房问题列入重要议事日程；人口流入多、房价较高的城市，要科学确定"十四五"保障性租赁住房建设目标和政策措施，落实年度建设计划，由政府给予土地、财税、金融等政策支持，引导多主体投资、多渠道供给

日期	重要事件	主要内容
2021年4月8日	国家发展和改革委员会印发《2021年新型城镇化和城乡融合发展重点任务》	促进农业转移人口有序有效融入城市，有序放开放宽城市落户限制，提高农业转移人口市民化质量；提升城市群和都市圈承载能力，增强中心城市对周边地区辐射带动能力，形成都市圈引领城市群，城市群带动区域高质量发展的空间动力系统；促进大中小城市和小城镇协调发展，促进城市合理分工，协调联动，优化城镇规模结构；以县域为基本单元，推进城乡融合发展、城乡要素双向自由流动和公共资源合理配置，以11个国家城乡融合发展试验区为突破口，推动体制机制改革和政策举措落实落地
2021年4月14日	住房和城乡建设部、财政部等四部门联合发布《关于做好农村低收入群体等重点对象住房安全保障工作的实施意见》	该意见提出，通过农户自筹资金为主，政府予以适当补助方式实施农村危房改造，是农村低收入群体等重点对象住房安全保障的主要方式。应鼓励各地采取统建农村集体公租房，修缮加固现有闲置公房等方式，供自筹资金和投工投劳能力弱的特殊困难农户周转使用，解决其住房安全问题
2021年4月15日	住房和城乡建设部等六部门联合发布《关于加强轻资产住房租赁企业监管的意见》	加强从业管理；规范住房租赁经营行为；开展住房租赁资金监管；禁止套取使用住房租赁消费贷款；合理调控住房租金水平；妥善化解住房租赁矛盾纠纷；落实城市政府主体责任
2021年3月30日	国家发展和改革委员会印发《国家基本公共服务标准（2021年版）》	在住有所居方面，该标准明确了公租房保障、城镇棚户区住房改造和农村危房改造三项基本公共服务项目，为保障困难群众基本住房需求提供了有力保证。对此，住房和城乡建设部住房保障司负责人潘伟表示，住房和城乡建设将做好公租房保障，会同相关部门继续对大城市新筹集公租房给予中央补助，指导各地实行实物保障和货币补贴并举，不断加大对城镇住房、收入困难家庭的保障力度，对城镇低收、低收入住房困难家庭应保尽保；稳步推进棚户区改造，指导各地坚持因地制宜、量力而行，严格把好棚户区改造范围和标准，科学确定城镇棚户区改造计划任务，让困难群众早日搬进新居，并继续实施农村危房改造和地震高烈度设防地区农房抗震改造
2021年4月30日	中央政治局会议召开	强调坚持"房子是用来住的、不是用来炒的"定位，增加保障性租赁住房和共有产权住房供给，防止以学区房等名义炒作房价
2021年5月28日	商务部等十二部门联合发布《关于推进城市一刻钟便民生活圈建设的意见》	重点对城镇老旧小区、新建居住区、城乡接合部小区加强商业网点布局，满足居民便利生活和日常消费需求。鼓励商业与物业，消费与生活，居家与社区等场景融合。落实新建社区商业和综合服务设施面积占社区总建筑面积比例不得高于10%的规定
2021年5月11日	《2021年第一季度中国货币政策执行报告》公布	房地产方面要牢牢坚持"房住不炒"的定位，保持房地产金融政策的连续性、一致性、稳定性，实施好房地产金融审慎管理制度，加大住房租赁金融支持力度
2021年5月12日、14日	住房和城乡建设部召开四十个城市发展保障性租赁住房工作座谈会	北京、上海、广州、深圳等四十个城市人民政府负责人分两批参加，认真落实党中央、国务院决策部署，大力发展保障性租赁住房，将促进解决新市民、青年人住房困难问题列入重要议事日程。由政府给予政策支持，引导多主体投资，多渠道供给，坚持小户型、低租金，重点利用存量土地和房屋建设保障性租赁住房，包括利用农村集体建设用地，企事业单位自有闲置土地，产业园区配套用地和存量闲置房屋建设，适当利用新供应国有建设用地建设，落实了一批保障性租赁住房项目，提出了保障性租赁住房2021年计划
2021年5月31日	中央政治局会议审议《关于优化生育政策促进人口长期均衡发展的决定》	完善多层次养老保障体系，探索建立长期护理保险制度框架，加快建设居家社区机构相协调，医养康养相结合的养老服务体系和健康支撑体系；发展老龄产业，推动各领域，各行业适老化转型升级；进一步优化生育政策，实施一对夫妻可以生育三个子女的政策及配套支持措施

续表

日期	重要事件	主要内容
2021年 5月20日	国家发展和改革委员会印发《保障性租赁住房中央预算内投资专项管理暂行办法》	以新型城镇化战略为导向，坚持"房子是用来住的，不是用来炒的"定位，在保障性安居工程中央预算内投资专项中新增保障性租赁住房方向，支持人口净流入大城市保障性租赁住房建设，推动解决符合条件的新市民、青年人等群体的住房困难问题，优先满足从事基本公共服务群体租赁住房需求，促进有能力在城镇稳定就业生活的常住人口有序实现市民化
2021年 5月21日	财政部、自然资源部、国家税务总局、中国人民银行联合发布《关于将国有土地使用权出让收入、矿产资源专项收入、海域使用金、无居民海岛使用金四项政府非税收入划转税务部门征收有关问题的通知》	提出：将由自然资源部门负责征收的国有土地使用权出让收入、矿产资源专项收入、海域使用金、无居民海岛使用金四项政府非税收入，全部划转给税务部门负责征收。自然资源部（本级）按照规定负责征收的矿产资源专项收入、海域使用金、无居民海岛使用金，同步划转税务部门征收
2021年 6月8日	住房和城乡建设部等三部门发布《关于加快农房和村庄建设现代化的指导意见》	提升农房设计建造水平，鼓励就地取材，利用乡土材料，推广使用绿色建材，鼓励选用装配式钢结构等安全可靠的新型建造方式；加强农房与村庄建设管理，明确责任主体，做到有人管、有条件管、有办法管，全方位实施职、责、权一体化模式；建立责任追究机制保证房屋质量安全；探索建立乡村建设工匠培养和管理制度，加强管理和技术人员培训，充实乡村建设队伍
2021年 5月25日	住房和城乡建设部等十五部门发布《关于加强县城绿色低碳建设的意见》	控制县城建设密度和强度，县城建成区人口密度应控制在每平方千米0.6万~1万人，县城建成区的建筑总面积与建设用地面积的比值应控制在0.6~0.8；限制县城民用建筑高度，应以六层为主，六层及以下住宅建筑面积占比不低于70%，鼓励新建多层住宅安装电梯，县城新建住宅最高不超过18层；大力发展绿色建筑和建筑节能，要落实基本级绿色建筑要求，鼓励发展星级绿色建筑；加快推行绿色建筑和建筑节能节水标准，加强设计、施工和运行管理，不断提高新建建筑中绿色建筑的比例
2021年 5月31日	财政部、国家税务总局发布《关于继续实施企业改制重组有关土地增值税政策的公告》	两个或两个以上企业合并为一个企业，且原企业投资主体存续的，对原企业将房地产转移、变更到合并后的企业，暂不征土地增值税；企业分设为两个或两个以上与原企业投资主体相同的企业，对原企业将房地产转移、变更到分立后的企业，暂不征土地增值税；单位、个人在改制重组时以房地产作价入股进行投资，对其将房地产转移、变更到被投资的企业，暂不征土地增值税
2021年 6月18日	国务院总理李克强主持召开国务院常务会议	落实城市政府主体责任，鼓励市场力量参与，增加租金低于市场水平的小户型保障性租赁住房供给；人口净流入的大城市等，可利用集体经营性建设用地、企事业单位自有土地建设或利用闲置商业办公用房等改建保障性租赁住房；10月1日起，租赁企业向个人出租住房，减按1.5%缴纳增值税，企事业单位向个人、规模化租赁企业出租住房，减按4%征收房产税
2021年 6月24日	国务院办公厅发布《关于加快发展保障性租赁住房的意见》	明确加快发展保障性租赁住房，促进解决好大城市住房的突出问题；坚持"房住不炒"，突出住房民生属性，扩大保障性租赁住房供给，缓解住房租赁市场结构性供给不足，推动建立多主体供给、多渠道保障、租购并举的住房制度
2021年 6月30日	财政部、国家税务总局发布《关于贯彻实施契税法若干事项执行口径的公告》	将"城市基础设施配套费"明确列入了契税计税依据

续表

日期	重要事件	主要内容
2021年7月11日	国务院办公厅发布《关于印发全国深化"放管服"改革着力培育和激发市场主体活力电视电话会议重点任务分工方案的通知》	增加保障性租赁住房和共有产权住房供给，规范发展长租房市场，降低租赁住房税费负担，尽最大努力帮助新市民、青年人等缓解住房困难
2021年7月13日	住房和城乡建设部等八个部门联合发布《关于持续整治规范房地产市场秩序的通知》	针对房地产开发、房屋买卖、住房租赁、物业服务等过程或领域中的违法违规行为进行整治，力争用三年左右时间，实现房地产市场秩序明显好转
2021年7月30日	中共中央政治局会议	坚持"房住不炒"的定位；加快发展租赁住房市场，进一步落实用地、税收等相关支持政策
2021年7月27日	中国银行保险监督管理委员会召开全系统2021年年中工作座谈会暨纪检监察工作座谈会	严格执行"三线四档"和房地产贷款集中度要求，防止银行保险资金绕道违规流入房地产市场；加快高风险机构处置
2021年8月27日	财政部、国家税务总局发布《关于契税法实施后有关优惠政策衔接问题的公告》	夫妻因离婚分割共同财产发生土地、房屋权属变更的，免征契税；城镇职工按规定第一次购买公有住房的，免征契税；已购公有住房经补缴土地出让价款成为完全产权住房的，免征契税
2021年8月6日	自然资源部办公厅发布《关于进一步规范存量住宅用地信息公开工作的函》	严格按照制定的存量住宅用地信息公开样式表格公开信息，准确完整地列出每个住宅用地项目的具体位置、土地面积、开发企业等信息，鼓励在此基础上进一步丰富公开内容。要将拟公开的存量住宅用地逐宗在城区现状底图上清晰标出分布位置，方便查找；现状底图要有明显的区位要素，易于辨识
2021年9月29日	中国人民银行、中国银行保险监督管理委员会联合召开房地产金融工作座谈会	强调房地产金融审慎管理制度；坚持不将房地产作为短期刺激经济的手段，持续落实房地产长效机制，加快完善住房租赁金融政策体系
2021年10月19日	第十三届全国人民代表大会常务委员会第三十一次会议	进一步深化房地产税改革试点，明确：①征税对象和纳税人；②制定房地产税试点办法和具体实施细则；③试点地区的确定；④试点期限和启动时间
2021年10月21日、22日	住房和城乡建设部召开发展保障性租赁住房工作现场会	强调北京、上海、深圳等城市需加快完善以公租房、保障性租赁住房和共有产权住房为主体的住房保障体系
2021年11月4日	住房和城乡建设部办公厅发布《关于开展第一批城市更新试点工作的通知》	探索城市更新统筹谋划机制，严格落实城市更新底线要求，推动城市结构优化、功能完善和品质提升，形成可复制、可推广的经验做法，引导各地互学互鉴
2021年10月29日	财政部发布《关于提前下达2022年部分中央财政城镇保障性安居工程补助资金预算的通知》	专项用于城市棚户区改造；向符合条件的在市场租赁住房的保障家庭发放租赁补贴；城镇老旧小区改造；第二批中央财政支持住房租赁市场发展试点
2021年11月17日	住房和城乡建设部发布《城镇老旧小区改造可复制政策机制清单（第四批）》	进一步明确并详述了城镇老旧小区改造的工作要求、目标任务及工作举措等
2021年12月6日	中共中央政治局会议	推进保障性住房建设，支持商品房市场更好满足购房者的合理住房需求，促进房地产业健康发展和良性循环
2021年12月8日至12月10日	中央经济工作会议	强调"房住不炒"的定位，加强预期引导，探索新的发展模式；坚持租购并举，加快发展长租房市场，推进保障性住房建设，支持商品房市场更好满足购房者的合理住房需求；因城施策促进房地产业良性循环和健康发展

续表

日期	重要事件	主要内容
2021年 12月20日	中国人民银行、中国银行保险监督管理委员会发布《关于做好重点房地产企业风险处置项目并购金融服务的通知》	重点支持优质房地产企业兼并收购出险和困难的大型房企的优质项目；加快重点房地产企业项目并购贷款的审批流程；加强并购贷款的风险控制和贷后管理等

资料来源：中华人民共和国中央人民政府网、中国人民银行、住房和城乡建设部、自然资源部、中国银行保险监督管理委员会等

通过回顾梳理2021年房地产重要事件的主要内容，发现房地产政策的变化主要集中在以下几个方面：除了坚持"房住不炒"，租购并举，因城施策外，在调控政策方面，根据实际情况细化各地房地产市场调控政策，着力加快多主体供应、多渠道保障、租购并举的住房制度，完善促进房地产市场平稳健康发展的长效机制；在市场监管方面，防范化解房地产金融风险，引导住房租赁企业回归服务本源，在限售、限购、市场管理、资金管理、土地拍卖规则等方面规范市场发展；在土地制度方面，推进新时代农村土地制度改革，促进农村土地资源优化配置，培育壮大新型农业经营主体，加快农业生产方式转变；在金融财政方面，保持宏观政策连续性、稳定性、可持续性，稳妥实施好房地产金融审慎管理制度，避免政策出现"急转弯"；在税收政策方面，推动健全地方税、直接税体系，持续推动房地产税的立法和改革，优化税制结构，建立健全有利于高质量发展、社会公平、市场统一的税收制度体系。综上所述，中央面对疫情和"百年未有之大变局"，始终保持调控定力，经济运行实现平稳增长，发展韧性持续彰显，在坚持"房住不炒"、房地产调控总基调不变的情况下，房地产长效机制框架加速建设，房地产金融监管细节不断强化，系统性金融风险得到有效控制，房地产市场总体基本保持平稳健康发展。

第七章 2021 年我国房地产市场系列问题研究

专题一 元宇宙虚拟地产的发展现状与潜在风险分析

随着 Web 3.0 时代的到来，基于区块链和去中心化自治组织等分布式技术而建立的去中心化的互联网逐渐普及开来。技术手段的不断升级，以及疫情所导致的人类被迫数字迁移行为，使得元宇宙这个概念在 2021 年逐步变成现实。元宇宙通过区块链技术搭建经济体系，利用 NFT（non-fungible token，非同质化代币）映射到特定资产，确保资产的唯一性和真实性，从而实现了虚拟物品的资产化，使得数字资产交易成为现实。从 2021 年开始，NFT 应用在房地产行业如雨后春笋般涌现出来，涵盖了土地买卖、贷款、租赁等多个领域，对传统房地产行业可能带来颠覆性影响。随着元宇宙与加密货币在 2021 年的迅速走红，元宇宙平台上的虚拟房地产的市场规模也随之不断扩大。全球市场研究公司 Technavio 的一份报告显示，受混合现实（MR）和 NFT 应用日益流行的驱动，元宇宙房地产市场规模预计从 2021 年到 2026 年将增长 53.6 亿美元，实现 61.74%的年复合增长率。

一、虚拟地产发展现状

清华大学新媒体研究中心对元宇宙做出了以下定义："元宇宙是整合多种新技术而产生的新型虚实相融的互联网应用和社会形态，它基于扩展现实技术提供沉浸式体验，基于数字孪生技术生成现实世界的镜像，基于区块链技术搭建经济体系，将虚拟世界与现实世界在经济系统、社交系统、身份系统上密切融合，并且允许每个用户进行内容生产和世界编辑。"元宇宙产业链分为基础设施层面和应用层面。基础设施层主要是元宇宙的各种底层技术，应用层指元宇宙各种产品商业场景和形态。目前，元宇宙应用场景正在从游戏、社交、娱乐向艺术品、地产等实体经济渗透。在 NBA Top Shot、CryptoPunks 和 Decentraland 等主要项目的引领下，NFT 已经实现了快速增长，最引人注目的项目涉及虚拟房地产、收藏品和数字艺术品。

（一）虚拟地产概念

在平台中，元宇宙世界地图中的坐标定位可以构成一个"土地"。每块土地都可以变为 NFT。该土地可以由平台出售给消费者，也可以在消费者之间互相交易。这些土地被存储在平台的区块链地址上，销售记录会随着交易的达成记录在平台的区块链上。因此，用户在购买了土地之后，就可以拥有该虚拟土地的唯一拥有权和完全处置权。购买者从而会成为该块土地的实际意义上的唯一拥有者。

与现实房地产行业类似，元宇宙中的虚拟地产也可以被用来持有、租赁、投资、出售和购买。在元宇宙中，虚拟地产可以被用来建立公共空间以举行演唱会、产品发布等商业活动或好友聚会等社交活动，也可以被构建成线上办公的工作场所。虚拟空间中的临近土地持有情况、土地的地理位置以及配套设施、平台流量等都可能成为影响虚拟地产价格的因素。

（二）虚拟地产的国内外发展

目前国际上最受欢迎的元宇宙虚拟土地平台是 Sandbox 和 Decentraland。这两个平台都可以直接向消费者出售平台上的土地。Sandbox 是一个游戏平台，支持使用平台的 NFT 和游戏代币 SAND。玩家可以在以太坊区块链中创造并拥有属于自己的土地，取得土地所有权后就可以进行场景搭建。玩家可以在搭建好的虚拟地产中植入广告，也可以将其转租与出售。Decentraland 则是一个在以太坊区块链上运行的虚拟现实平台，于 2020 年 2 月上线。用户可以在 Decentraland 虚拟世界中购买土地并使用建模软件搭建自己的虚拟地产。Decentraland 还为用户提供了一个 NFT 二级交易市场，用户可以在市场中交易平台内的土地。2021 年 11 月，在 Decentraland 上，一块虚拟房地产以加密货币的形式卖到了 243 万美元。无独有偶，不久后，虚拟地产开发商 Republic Realm 确认其以 430 万美元购买了一块 The Sandbox 上的虚拟土地。除此之外，二手 NFT 交易平台也是虚拟地产交易的主要发生场所。在二手交易平台 Opensea 上，消费者可以看到各个平台的土地最低价。

与国外的元宇宙平台相比，国内元宇宙平台在房地产行业还处于发展阶段。国内的首个元宇宙项目"虹宇宙"由天下秀公司开发，消费者可以在其中拥有虚拟土地和建筑物，在社交之余消费者也可以体验装修房屋等。与此同时，一些传统的房地产企业开始探索元宇宙，包括旭辉、万科、绿地等房企也相继推出元宇宙策略，以与客户保持连接，期望激活品牌在虚拟世界的潜在价值。绿地集团正在构建"G-World"元宇宙商业生态，这一生态将成为连接绿地和绿地用户的中介，未来有望实现在绿地元宇宙中交易虚拟房地产。

（三）虚拟地产的运营逻辑

在土地交易的过程中，依托于区块链技术的平台会将土地变成 NFT，并储存在区块链上。虚拟土地的产权归属、交易流转都被记录并且不可以被篡改，因此每块土地都是唯一的。交易达成后，土地将显示在消费者的加密钱包里。用户在购买了虚拟土地后可以在平台上（如 Sandbox 或 Decentraland 中）访问数字地块，并使用平台提供的建筑基础设施建造物品。

在土地建设完成后，消费者可以对建筑进行内容建设从而进一步增强土地的价值，一些平台还支持将消费者购买的其他 NFT 嵌入土地或建筑中。在元宇宙中用户可以借助平台的流量来获得私域流量，并可以通过付费内容、广告投放等方式将流量变现。

广告位租赁是现在业内较为看好的一种价值增值方式。也有一些消费者将虚拟地产视为一种新型的投资资产,随着疫情后线上办公以及线上购物的逐渐普及,一些公司或个人在元宇宙平台内建造虚拟商业场所,如商场或办公室,并将其出租给现实世界的公司。

一些平台还出现了元宇宙"炒房热",一块虚拟土地的价格能达到上千万人民币。一些消费者购买土地的原因都仅仅是为了等待虚拟土地升值。在元宇宙平台中,大多数平台是将土地设计为限量供应,从而造成了一定的人为稀缺性。Decentraland 平台共设计了 9 万个地块,并且承诺未来不会再新增,从而确保土地的"稀缺性"。虚拟土地的"稀缺性"成了炒房现象滋生的温床。

二、潜在风险分析

(一)网络安全与数据安全风险

元宇宙的底层技术距离落地应用需求仍存在较大差距,5G 通信、扩展现实、区块链、传感器、神经芯片等很多新技术仍处于探索阶段,这些新技术集成的基础设施具有很大不确定性,使之脆弱性提升、安全威胁加剧。51%算力攻击、SIM 卡交换攻击、交易所黑客攻击、DeFi 黑客攻击及网络钓鱼攻击等,都会给数字资产的安全带来威胁。虚拟地产作为一项价值不菲的数字资产,其安全性还有待验证。

(二)金融诈骗与脱实向虚的经济风险

元宇宙以 NFT 作为连接数字资产与现实世界的桥梁,为元宇宙内数字资产的产生、确权、定价、流转、溯源等提供记账和结算。据统计,2021 年 Sandbox 虚拟土地销售额超过 3.5 亿美元。目前国内对于虚拟土地的法律性质、交易方式、监督主体、监督方式等尚未明确,虚拟地产也存在炒作、洗钱等风险,元宇宙虚拟土地相较现实存在的泡沫更大,容易滋生"击鼓传花"式的金融骗局。如果一个平台失去流量和关注度,没有了新玩家的入场,那么投资者手中的虚拟房产就可能变得一文不值。

三、防范虚拟地产风险的对策建议

(一)制定 NFT 技术与虚拟地产业务管理办法

客观理性看待元宇宙 NFT 业态及经济活动,明确数字资产的管理范围,加快制定技术与平台的管理规范。技术上,政府应主导加快研发适合我国国情的元宇宙数字资产交易技术体系,使虚拟地产的确权功能与金融功能相分离,从技术上减少出现炒作投机、金融诈骗风险的可能性。平台方面,政府应主导加快建立虚拟资产交易平台监管框架,将虚拟资产交易平台纳入管理体系中,严格审查虚拟资产交易平台的设立资格。

（二）加强金融活动风险监测预警

政府应将虚拟地产业务纳入金融监管，明确在分布式应用场景中，各节点或各中心化服务提供方应该承担相应的责任与义务，强化元宇宙区域协同，打造"虚拟现实一体化监管"原则，实现虚拟地产交易活动的全链条监管。同时，加强虚拟地产交易风险监测预警技术创新，建立风险识别发现、调查处理、执法办案等一体化方案，搭建失信名单、违规行为知识库，探索数据驱动型微观监管机制。鼓励形成行业协会进行自律管理，推动各方参与主体对违法行为实施联防联控。

专题二 我国房地产市场的金融风险分析与政策建议

2020年以来，我国逐步推动完善房地产宏观审慎管理，不断加强房地产金融监管，促进房地产市场规范健康发展。受政策影响，房地产市场融资逐步收紧，行业短期资金压力加大，部分房地产企业发生债务违约事件。房地产金融化的趋势使得房地产行业的风险可能迅速蔓延至包括银行系统、债券市场在内的金融系统，因此，需高度警惕房地产市场可能带来的金融风险隐患。对此，本专题分析了当前我国房地产市场及房地产金融的现状，剖析房地产市场可能引发的金融风险隐患，并提出防范金融风险的政策建议。

一、房地产市场融资收紧，行业短期资金压力加大

（一）房地产贷款增速稳步回落，占贷款余额比重仍较高

截至2020年末，全国主要金融机构（含外资）房地产贷款余额49.6万亿元，同比增长11.6%，增速同比回落3.2个百分点，房地产贷款余额占各项贷款余额的28.7%。其中，个人住房贷款余额34.5万亿元，同比增长14.5%，增速同比回落2.2个百分点；住房开发贷款余额9.1万亿元，同比增长8.2%，增速同比回落6.4个百分点。

（二）房地产企业融资更加依赖销售回款，个人按揭贷款和定金及预付款占开发资金来源的比重增至50%

2020年，个人按揭贷款和定金及预付款为9.7万亿元，占房地产开发资金来源的比重为50.0%，较2019年末增加0.4个百分点，规模同比增长8.9%，增速同比下滑3.1个百分点。自筹资金为6.3万亿元，占房地产开发资金来源的比重为32.8%，较2019年末增加0.3个百分点，规模同比增长9.0%，增幅同比上升4.8个百分点。各项应付款为4.8万亿元，占24.7%，较2019年末增加1.3个百分点，规模同比增长14.1%，增幅同比上升1.7个百分点。国内贷款为2.7万亿元，占13.8%，较2019年末降低0.3个百分点，规模同比增长5.7%，增幅同比上升0.6个百分点。

（三）房地产信托融资规模同比大幅下降，RMBs和类REITs发行金额相对较小，次级资产占比较高

截至2020年末，投向房地产的资金信托余额为2.3万亿元，同比下降15.8%，占资金信托余额14.0%，相对2019年末下降1.1个百分点。RMBs共发行222只（以公告日日期为准），发行总额约为1.8万亿元，平均次级资产占比为11.4%，其中，2020年新增发行金额为4298.8亿元，同比下降16.7%，降幅同比扩大5.1个百分点。类REITs共发行83只，发行总额约为1512.3亿元，平均次级资产占比为20.9%，其中，2020年新增发行金额为350.8亿元，同比增长20.0%，增速同比回落5.0个百分点。

二、房地产给中国金融市场带来的系统性风险隐患仍需高度警惕

房地产业作为实体经济的重要构成，关联了上下游众多行业，对地方财政、经济增长具有较大的影响，也容易受到宏观经济及相关政策的冲击。不仅如此，随着金融市场的发展、金融产品的创新，房地产金融化的趋势进一步加强，这就会导致房地产市场的泡沫会迅速演化为房地产金融的泡沫，风险就会通过相关金融资产之间的关联、金融同业之间的业务关联迅速传播，成为金融市场系统性风险的重要诱因。

例如，美国2008年的金融危机，实际上就是由美国房地产的次级抵押贷款引起的，但由于围绕这些次级抵押贷款，形成了资产抵押债券，又进一步打包组合成担保债务凭证，特别是经过金融创新，在这些金融产品的基础上又进一步衍生组合，形成信用违约互换等更加复杂的金融产品，这就使得原本房地产行业的风险从单纯的债务领域可以迅速地通过这些金融产品的衍生链条传染至整个金融市场，逐渐演变为流动性危机，而这种流动性危机导致的金融机构破产，特别是雷曼兄弟、美林这样的系统重要性机构的破产，对整个市场造成更强的恐慌情绪，最终导致了金融危机，并对实体经济造成了严重的冲击。

从房地产企业的角度来看，2020年8月，为加强对房地产企业资金的管控，中国人民银行与住房和城乡建设部发布了"三道红线"，房地产资金的高杠杆、高负债情况已经引起重视。《银行业金融机构房地产贷款集中度管理制度》在2021年1月1日的实施也会导致房地产企业的融资难度进一步加大，房地产企业的流动性风险和信用风险将在2021年有所上升。房地产企业的违约首先会直接传导至银行体系，尽管我国新增房地产贷款的占比也在近几年逐年下降，但是从总量上来看，房地产相关贷款占银行业贷款的比例仍旧在较高水平，不良率也有所上升。

不仅如此，由于房地产业与金融业的深度关联，还衍生出大量与房地产项目相关的债券、股本、信托等。房地产行业债券2021年面临较大的到期偿付压力。例如，大型房地产企业华夏幸福基业不仅未能如期偿还银行贷款、信托计划等约67.87亿元债务[①]，其

---

① 华夏幸福基业股份有限公司关于公司及下属子公司部分债务未能如期偿还的公告. http://static.sse.com.cn/disclosure/listedinfo/announcement/c/new/2021-12-22/600340_20211222_1_A4HcWajR.pdf，2021-11-22.

存续的信用债兑付也存在较大问题，其中，已有部分发生交叉违约。资产证券化、特殊目的载体非标项目、房地产信托，以及一些涉及房地产领域的非保本理财产品等，也都与房地产业息息相关，但是部分相关产品的统计和监管又相对较为模糊，存在监管的灰色地带。一旦房地产行业受到冲击，风险会迅速在这些关联的金融产品之间传播，导致市场的流动性危机和信用危机。这种流动性危机和信用危机不仅会影响银行系统，还会通过影子银行进一步放大，对我国金融市场的稳定发展造成严重影响。

从地方政府债务的角度看，因为大部分地方政府债务都由大的国有银行提供，所以土地出让收入与地方政府财政息息相关，它关系到地方政府财政及其债务偿还能力。2020年，地方土地使用权出让收入达 8.4 万亿元，占地方本级财政收入的 84.0%。一旦土地出让收入下降引起地方政府债务风险，这种风险就会迅速传染至我国的系统重要性银行，并通过同业间的业务往来对整个金融体系造成严重冲击。

从家庭债务的角度来看，我国居民资产中比例最高的就是房产，随着家庭杠杆率的持续上升，截至 2020 年末，我国住户部门杠杆率达到 62.2%，房价的波动对居民消费也将产生较大的冲击，极端情况下也会导致信用违约风险。

三、政策建议

（一）坚持货币政策稳健中性，保持流动性合理充裕

结合当前经济发展需要，坚持实施灵活精准、合理适度、稳健中性的货币政策，加强宏观审慎管理，稳定货币政策预期，引导企业和金融机构树立"风险中性"理念。

根据形势变化灵活调整政策力度、节奏和重点，处理好恢复经济与防控风险的关系，保持好正常货币政策空间的可持续性。不断完善结构性货币政策工具体系，长短结合、量价并举、精准施策，有效调节市场流动性和利率水平，支持实体经济发展。

（二）加强房地产金融审慎管理，完善房地产金融监管体系

牢牢坚持"房住不炒"的定位与"三稳"目标，保持房地产金融政策的连续性、一致性、稳定性，实施好房地产金融审慎管理制度，增强房地产金融管理的市场化、规则化和透明化，引导房地产企业形成稳定的金融政策预期，合理安排经营活动和融资行为，提升抗风险能力。

不断完善房地产金融宏观审慎的政策体系和工具体系，有效实施分类管理，重点关注高风险的地区及房地产企业，提升房地产金融风险的识别、度量、判断、预警、控制、处置能力，实现对房地产金融与宏观金融风险的早识别、早预警、早控制、早处置，促进房地产市场与宏观经济的平稳健康可持续发展。

在房地产贷款集中管理的基础上，加强对房地产市场的金融风险压力测试，定量测度房地产贷款及债券违约等信用风险及其对金融体系的影响，进一步压实各方的风险防控责任，及时充实金融机构资本金，提升金融机构抗风险能力，有效防范与化解房地产

金融风险及可能引发的系统性金融风险。

（三）审慎适度推进房地产金融创新，丰富房地产行业的合规融资渠道与风险管理工具

在强化房地产金融监管的基础上，选取部分房地产金融管理水平较高的大中城市或雄安特区，率先开展住房租赁资产证券化等住房金融创新产品试点，审慎适度地推进房地产金融创新，逐步完善房地产金融支持体系，拓宽房地产企业的合规融资渠道，满足房地产行业发展的合理资金需求，从根源上遏制非合规资金进入房地产市场。

鼓励金融机构根据房地产市场尤其是租赁市场的资金流特点，开发房地产金融创新工具，引导房地产企业科学地使用衍生金融工具进行风险的转移和对冲，加强内部控制，有效防范操作风险，全面提升企业风险管理水平。

专题三　我国房地产业低碳运行模式的问题及政策建议

我国已经向世界庄重承诺，在 2060 年达到碳中和。2021 年，中国建筑业全生命周期碳排放占全国碳排放总量 51.6%，房地产建筑业对减缓碳排放量至关重要，减碳空间大且减碳需求急迫。目前我国居住建筑面临改造难题，节能环保技术设备缺乏国际竞争力。建议加强市场监管，发挥各项标准的甄别作用；倡导居民低碳生活，提升居民改造意愿；不断加强碳中和技术的研发。

一、存在问题

（一）中国的房地产建筑业产生的碳排放总量大，排名全球第三

2020~2021 年，中国碳排放量为 120 亿吨，美国为 52 亿吨，而中国房地产建筑业碳排放量为 37 亿吨，总量巨大。中国现有建筑存量 644 亿平方米，其中绿色建筑约 50 亿平方米，占比仅为 7.7%。2021 年，中国建筑业全生命周期碳排放占全国碳排放总量 51.6%，房地产建筑业对减缓碳排放至关重要，减碳空间大且减碳需求急迫。

（二）居住建筑改造难

居住建筑的节能改造常常是"小修小补易，提质增效难"，不少地区面临"改了面子，改不好里子"的难题。一是产权归属纠纷多，难以形成统一规划布局，掣肘顶层设计。二是在基础设施建设和提质升级上，面临资金短缺、可操作空间有限等问题。三是居民社区绿色和低碳意识滞后，较为抵触改造后建筑维护产生的增量成本，难以形成可持续发展的长效机制。

（三）节能环保技术设备缺乏国际竞争力

我国节能环保产业起步较晚，在国际市场的竞争力不强，关键在于缺乏核心技术，尤其是在精密分析仪、专用监测仪器、主流测量技术和模型、高端实验装备、专用软件等领域存在"卡脖子"瓶颈，与美国、德国、英国等发达国家的差距有 15 年左右。部分国产产品技术性能与国际相比还有一定差距，国内开发的能耗模拟软件难以获得国际市场的认可。

二、政策建议

（一）加强市场监管，发挥各项标准的甄别作用

建立完善的绿色建筑及节能改造专项规划体系，可将生态价值评估引入房地产全生命周期的评价过程，使监管部门有法可依、市场企业有章可循、消费者有据可选。在不动产证、他项权利证等法定权属证明上增加绿色建筑标识，提高绿色建筑公信力。

（二）倡导居民低碳生活，提升居民改造意愿

发挥党建引领作用，加强低碳宣传。将目前用于鼓励居民垃圾分类的绿色账户与低碳出行、光盘行动、志愿行为挂钩，树立低碳生活新时尚。在社区节能改造过程中按照"谁受益、谁出资、谁主导"原则落实居民出资责任、充分征求居民意见，同时推行税费减免政策，加强居民对低碳节能的体验感和获得感，变"要我改"为"我要改"。

（三）加强碳中和技术的研发

在住宅小区、商场的建设和运营过程中，积极推动碳中和技术的研发和示范。建立健全完善的碳中和建筑技术体系，大力推广超低能耗、近零能耗建筑，发展零碳建筑，推动高质量绿色建筑规模化发展。开展绿色建造示范工程创建行动，推广绿色化、工业化、信息化、集约化、产业化建造方式，加强技术创新和集成，利用新技术实现精细化设计和施工，倡导绿色装修，鼓励选用绿色建材、家具、家电。

专题四　房价对城镇居民消费升级的影响及政策建议

消费升级是促进国内大循环、推进国内国际双循环新发展格局的重要环节和内容，房价对居民消费升级的影响不容忽视。考虑到中国房地产市场持续繁荣，而居民消费质量欠佳，这两者的失衡不利于扩大内需和升级需求结构，影响着中国经济的可持续发展。对此，本专题分析了房价对居民消费升级的影响机制，通过测算发现，房价上涨显著挤出了城镇居民发展享受型消费，且城市居民发展享受型消费支出占比越高，挤出效应越

大，不利于居民消费升级，据此提出相应的政策建议。

一、我国房地产价格波动与居民消费特征

（一）住房价格持续上涨

1998年我国逐步实行城镇住房货币化分配，住房制度从计划经济向商品经济过渡，并全面实现了住宅商品化。随着国家一系列的政策调整，以及人民生活不断改善，住房市场需求迅速攀升。从房价的绝对水平来看，全国住宅商品房平均销售价格从2000年的1 948元/米^{2}上升到2020年的9 980元/米^2，上涨了412.32%，年均增幅高达8.67%。从房价变化的角度来看，我国的住宅商品房平均销售价格一直保持着稳定的增长趋势，仅在2008年由于受到经济危机冲击出现过一次负增长，其余年份均为正增长。伴随着不断上涨的房价，全国的住宅商品房销售面积和销售额也在不断地增加。我国商品房的主要构成为住宅，占85%~91%。自2000年到2020年，我国商品房销售面积增长了8.4倍，年均增长率为12.83%，销售额增长了43.1倍，年均增长率为22.62%；同时，住宅商品房销售面积增长了8.3倍，年均增长率为12.84%，销售额增长了46.9倍，年均增长率为23.25%。

（二）居民消费水平提升，最终消费率仍较低

2000年以来，我国居民的人均消费水平有了很大的提高。2000年，我国居民消费支出平均水平为2 914元，同比增长9.2%，到2019年，全国居民消费支出平均达21 559元，同比增长8.6%。受新冠肺炎疫情影响，2020年居民人均消费支出呈负增长，为21 210元。2000~2020年，我国居民人均消费支出保持稳步增长，年均增速达到10.5%。消费作为经济增长的主动力，其作用进一步巩固，2019年最终消费支出对GDP增长的贡献率为58.6%，超过资本形成总额29.7个百分点，最终消费支出拉动了GDP增长3.5个百分点，超过资本形成总额1.8个百分点，消费增长成为经济增长的强引擎。受新冠肺炎疫情影响，2020年消费严重下滑，最终消费支出对GDP的贡献率降到了-6.8%。随着我国居民人均可支配收入逐年递增，居民消费升级提质，居民生活水平逐渐改善，恩格尔系数逐年降低，全国居民恩格尔系数由2000年的42.2%下降为2020年的30.2%，基本实现了从温饱到小康的转变，居民消费选择更加多元化。2000~2020年，居民消费支出中食品烟酒、衣着消费的比重呈下降趋势，其中衣着消费的下降幅度最大，同时，教育文娱、医疗保健等发展享受型消费占比持续提升，表明我国居民消费结构正由衣食住逐步转向发展、享乐型消费，消费水平显著升级。虽然居民消费结构发生了显著变化，但是我国最终消费率以及居民平均消费倾向都呈现下降趋势，最终消费率从2000年的63.9%下降至2020年的54.7%。据世界银行发展指数统计，我国最终消费率比高收入国家低10%~20%。

二、房价上涨对居民消费升级的影响

（一）房价上涨挤出城镇居民发展享受型消费支出，尤其是交通通信支出

房价波动对不同类型居民消费行为会产生不同影响。对于有房家庭，房产作为资产的一部分，房价上涨会增加居民财富存量，一定程度上促进居民消费支出，尤其是服务类消费支出，房价上涨也可以增加住房作为抵押品的价值，从而增强家庭的借贷能力，影响居民的消费决策。对于无房消费者，房价上涨意味着租房成本上升，在收入一定的情况下，对居民发展享受型消费产生抑制作用。对于有购房意愿的居民，他们会为了购房而降低消费，会增加储蓄，减少教育文化和休闲娱乐等发展型消费，抑制消费升级。不同城市中居民拥有住房资产占比的不同会导致正负向作用的结果不同。本专题通过测算得出，房价上涨 1%，显著挤出了发展享受型消费支出比重，使居民发展享受型支出占比下降了 0.045 个百分点，表明房价上涨抑制了发展享受型消费的增加，不利于居民消费升级。同时，房价上涨显著挤出了发展享受型消费中的交通通信支出。根据《居民消费支出分类（2013）》，交通通信支出包括交通支出和通信支出两大类，交通中包括相关的工具、使用维修、交通费及燃料等。房价上涨时，对于一些租房的居民或是有意愿购房的居民来说，生活成本和购房成本上升，他们会通过减少交通出行费用，如改乘坐公共交通工具，或是降低私家车使用频率，降低维修和燃料等费用，减少非必需性消费。

（二）房价上涨主要抑制了高消费水平城市居民的消费升级

高消费水平城市发展享受型消费支出占比较高，经济相对发达，各类教育文娱活动较多，医疗保健及其他服务等更为丰富，同时物价也相对较高，而低消费水平城市发展享受型消费支出占比较低，文娱活动等相对较少，其本身用于发展享受型消费的支出量也较少，可调整的幅度较小，本专题通过测算发现，房价上涨对城市居民发展享受型消费支出产生"挤出"作用，且城市居民发展享受型消费支出比重越高，"挤出效应"越大，即房价上涨对于发展享受型消费支出占比较高城市的挤出效应会更明显，房价快速上涨不利于城市居民消费升级水平的提升，尤其抑制了高消费水平城市居民的消费升级。

（三）房价上涨对高收入水平城市居民发展享受型消费支出的挤出作用强于低收入水平城市

相比低收入水平城市，房价上涨对高收入水平城市的居民发展享受型消费支出占比挤出作用更强。一方面，对于高收入水平城市的居民而言，其可享受的教育文娱、医疗保健及服务等消费类型较多，在发展享受型消费上的支出量较多，房价上涨使得居民在发展享受型消费方面有较大的调整空间。另一方面，高收入水平城市经济较为发达，城市就业机会较多，吸引了各地务工人员流入，而这部分群体大多为无房居民，

增加了城市的租房群体数量，房价上涨会使这部分群体生活成本增加，进而会减少其发展享受型消费支出，以致高收入水平城市居民的发展享受型消费支出比例受房价上涨的影响更明显。

三、政策建议

（一）分类调控、精准施策，实行差别化的房地产市场调控政策，保持房价增速稳定

认识到房价上涨并不能刺激我国消费，且对城镇居民消费升级有负面效应，要坚持"房住不炒"，在政府调控房价的政策背景下，重点关注高收入水平城市房价过快上涨问题，保持房价稳定，避免过度刺激，为推动消费升级提供空间。针对高消费水平城市和低消费水平城市的房地产市场差异，细分商品住宅、公共租赁住房及共有产权房等供应主体，做出多渠道保障和租购并举的制度安排，在全面覆盖住房需求的同时，兼顾中高收入城市人群的刚需。坚持"因城施策"，实行结构性供给来解决不同群体的住房问题，从而稳定房价，促进居民消费升级。

（二）实行差别化政策措施，加大服务供给，促进居民消费升级

政府应根据房价上涨对不同城市发展享受型消费的影响，采取不同的政策措施，如差别化信贷政策、消费分类促进政策等，同时鼓励各种类型市场主体进行服务业经营方式的创新以满足大众的新需求，完善城市和农村居民家庭服务体系，优化服务供给，促进多元化的家庭服务市场发展，满足新的消费升级需求，大力推进个性化定制产品的标准化工作，在全社会形成对优质服务的高度重视，利用好各种媒介，构建良好的消费推广体系，打造"中国服务"品牌。

参考文献

Koop G, Pesaran M H, Potter S M. 1996. Impulse response analysis in nonlinear multivariate models[J]. Journal of Econometrics, 74 (1): 119-147.

吴迪, 高鹏, 董纪昌. 2011. 基于场景理论的中国城市居住房地产需求研究[J]. 系统科学与数学, 31(3): 253-264.